U0872401

卓越法官文库

事实真伪不明与证明责任裁判

Judging Burden of Proof in the Situation of Non Liquet

张南日 著

法律出版社
LAW PRESS·CHINA
北京

图书在版编目（CIP）数据

事实真伪不明与证明责任裁判 / 张南日著. -- 北京: 法律出版社, 2023

ISBN 978-7-5197-7706-7

Ⅰ. ①事… Ⅱ. ①张… Ⅲ. ①诉讼—证据—研究 Ⅳ. ①D915.130.4

中国国家版本馆CIP数据核字（2023）第048795号

事实真伪不明与证明责任裁判
SHISHI ZHENWEI BUMING YU ZHENGMING ZEREN CAIPAN

张南日 著

策划编辑 苗 婕
责任编辑 苗 婕
装帧设计 贾丹丹

出版发行 法律出版社
编辑统筹 辞书·融出版编辑部
责任校对 王 丰
责任印制 吕亚莉
经　　销 新华书店

开本 710毫米×1000毫米 1/16
印张 16.75 **字数** 195千
版本 2023年5月第1版
印次 2023年5月第1次印刷
印刷 北京建宏印刷有限公司

地址：北京市丰台区莲花池西里7号（100073）
网址：www.lawpress.com.cn
投稿邮箱：info@lawpress.com.cn
举报盗版邮箱：jbwq@lawpress.com.cn

销售电话：010-83938349
客服电话：010-83938350
咨询电话：010-63939796

版权所有·侵权必究

书号：ISBN 978-7-5197-7706-7
定价：68.00元
凡购买本社图书，如有印装错误，我社负责退换。电话：010-83938349

序

在民事诉讼中，就特定事实出现真伪不明的情形时，法官即须判定如何在争议双方分配证明责任，而负有证明责任的一方当事人对与该特定事实相关的诉求承担不利益。如曾引起极大争议的南京"彭宇案"即涉及"事发时被告是否撞倒了原告"这一真伪不明的待证事实。可以说，法官对证明责任问题的判定直接决定了案件的判决结果，影响当事人的根本利益。证明责任问题的实务重要性，毋庸置疑。

尽管证明责任的判定发生在民事诉讼中，但是证明责任的判定规则系属实体法律问题。正因如此，《德国民法典评注》对民法典条文所涉及的证明责任分配逐条予以阐释。如何构建一套全面的、体系化的证明责任裁判标准和方法，对整个民事法律制度和民事诉讼制度意义重大且深远。本书即是为实现该研究目的而作出的努力。

本书在系统梳理和批判性评价自罗马法以来，两大法系围绕证明责任问题所提出的各种学说和规则演进的基础上，结合实证研究所揭示的中国民事法官在证明责任裁判时所考量的多元因素和思路，提出了一套复合式、层进式的证明责任裁判标准和方法：规范说——导致事实真伪不明的证明过错——价值评价。其中，作者凭借其多年民事审判经验和不懈思考，敏锐地洞见到，法官在适用规范说判定证明责任时，亦须调查并考虑导致特定待证事实真伪不明的原因和一方或双方当事人可能存在的"证据义务"和"证明过错"（这正是规范说的一项严重理论漏洞或"盲点"）。可以说，由德国学者罗森贝克创立的规范说是大陆法系对证明责任理论提供的奠基性贡献，将"谁主张，谁举证"作为起点，在个案中考量相关因素的"利益衡量法"是普通法系对证明责任裁判作出的经验性贡献。而本书所提出的复合式、层进式的证明责任裁判标准和方法，是在尊重中国法官司法实务经验的基础上，吸收两大法系的理论智慧和实践经验，并且创见性地加入了“当事人因证明过错导致待证事实真伪不明”这一项新的裁判标准。这不仅丰富了证明责任的学说理论，更是为广大民事法官在裁判极具争议性的证明责任分配问题时提供方法论上的指引。在我看来，这是本书的最大亮点。

本书作者张南日博士于2018年3月入读香港城市大学与国家法官学院合作的中国高级法官法学博士（JSD）项目，于2022年4月通过答辩，七月提交了博士学位论文终稿，顺利完成历时四年多的博士阶段学习。与一般的全职博士生不同，高级法官博士生必须合理平衡用于法官工作和博士学习的精力与时间，并要做到在法官和研究者这两种不同思维模式之间的灵活有效切换。作为导师，我见证了南日在整个读博过程中如何克服挑战，通过执着投入的阅读、思考和用心修改，最终完成一篇高质量的博士学位论文。可喜的是，他的博士学位论文将由法律出版社以学术著作的形式予以发表，使其论文中的学术观点能分享给更多对证明责任问题感兴趣的读者！

初识南日，在我的印象中，他是一名典型的专业型法官。我们的第一次面谈就围绕论文选题展开。他向我娓娓道来，为何对证明责任问题的研究兴趣由来已久，在实务中证明责任问题的裁判标准如何缺失，等等。哪怕我屡次地“警告”他，要就证明责任问题写成一篇高质量博士学位论文的难度系数很高，他依然坚持了自己的选择。当在论文写作过程中遭遇困境、瓶颈的时候，他潜心踏实研究，逐一克服困难。论文的完成、书稿的发表是对他这四年多的学习经历和执着付出最好的纪念与认证。同时，我也希望南日博士在法官的岗位上继续发挥学术研究的特长，成为一名成功的学术型法官！

丁春艳

2023年3月于中国香港

前　言

在民事诉讼中，有时候尽管当事人和法官穷尽各种举证方法和调查手段，法官对裁判所需的关键事实的真伪还是无法确定。这种事实真伪不明的局面有时是由于事实真相已经因为某种原因而湮没，有时是由于当事人或知情人员刻意隐瞒事实甚至虚构事实造成的。例如，张卫平教授曾经讲述过的“水晶球谜案”，其基本案情是：1999年1月23日上午10点，顾某以2944元的价格在上海工艺美术商厦购买一颗标注为“天然黄水晶球”的工艺品。售货员将发票、信誉卡交给顾某，信誉卡中写明“假一赔百”。当日13时，顾某手持上海珠宝测试鉴定处出具的“球重289.8克，直径58.6mm，方解石”鉴定书，要求商厦按“假一赔百”的承诺进行赔偿。在法庭上，顾某主张，假水晶球就是从上海工艺美术商厦买来的；上海工艺美术商厦则主张，顾某将所购的真水晶球换成了在法庭上出示的假水晶球。〔1〕在该案中，无论是发票、信誉卡还是双方的陈述，都不足以证明“此球乃彼球”或“此球非彼球”，凭借现有证据，无论判决哪一方胜诉，都达不到证据优势或者高度盖然性的标准。

在“水晶球谜案”中，至少当事人本身还是了解事实真相的，而在有些案件中，可能连当事人自己都无法确认真相。我国证据法专家何家弘教授就曾经讲述过自己的一个亲身经历：2016年10月5日，何教授和太太带着外孙去参观伦敦的博物馆。何教授和外孙走在前面，何太太走在后面。突

---

〔1〕　张卫平：《证明责任倒置辨析》，载中国诉讼法律网2019年3月23日，http://www.procedurallaw.cn/zh/node/4520。

然，何教授听到一声惊呼，转头一看，何太太被一辆自行车撞倒在地，经当地医院诊断为左肘关节错位和骨裂。何太太康复后和何教授谈起当天的事发经过，只记得自己当时要过马路，看见有公交车过来就停下来，她只注意看了左边，没想到自行车从右边撞了过来。而根据事发后骑行女子对警察所作陈述，在事情发生前，她正沿着路边骑车，看到何太太要过马路，她认为自己能从何太太身后过去，没想到何太太突然往回走，就撞到她的车上。这一起事件并未引起诉讼和纠纷，两位女士的陈述和回忆都没有需要面对司法证明的压力，但双方陈述的事实显然存在很大差别。这当中的真相存在两种可能：一是当何太太看到公交车行驶的路线过于贴近自己时，下意识地进行了躲避，并碰巧与骑行女子发生碰撞；二是骑行女子一开始看到何太太在往前走，凭着思维惯性推断何太太身后将出现骑行的空隙便要穿行而过，没想到何太太停住脚步，在来不及反应的情况下发生了碰撞。从日常经验来看，在事故突然发生的一瞬间，两位女士的记忆都可能出现短暂的空白、模糊，甚至紊乱，以至于无法准确还原事故发生的经过。对此，何教授也不禁感慨说："倘若此事诉诸法院，法官面临的恐怕也是短缺的证据与模糊的事实。"〔1〕

当类似情况进入诉讼，由于法官的职责令其不能以事实无法查清为由搁置或者拒绝裁判，便需要有一定的规则、理论、方法或者工具来指引法官作出适当的裁判，这便是证明责任所要解决的问题，它有别于当事人在诉讼中所承担的举证责任。但自罗马法以来，这两个概念经常被混为一谈。1883年，德国学者尤理乌斯·格拉查（Julius Glaser）首次将证明责任界定为具有主观证明责任和客观证明责任两种不同内涵的概念。〔2〕其中，

〔1〕 何家弘：《司法证明方法与推定规则》，法律出版社2018年版，序言第2-6页。

〔2〕 Julius Glaser, Handbuch des Strafprozesses, Leipzig, 1883, und BeiträgezurLehrevomBeweisimStrafprozeß, Leipzif 1883, Rosenberg, Beweislat. 4 Aufl. S18. 转引自毕玉谦：《民事证明责任研究》，法律出版社2007年版，第5页。

主观证明责任又被称为主观上的举证责任、形式上的举证责任、证据提出责任、形式上的举证责任、证据提出责任，它是指当事人在具体的诉讼中，为避免败诉的风险，向法院提供证据，证明其主张的事实存在的责任，〔1〕其强调的是当事人的举证行为而不涉及诉讼结果的问题。而客观证明责任又称客观上的举证责任、实质上的举证责任、说服责任、证明责任，它是指当案件事实处于真伪不明的状态时，规定应由哪一方当事人承担不利判决的一种负担，〔2〕其可以为法官在事实真伪不明时提供裁判规则或指引。紧随格拉查之后，美国学者塞耶（Thayer）于1890年在其论文《证明责任论》中对证明责任（burden of proof）的双重含义作了基本相同的解读。〔3〕美国学者摩根（Morgan）又进一步将第一重含义的证明责任称为举证的负担（Burden of Producing evidence），将第二重含义的证明责任称为说服责任（Burden of persuasion）。〔4〕至此，两大法系就现代证明责任的概念和内涵达成共识，即"证明责任"一词包含双重含义：一是当事人为避免败诉的风险向法院提供证据的责任；二是在口头辩论终结后，因要件事实没有得到证明而承担的诉讼上的不利益。〔5〕我国大陆学者习惯上将双重含义说的第一重含义冠以"举证责任"之名，其意指当事人应当向法院提出证据的行为责任，而将第二重含义称为"证明责任"。〔6〕我国台湾学者仍然习惯性地称前者为"主观举证责任"，称后者为"客观举证责任"，〔7〕但均不影

〔1〕 参见张卫平：《证明责任的概念》，载王利明、江伟等主编：《中国民事证据的立法研究与应用》，人民法院出版社2000年版，第382页。

〔2〕 同上注。

〔3〕 James B. Thayer, The Burden of Proof', Harvard Law Review, No.2, p.45-70.

〔4〕 参见张卫平：《证明责任概念解析》，载《郑州大学学报（社会科学版）》2000年第6期。

〔5〕 参见陈刚：《证明责任法研究》，中国人民大学出版社2000年版，第14-21页。

〔6〕 参见张卫平：《证明责任的概念》，载王利明、江伟等主编：《中国民事证据的立法研究与应用》，人民法院出版社2000年版，第382-383页。

〔7〕 参见姜世明：《举证责任与真实义务》，台北，新学林出版股份有限公司2006年版，第6-8页；姜世明：《民事诉讼法基础论》，台北，元照出版有限公司2018年版，第161页；沈冠伶：《民事证据法与武器平等原则》，台北，元照出版有限公司2007年版，第59-60页。

响理解和适用。值得一提的是，2014年12月18日颁布的《最高人民法院关于适用〈中华人民共和国民事诉讼法〉的解释》（以下简称2015年《民诉法司法解释》）第90条第2款首次使用了“举证证明责任”的概念。最高人民法院参与该司法解释起草的业务庭对“举证证明责任”的释义是：“本条并未采纳举证责任或证明责任概念，而是使用举证证明责任的表述，其目的在于强调：（1）明确当事人在民事诉讼中负有提供证据的行为意义的责任，只要当事人在诉讼中提出于己有利的事实主张的，就应当提供证据；（2）当事人提供证据的行为意义的举证责任，应当围绕其诉讼请求所依据的事实或者反驳对方诉讼请求所依据的事实进行；（3）当事人在诉讼中提供证据，应当达到证明待证事实的程度，如果不能使事实得到证明，则当事人应当承担相应的不利后果。”〔1〕可见，司法解释的起草者显然是想用举证证明责任的概念同时表达双重含义说的两重含义。但由于证明责任的重要性和地位显然超过了举证责任，所以我国学界普遍还是把包含了证明责任含义的“举证证明责任”称为“证明责任”。〔2〕笔者根据理论界的习惯，在文中把“举证证明责任”与“证明责任”作为含义相等的概念使用。

由于证明责任的归属从终极意义上回答了谁需要对事实真伪不明承担不利后果的问题，也就在很大程度上决定了谁应当就何种事实向法院提交证据，以及谁有责任向法庭申请勘验和鉴定等一系列问题。法院也有责任基于证明责任的负担情况适时向当事人作出举证指引和释明，对其进行必要的风险提示。由此可见，无论在理论研究还是在诉讼实务中，证明责任都是一个极为重要的问题。德国、日本的学者因此也将证明责任称为

---

〔1〕 最高人民法院修改后民事诉讼法贯彻实施工作领导小组编著：《最高人民法院民事诉讼法司法解释理解与适用》（上），人民法院出版社2015年版，第312页。

〔2〕 参见李浩：《规范说视野下法律要件分类研究》，载《法律适用》2017年第15期；胡学军：《证明责任“规范说”理论重述》，载《法学家》2017年第1期；胡东海：《“谁主张谁举证”规则的历史变迁与现代运用》，载《法学研究》2017年第3期。

“民事诉讼的脊梁”。这一形象的比喻亦获得了我国学者的认同。[1]

目前，主导大陆法系证明责任理论的是德国法学家罗森贝克(Rosenberg)创立的“规范说”。[2]规范说的立论基础是：只有当法官对作为法律规范适用前提的法律要件事实获得积极心证时，他才能够适用该法律规范；当法官的心证认定法律要件事实不成立，或者对其是否成立存疑的情况下，法官便不能适用该法律规范，而这种不利后果应由要求适用此等规范才能胜诉的当事人来承担。[3]根据这一论断，规范说以当事人的诉辩主张为分界线，进一步将民法规范区分为：权利发生规范、权利妨碍规范、权利消灭规范、权利排除规范，每一类型的规范均包含相应的要件事实。主张权利存在的当事人，要证明权利发生的要件事实；否认权利存在的当事人，要对妨碍权利、消灭权利、排除权利的要件事实承担证明责任。[4]2015年《民诉法司法解释》第91条中规定，“(一)主张法律关系存在的当事人，应当对产生该法律关系的基本事实承担举证证明责任；(二)主张法律关系变更、消灭或者权利受到妨害的当事人，应当对该法律关系变更、消灭或者权利受到妨害的基本事实承担举证证明责任”，便参照了规范说的理论。

然而，在现实生活中，待证事实真伪不明和证明责任裁判问题对于理论界和司法机关而言，仍然是一个“说不清，道不明”的问题。许多法官对于在判决中宣告事实真伪不明，以及根据证明责任分配结果作出裁判仍然心存顾虑。我国台湾地区学者曾把产生这种现象的原因归为以下几个方面：一是上级法院对事实真伪不明的裁判接受程度低，习惯性认为下级

---

〔1〕 参见李浩：《证明责任的概念——实务与理论的背离》，载《当代法学》2017年第5期。

〔2〕 参见李浩：《〈民事诉讼法〉修订中的举证责任问题》，载《清华法学》2011年第3期；骆永家：《民事举证责任论》，台北，商务印书馆2009年版，第76页。

〔3〕 参见[德]莱奥·罗森贝克：《证明责任论》(第5版)，庄敬华译，中国法制出版社2018年版，第14页。

〔4〕 同上注，第117－118页。

法院应极尽调查之能事；二是证明度要求高，较易造成事实真伪不明，但实务上对证明度的操作是否适当存在疑问；三是法官对本证和反证关系的区辨可能存在不足，对本证待证事实的相反事实原本只需动摇法官确信即可，而实务中亦要求反证事实达到确信的标准；四是法官可能过于执着所谓实质真实，以致在举证活动上倾向非黑即白，而压缩原属于真伪不明的裁判空间。〔1〕

我国台湾地区学者的论述反映了两岸司法实务中的共性问题：如法院过于强调追求客观真实，对证明标准的要求较高，压缩了证明责任裁判的空间，以及下级法院担心依真伪不明作出裁判可能给上级法院造成没有尽职调查的印象。但是，自规范说创立以来，现代证明责任理论已经在各国广泛传播并得到普遍认可。在这种情况下，法官在证明责任裁判问题上仍然存在诸多顾虑，其原因恐怕不能完全归咎于实务操作层面的问题。针对这一现象，我国学界对证明责任理论的发展方向存在激烈争论，主要有以下几种观点：

第一种观点认为，我国应当坚持和回归规范说。这一观点细分之下还存在两派：一派是规范说的坚定支持者，认为规范说仍是最适合中国当前语境的证明责任分配理论，规范说的基本理论不存在本质缺陷。〔2〕另一派虽然承认规范说存在一定的瑕疵，但认为，根据我国国情，比起规范说的瑕疵来说，更应该树立规范说的权威。理由是，“相对于西方法治国家，我国在观念上却欠缺规则至上传统和尊重形式理性价值，法律实证主义者坚持的法律就是法律并非过时的陈词滥调，而是仍需努力培植的基本信仰。当前，最为关键的就是树立法的权威与安定性价值，以稳定人们的行为预期，法官的自由裁量权应当受到严格限制。罗森贝克这种严格尊重制定法权威、依据形式标准、限制司法裁量权的理论正当其时。对我国来说，不

〔1〕 参见姜世明：《举证责任与真实义务》，台北，新学林出版股份有限公司2006年版，第6–8页。

〔2〕 参见胡学军：《证明责任“规范说”理论重述》，载《法学家》2017年第1期。

宜放大规范说的瑕疵，模糊该学说的基本要义”。〔1〕

第二种观点认为，应当从进一步完善法律解释方法的角度来适用规范说。该观点认为，“规范说在解释方法上以文义解释为主（偶尔采体系解释），这一方法论上的局限是规范说的本质缺陷。当该理论被用于未考虑证明责任问题的实体法规范时，必然导致不合理的证明责任分配。对此的解决之道是，克服方法论上的局限，引入以规范目的为导向的体系解释方法，重新解读法条之间的意义关联，以确定法规范应然的‘请求原因—抗辩—再抗辩’要件，从而更加灵活、能动的解释法条自身所蕴含的证明责任分配规则，使得规范说不至于成为死板的教条，而是能适应时代发展与变化的理论”。〔2〕

第三种观点认为，我国应当采用一般原则和例外规则相结合的方式来解决证明责任分配的问题。但在具体采用何种标准作为一般原则的问题上，该观点又可进一步分为广义的法律要件分类说和狭义的法律要件分类说。广义的法律要件分类说认为，可以将规范说等法律要件分类说作为证明责任分配原则，并参照其他证明责任分配学说，对按法律要件分类说的原则不能获得公正结果的具体案件实行证明责任倒置或参酌有关学说来确定当事人的证明责任。〔3〕为了慎重对待适用例外规则造成证明责任倒置的情形，有的学者还认为，“由于证明责任倒置改变了当事人之间的实体权利义务关系，一般应由立法机关作出特别规定，在立法机关尚未作出规定而司法实践又迫切需要规定时，可暂由最高司法机关通过司法解释的方式进行规定”。〔4〕狭义的法律要件分类说认为，依照法律要件分类说的方法

---

〔1〕 参见胡学军：《证明责任“规范说”理论重述》，载《法学家》2017年第1期。

〔2〕 袁中华：《规范说之本质缺陷及其克服——以侵权责任法第79条为线索》，载《法学研究》2014年第6期。

〔3〕 参见毕玉谦：《“一强多元”模式下的证明责任学说——以克服“规范说”局限性为重心》，载《政法论坛》2011年第2期；李浩：《民事证据立法前沿问题研究》，法律出版社2007年版，第111-115页；霍海红：《证明责任的法理与技术》，北京大学出版社2018年版，第15页。

〔4〕 李浩：《民事证据立法前沿问题研究》，法律出版社2007年版，第111-115页。

分配证明责任，也有符合实质公平的现象。在实务上，可以先在区分权利发生要件和权利消灭要件的基础上对证明责任作初步分配，然后再结合危险领域说、概然性说、利益衡量说等新说的观点加以检讨，最后确定证明责任的归属。[1]

第四种观点认为，在规范说存在根本缺陷的情况下，应当用民法基本原则和目的性解释的方法来解决证明责任的分配问题。该观点认为，规范说基于法条的规范结构和法条之间的相互关系，对证明责任的分配问题采形式标准，忽略了隐藏于民法法律规范中的实质价值与公平问题。而由于证明责任是一项民法概念，证明责任分配的实质性原则就是民法基本原则，它包括私人自治原则、信赖保护原则、诚实信用原则、公序良俗原则等，故而在具体运用过程中应当先通过分析证明责任的功能、概念来探求证明责任分配的实质性原则；再以该实质性原则为价值导向，对特定要件的证明责任分配进行目的论解释，以此得出合目的性的证明责任分配规则。[2]

除上述分歧外，我国针对证明责任理论的研究尚存在以下不足。第一，应用型研究较多，基础研究不足。对于应用型的问题，国内的研究成果颇丰，在诸如法律行为的证明责任分配[3]、表见代理的证明责任[4]、善意取得制度的证明责任[5]、动物侵权的举证证明责任[6]、医疗损害的举证

---

〔1〕 参见罗玉珍、高委主编：《民事证明制度与理论》，法律出版社2003年版，第215-216页。

〔2〕 参见胡东海：《民事证明责任分配的实质性原则》，载《中国法学》2016年第4期。

〔3〕 参见李浩：《民事行为能力的证明责任　对一个法律漏洞的分析》，载《中外法学》2008年第4期。

〔4〕 参见胡学军：《表见证明理论批判》，载《法律科学（西北政法大学学报）》2014年第4期。

〔5〕 参见吴泽勇：《论善意取得制度中善意要件的证明》，载《中国法学》2012年第4期；徐涤宇、胡东海：《证明责任视野下善意取得之善意要件的制度设计——〈物权法〉第106条之批评》，载《比较法研究》2009年第4期；徐涤宇：《民事证明责任分配之解释基准——以物权法第106条为分析文本》，载《法学研究》2016年第2期。

〔6〕 参见袁中华：《规范说之本质缺陷及其克服——以侵权责任法第79条为线索》，载《法学研究》2014年第6期；吴泽勇：《规范说与侵权责任法第79条的适用——与袁中华博士商榷》，载《法学研究》2016年第5期。

证明责任[1]等问题上，均有不少成果。但以上研究大多是从应用层面去探讨如何解决规范说在实际适用过程中遇到的问题，其要么直接把规范说作为公理来使用，要么就是在规范说的基础上通过运用法律解释方法和各种实质性原则来弥补规范说的不足，很少对证明责任的基础理论问题进行更深入的研究。

第二，对规范说以外的各种证明责任学说之间的逻辑关系和理论联系研究不足。自规范说诞生以后，德国、日本等大陆法系国家对规范说的理论缺陷和如何克服规范说不足进行了大量的研究和实践，诞生了各种新的学说。同时，普通法运用利益衡量的方法对证明责任进行分配的做法对大陆法系的证明责任理论也起到了推动作用。但是，由于不同的学说和理论往往有各自不同的逻辑起点，在各种学说反复堆积的情况下，反而使证明责任问题更加模糊和难以把握。如何对这些不同的学说和理论进行系统梳理，将其从逻辑层面更好地统合起来，使之更好地服务于我国的审判实务，是2015年《民诉法司法解释》实施后迫切需要解决的问题。

第三，理论研究对实务的关切不足。虽然，学者对证明责任理论在司法实践中受到法官冷遇的情况并非毫无察觉，有个别学者还进行了一些研究。[2]但遗憾的是，相关研究并未继续深入问题的实质和提出相应的解决方案。而在司法实践中，仍有不少法官对公开讨论事实真伪不明和证明责任裁判的问题心存犹豫。这种现象说明，现有的证明责任理论未能给予法官足够的信心和勇气将其付诸实践。因此，尽管2015年《民诉法司法解释》为完善我国的证明责任制度作了大量努力，但实际效果显然未达预期。

为了解决以上问题，笔者对两大法系的证明责任理论和实践进行梳

〔1〕 参见吴兆祥：《诊疗损害责任纠纷举证证明责任研究——对〈最高人民法院关于审理医疗损害责任纠纷案件适用法律若干问题的解释〉第4条的解读》，载《法律适用》2018年第3期。

〔2〕 参见李浩：《证明责任的概念——实务与理论的背离》，载《当代法学》2017年第5期。

理，并通过案例平台抽取2015年《民诉法司法解释》颁布前后，从2008年至2020年的证明责任实证案例样本作为研究对象，着力于探究并解决以下问题：

（1）法官在审判过程中有多少机会遭遇事实真伪不明的情况；导致案件出现事实真伪不明的原因有哪些；其中是否存在一定的规律，对证明责任的分配又有什么样的影响。

（2）作为通说的规范说是否存在理论缺陷；如果有的话，其缺陷是否足以动摇规范说的通说地位；理论上对于规范说的缺陷是否存在妥善的解决方法。

（3）普通法系的证明责任理论和司法实践与大陆法系有何异同，以及其对我国的证明责任裁判是否具有参考价值。

（4）当前，我国法官在实务中是如何面对和处理证明责任问题的；这些实务中的做法有没有合法依据；其与两大法系的理论和实践存在哪些共性，其中是否存在普遍的规律性的因素。

目　录

第一章 证明责任理论的演变

证明责任从雏形发展至今，经历了漫长的岁月演变。在这个过程中，罗马法作出过重大的贡献。到了近代，法学家们为了找寻适合现代立法体例的证明责任理论也进行了多方探索，并最终形成了以规范说作为通说的证明责任理论。

一、从“原告未证明则开释被告”到“谁主张，谁举证”

有学者考证，古罗马在法律诉讼时期（公元前753年至公元前17年）产生的“原告未证明则开释被告”（*actor non probante, reus absolvitur*）规则，是罗马法的第一项证明责任规则。进入程式诉讼时期（公元前17年到公元3世纪中叶），产生了罗马法的第二项证明责任规则，即“被告在抗辩中变为原告”（*in excipiendoreus fit actor*）。到了查士丁尼时期，上述两个规则被进一步抽象为“谁主张，谁举证”规则，并流传于后世。[1]

罗马法的证明规则与罗马诉讼制度的发展紧密相连。在整个罗马法时代，先后存在三种不同的诉讼制度，即法律诉讼（legis actiones）、程式诉讼（formulae）和非常诉讼（extraordinaria cognitio）。在法律诉讼时期，诉讼分为两个阶段：第一个阶段称为“法律审”，这一阶段在作为公共官员的执法官面前进行。但是，执法官不承担审判的任务。当事人来到执法官面前只是向其陈述彼此的要求，但不陈述这些要求所依据的具

---

〔1〕 参见胡东海：《“谁主张谁举证”规则的历史变迁与现代运用》，载《法学研究》2017年第3期。

体事实；执法官的工作也仅限于促成双方达成和解协议（Pactum，其词源为pax，即和平）。如果当事人不能达成和解协议，执法官有权命令双方接受第二个阶段的“裁判审”，这一阶段在由罗马市民担任的审判员面前进行。审判员可以由市民组成的“百人法官团”（centumviri），“十人争议审判团”（decemviri stlitibus iudicandis），或者当事人协议选择的市民个人担任。[1]到了程式诉讼时期，也即从《爱布兹法》（Ebuzia）制定开始，诉讼仍然被分为“法律审”和“裁判审”两个阶段，但执法官已不限于聆听当事人的请求和在调解不成的情况下为他们指派审判员，而是会制作一份书面训示，即所谓程式（formula），简要地列举被请求的权利和所涉事实，并命令审判员“如果这些事实是真的，就处罚被告，否则开释被告”。[2]审判员被任命后，执法官的工作就结束了。审判员的主要职责是听取双方的举证，审查原告是否能证明程式中所涉事实。这种审查的结果只有一个简单的“是”或“非”的结论，因为审判员只需宣布被告是接受处罚还是被开释，不需要说明理由，被告也没有任何上诉的可能。[3]该程式诉讼持续的时间最长，被学者称为标准古典民事诉讼程序（the standard classical civil procedure）。[4]执法官在程式诉讼中作出的“原告未证明则开释被告”的训示，强化了原告作为诉讼发起人的证明责任，对后世的证明制度产生了深远的影响。

此外，罗马法的形成和发展过程始终伴随着先程序后实体的特点。在罗马人眼中，先有诉权而后才能谈到权利。[5]这是因为，罗马法实际上是在裁判官手中不断形成的，而裁判官并不拥有立法权，不能据此创设新的

---

〔1〕 参见［意］彼德罗·彭梵得：《罗马法教科书》，黄风译，中国政法大学出版社2005年版，第70-71页。

〔2〕 同上注，第72页。

〔3〕 David Johnston, *Roman Low In Context*, Cambridge University Press, 1999, p.116-117.

〔4〕 Ibid, p.112.

〔5〕 周枏：《罗马法原论》（下册），商务印书馆1994年版，第855-856页。

权利，其只是通过一次又一次地允许或者在告示中宣布人们在其当政之年根据特定条件可以合法地进行哪些诉讼或审判来扩充罗马法的诉讼类型。裁判官通过这种方式创设的“权利”没有称谓，而是以诉权来表示，如善意占有诉讼（actio publiciana）、抵押担保诉讼（actio serviana），或者以据以获得诉权的事实表示，如恐吓之诉（actio metur）、诈欺之诉（actio doli）。〔1〕有的诉权，更是直接以裁判官的名义命名。查士丁尼《法学总论》提到一种被称为“普布里奇之诉”的诉权，其针对的情形是：属于某人的某物，通过合法方式交付另一人，但另一人在未取得所有权之前丧失占有，而根据市民法，只有所有人才可以提起请求回复其物的诉讼，故而普布里奇裁判官通过告示允许丧失占有的一方得主张其已经因时效取得该物，据以诉请回复该物，尽管其并未真正因时效而取得。〔2〕因此，意大利学者认为，罗马时代的法学家在面对私法（ius privatum）问题时，并不是从权利的享有而是从诉讼（actio）的有无角度入手的。〔3〕由于裁判官告示在创设诉权时必须首先确定该诉权所要解决的问题，也即该诉权所针对的具体事实是什么，这种先程序后实体的方式对被赋予诉权的原告来说，首先就要解决如何证明存在满足该类诉讼条件的事实。罗马法发展过程中形成的先有诉权后有权利的特点，使原告的证明义务不再仅和原告的诉讼地位相连，而是和裁判官所赋予的诉权有关。

在罗马法证明制度的发展过程中，抗辩制度起到很大的推动作用。公元前367年，根据罗马传统，执法活动与执政官职位相分离，其作为一种特殊权限托付给执政官下级同僚——裁判官，新的裁判官开始采取越来越直

---

〔1〕［意］彼德罗·彭梵得：《罗马法教科书》，黄风译，中国政法大学出版社2005年版，第65–66页。

〔2〕［罗马］查士丁尼：《法学总论——法学阶梯》，张企泰译，商务印书馆1989年版，第206–207页。

〔3〕［意］弗朗切斯克·西特茨亚：《罗马法的物权体系》，刘家安译，载江平主编：《罗马法、中国法与民法法典化——罗马法与物权法、侵权行为法及商法之研究》，中国政法大学出版社2008年版，第9–10页。

接的行动介入法的制定和适用。〔1〕原本在法律诉讼时期不存在的“抗辩”作为一种裁判官制度逐渐被引入诉讼领域。其产生的背景是，由于市民法过于僵硬，在适用过程中常常造成依社会共识看难以接受的不公正结果，裁判官就采用允许被告提出抗辩的方法来中和这种矛盾。从字面含义来看，抗辩的拉丁文“*exceptio*”有拿出、抽出、取出之意，引申为市民法规范之例外的含义。裁判官根据被告的申诉授予的抗辩有欺诈抗辩、胁迫抗辩、简约抗辩、已出卖和交付的抗辩等。〔2〕在程式诉讼中，被告可在诉讼的第一阶段提请裁判官在程式中加入抗辩。裁判官在初步衡量案情，认为被告所提之议有道理但需要调查其事实情况才能确认时才授予抗辩，并在程式中加入诸如“如果在争端中没有发生过也不发生原告的欺诈”(*si in ea re nihil dolo malo Auli Agerii factum sit neque fiat*)的条件句，并授权负责具体审判的法官在第二阶段探查前述条件是否存在；若有，驳回原告的诉讼请求并开释被告。〔3〕根据抗辩在当时诉讼中所起的作用来看，抗辩具有相当于提出新主张的效果，因而就有“被告在抗辩中等同于原告”的说法。到了查士丁尼时期，抗辩制度已经非常完善。查士丁尼编写的《法学总论》对抗辩作了如下规定：“被告因胁迫、欺诈或由于错误对原告的口约予以承诺，此时根据市民法，被告仍受债务的约束，原告可以对被告提起有效诉讼并主张给付，被告为了避免不公正的判决就有权提出基于胁迫、欺诈或基于事实的抗辩，以驳回原诉。”〔4〕与此同时，罗马法上的“答辩”是指对有些初看是正当但其实是不公正的抗辩，允许原告通过答辩来推翻和消除所根据的权利。查士丁尼《法学总论》对此的说明是：“债权人同债务人约定，不向债务人请求给付，随后又同他缔结相反的约定，即债权人

---

〔1〕［意］彼德罗·彭梵得：《罗马法教科书》，黄风译，中国政法大学出版社2005年版，第74页。

〔2〕徐铁英：《论罗马法中的一般诈欺抗辩》，载陈小君主编：《私法研究》第19卷，法律出版社2016年版，第48页。

〔3〕同上注，第47页。

〔4〕［罗马］查士丁尼：《法学总论——法学阶梯》，张企泰译，商务印书馆1989年版，第228页。

得为此请求，当债权人提起诉讼，债务人根据第一次协议提出抗辩时，尽管随后又成立了相反的约定，但第一次的约定仍然成立，这一抗辩仍将阻碍债权人提起诉讼，但这样驳回债权人的请求会导致不公平，所以允许其根据后一约定提出答辩。"〔1〕不仅如此，根据罗马法，如果答辩本身初看是公正的但其实也是不公正的，被告可以再次表明主张，称为"再答辩"；如果再答辩由于某种原因对原告来说是不公正的，原告还可以进行第三次答辩。〔2〕因此，罗马法上的"抗辩"和"答辩"与如今人们经常混用的"抗辩"和"答辩"的概念有较大区别。罗马法上的抗辩和答辩更像是包含了明确的诉讼请求和事实理由的"诉"的概念。在这层意义上，罗马法的第二个证明规则"被告在抗辩中变为原告"和第一个证明规则"原告未证明则开释被告"在实质含义上并无本质差别，都是对诉权人所应承担的证明责任的规定。将罗马法的这两个证明规则合并后就成为流传至今的"谁主张，谁举证"规则。

在罗马法时代，法律编撰没有像现代民法典那么抽象。拉伦茨认为，法律的体裁可以分为三类：个案列举式、抽象概括式和指令准则式，其中个案列举式的规则体系最为具体和详尽，人们根据这个规则体系即可对立法者预见到的所有案件作出正确无误的判断。〔3〕从罗马法的内容来看，其大量采用了个案列举式的体裁。例如，关于欺诈抗辩的问题，查士丁尼《法学总论》I.4.13.1规定："你因被胁迫、欺诈或由于错误对铁提的口约予以承诺，其实你并不应承诺，根据市民法，显然你仍受债务的约束，而且对方得对你提起有效的诉讼，主张你应给付。但是对你作出不利的判决是不公平的；因此为驳回起诉，你有权提出基于胁迫或欺诈的抗辩，或基于

〔1〕［罗马］查士丁尼：《法学总论——法学阶梯》，张企泰译，商务印书馆1989年版，第231页。
〔2〕同上注。
〔3〕［德］卡尔·拉伦茨：《德国民法通论》（上册），王晓晔等译，法律出版社2002年版，第32页。

事实的抗辩。"[1]通过这种个案列举式的规定，人们可以比较容易解读出：主张受到胁迫、欺诈的当事人，应对其受到欺诈、胁迫的事实承担证明的义务。

罗马法的可贵之处在于，尽管其诞生于野蛮的奴隶社会，却不乏理性的光辉。罗马法在从第一规则"原告未证明则开释被告"向第二规则"被告在抗辩中变为原告"发展的过程中，摆脱了当事人角色的限制，按照诉、抗辩和答辩来分配证明义务，在冲突双方之间实现证明义务的均衡分配。与此同时，这种分配方式还兼顾了诉和抗辩、答辩之间的对立冲突关系，与诉讼的对抗逻辑相适。这些思维方式均被后世的证明责任学说包括规范说所沿袭。我国的民事诉讼立法亦深受"谁主张，谁举证"的影响。[2]但是，必须指出的是，所谓"此一时彼一时"，在经历了轰轰烈烈的立法运动后，"谁主张，谁举证"的适用环境和罗马法时代相比已悄然发生了变化。

首先，现代民法典采用了新的立法体裁。民法法典化始于1804年《法国民法典》的编撰，到1900年《德国民法典》颁布时达到巅峰。尽管德国宣称其接受了查士丁尼《民法大全》的形式，[3]但《德国民法典》所采用的高度抽象化、系统化的立法技术是以往罗马法所不曾有的。《德国民法典》将总则独立出来，并通过总则对整部法典的基本制度和原则作抽象、概括的说明，并对如自然人、法人、法律行为、物、所有权、契约、代理、时效等术语作出解释。相对于总则，后面的分则只是对总则的具体化和扩展而已。[4]以合同纠纷为例，罗马法将依据合同约定请求履行义务的主张和声称受到对方欺诈、拒绝履行合同义务的主张，分别用原诉和抗辩的概念

---

〔1〕［罗马］查士丁尼：《法学总论——法学阶梯》，张企泰译，商务印书馆1989年版，第228页。
〔2〕参见毕玉谦：《举证责任分配体系之构建》，载《法学研究》1999年第2期。
〔3〕［德］卡尔·拉伦茨：《德国民法通论》（上），王晓晔等译，法律出版社2013年版，第21页。
〔4〕参见何勤华：《西方法学史》，中国政法大学出版社1996年版，第261页。

来加以区分，[1]因而较为容易识别。然而，在几经修订后的《德国民法典》中，罗马法中的“欺诈之诉”被整合到第一编总则之第三章“法律行为”的第二节“意思表示”下辖各条文中。具体还分为：第116条“心里保留”、第117条“虚伪行为”、第118条“欠缺真意”、第119条“因错误而可撤销”、第120条“因误传而可撤销”、第122条“撤销人的损害赔偿义务”、第123条“因欺诈或胁迫而可撤销”、第124条“撤销期间”。[2]新的立法技术有助于形成逻辑严密、结构严谨的现代民法典，使其更容易被学习和掌握。但伴随着法典的抽象化和系统化，罗马法时代各种“诉”与“抗辩”之间原本相对清晰的界限变得模糊，“谁主张，谁举证”的界限也随之变得模糊起来。

其次，程序法和实体法的分离进一步弱化了“谁主张，谁举证”的适用条件。近代立法运动还有一项重要的成果是实现了民事实体法和程序法的分离，其标志是1807年颁布实施的《法国民事诉讼法典》。该法典最重要的贡献之一就是直接规定了“诉权”的概念。而且，按照法国现代法及公法的理论，诉权已经成为不依赖实体权利的独立存在，即便当事人没有实体权利也不能剥夺其向法院提起民事诉讼的权利。[3]由于民事诉讼法被定义为公法，当事人向法院提起民事诉讼成为一项独立的权利，这改变了原先罗马法中实体法和程序法不分的局面，使现代民事诉讼的范围和种类无须像罗马法时代那样，要受到严格的“程式”以及裁判官“告示”的限制。在这种情况下，已经不可能再像罗马法时代那样通过“诉—抗辩”来对“谁主张，谁举证”进行界定。同时，基于诉权本身的发展，在不断产生的新类型诉讼中，诸如由高度危险作业、环境污染等特殊侵权引发的诉讼，是否仍要由原告来承担所有事实主张的证明责任也不无疑问。

最后，反诉制度建立后，抗辩的含义逐渐模糊并偏离其原意。1807

---

〔1〕 参见[罗马]查士丁尼：《法学总论——法学阶梯》，张企泰译，商务印书馆1989年版，第228页。
〔2〕 参见陈卫佐译注：《德国民法典》（第4版），法律出版社2015年版，第40-43页。
〔3〕 参见张卫平、陈刚编著：《法国民事诉讼法导论》，中国政法大学出版社1997年版，第56-57页。

年《法国民事诉讼法典》第64条规定了反诉制度。根据该制度，本诉的被告不仅可以拒绝原告的诉讼请求，还可以向原告提出要求利益的反诉请求。[1]反诉制度的确立，把原本属于抗辩的含义夺走了大半，使抗辩在民事诉讼中的含义变得极为宽泛，有时甚至泛指被告所实施的针对原告的所有诉讼行为。[2]人们开始将“抗辩”“答辩”“否认”不加区分地使用，使如今的“抗辩”越发远离了其在罗马法时代的意义，更加使“谁主张，谁举证”在民事诉讼中无所依托。即便是坚守传统抗辩理论的学者也会发现，在出现诸如“被告的代理行为是否成立”的争议时，到底把否定代理权的意见视为简单的“否认”，还是当作“抗辩”，已然成为一件颇为棘手的事情。[3]

尽管罗马法的“谁主张，谁举证”对后世的证明责任理论仍然有深远影响。但现代的司法环境与罗马法时代已经发生了剧烈的变化。“谁是主张者”这一原本在罗马法时代比较容易辨明的问题，在现代民事诉讼中却日益模糊，以至于罗马法时代的“谁主张，谁举证”到了近代以后已经无法完全满足司法审判的需要。在这种情况下，尤理乌斯·格拉查于1883年首次将证明责任界定为具有主观证明责任和客观证明责任两种不同内涵的概念，即双重含义说。[4]其中，主观证明责任通常被称为举证责任，由诉讼双方当事人共同承担；而客观证明责任则被称为证明责任，即当案件的待证事实出现真伪不明时，应当由谁来承担不利益的后果。双重含义说在肯定了双方当事人均有举证责任的同时，也带来了证明责任该如何分配的新问题。

---

〔1〕 参见张卫平、陈刚编著：《法国民事诉讼法导论》，中国政法大学出版社1997年版，第78页。

〔2〕 同上注，第76页。

〔3〕 陈刚：《抗辩与否认在证明责任法学领域中的意义》，载《政法论坛》2001年第3期。

〔4〕 Julius Glaser, *Handbuch des Strafprozesses*, Leipzig, 1883, und Beiträge zur Lehre vom Beweis im Strafprozeß, Leipzif 1883, Rosenberg, Beweislat. 4 Aufl. S18. 转引自毕玉谦：《民事证明责任研究》，法律出版社2007年版，第5页。

二、现代证明责任理论的探索

由于“谁主张，谁举证”已经无法满足现代民事诉讼的需要，法学界积极投入新的证明责任理论的研究。欧洲大陆先后出现了以待证事实分类作为证明责任分配依据的待证事实分类说，以及以待证事实在法律规范中的效果为证明责任分类依据的法律要件分类说，二者均努力从罗马法中寻找自己的理论依据。就学术脉络而言，作为通说理论的规范说也是法律要件分类说的一个分支。上述理论在当代司法实践中仍然经常被人提及，存在一定的影响力，故笔者对其一并介绍。

（一）待证事实分类说

待证事实分类说，我国台湾学者也称之为要证事实分类说（Themen-vertheilungs theorie），[1]是立足于事实的性质或者特征分配证明责任的学说。根据划分事实的标准不同，待证事实分类说又可以进一步分为消极事实说和外界事实说。

1.消极事实说（Negativentheorie）。该说根据“主张的事实是否客观存在”，把事实分为积极事实和消极事实，并认为主张积极事实的当事人应负证明责任；反之，则无须承担证明责任。从学者考证的情况来看，消极事实说最早源自注释法学家对保罗评注的曲解。罗马法学家保罗（Paulus）曾经在《告示评注》第69卷“关于抗辩”（*de exceptionibus*）中作出“证明责任由提出主张的人承担，而非由否定该主张的人承担”的评注。结合罗马法的制度，保罗的本意应当是指，抗辩是被告提出的主张，证明责任由提出抗辩主张的人承担，而非由否定该抗辩主张的人承担。[2]伊尼理乌斯（Irnerius）、布拉森丁（Placentin）、约翰斯（Johannes）等早期注释法

〔1〕参见骆永家：《民事举证责任论》，台北，商务印书馆2009年版，第72页。

〔2〕参见胡东海：《“谁主张谁举证”规则的历史变迁与现代运用》，载《法学研究》2017年第3期。

学家将保罗的证明责任“非由否定该主张的人承担”曲解为“否定者不须证明”，将“证明责任由提出主张的人承担”曲解为“肯定者应证明”，并且进一步认为，所谓肯定者指的是“主张肯定事实者”，否定者指的是“主张否定事实者”，创造出“主张肯定事实者承担证明责任，主张否定事实者不承担证明责任”的消极事实理论。〔1〕消极事实理论曾经主宰了整个中世纪，〔2〕并随后演变为待证事实分类说中的消极事实说，从而确立了“凡主张积极事实者负举证责任”的规则。〔3〕

但是，消极事实说很难对罗马法中存在的大量要求证明消极事实的原始文献作出合理解释。例如，保罗在《解答集》第9卷中提到，如果某人主张“对方当事人被禁止以特定方式行使一项权利”，或者“脱离父权的行为未被正确地实施”，那么，即使他主张的是消极事实，仍应对此承担证明责任。又如，保罗在《普劳提评注》第18 卷中提到，即使家子主张“他不处于父权之下”，他仍应对这种消极事实承担证明责任。〔4〕这些发现使早期注释法学家关于消极事实无须证明的观点受到极大动摇。因此，法学家布鲁加鲁斯（Burgarus）对保罗评注的解释，即各当事人应证明各自的主张原因，原告应证明请求及再抗辩之原因，被告应证明抗辩及复再抗辩之原因，更能反映保罗片段的真实意思，得到越来越多学者的认同。〔5〕

此外，消极事实理论之所以未能成为通说还与其自身在逻辑上的先天缺陷有关。例如，许多交易法规所谓的当事人“善意或非善意”通常与当事人“不知道或知道”的状态相对应。如果当事人是善意的，即意味着其

---

〔1〕 参见胡东海：《“谁主张谁举证”规则的历史变迁与现代运用》，载《法学研究》2017年第3期；骆永家：《民事举证责任论》，台北，商务印书馆2009年版，第70页。

〔2〕 参见胡东海：《“谁主张谁举证”规则的历史变迁与现代运用》，载《法学研究》2017年第3期。

〔3〕 参见陈荣宗：《举证责任分配与民事程序法》（第2册），台湾大学法学丛书（十七）1984年版，第5页以下，转引自毕玉谦：《举证责任分配体系之构建》，载《法学研究》1999年第2期。胡东海：“谁主张谁举证”规则的历史变迁与现代运用》，载《法学研究》2017年第3期。

〔4〕 D.22.3.5；D.22.3.8。转引自胡东海：《“谁主张谁举证”规则的历史变迁与现代运用》，载《法学研究》2017年第3期。

〔5〕 参见骆永家：《民事举证责任论》，台北，商务印书馆2009年版，第70页。

对某个事实是不知道的，而非善意则表明当事人对该事实是明知的。在类似的情况中，消极事实与肯定事实有时就是用语的表达方式不同，很难以此作为划定证明责任的标准，故而现代证明责任理论已经基本上否定消极事实说的理论。不过，在实务中，仍有人还在援引"否定者不承担证明责任"的说法，这其实是受到早期注释法学家的误导所致。

2.外界事实说。该说依据事物能否借助人的五官从外部加以观察，把待证事实划分为外界事实与内界事实。其中，外界事实指那些可以凭借人的五官体察到的事实，如借贷、买卖、合同的订立与履行，以及积极的侵权行为等；内界事实指那些存在于人的内心状态的，不能以人的五官体察到的事实，如知与不知、故意与否、善意与恶意、事实与状态。〔1〕外界事实说认为，主张外界事实者应承担证明责任，而主张内界事实者不负证明责任，理由是内界事实不能证明。〔2〕然而，外界事实说很难在实践中得到支持。虽然行为人的内心想法无法直视，但无论民事诉讼还是刑事诉讼，法官通常都会要求当事人通过举证外部行为来证明行为人的内心意思。这是因为，几乎所有的人类活动都离不开意识的支配，无论外界事实还是内界事实均难以独立存在，故无法以此为界来划分证明责任的有无。正如有学者分析，"凡明知故为的，即可证明其为恶意；告知、示知，即可证明其知；对自己的行为无合理判断能力，即可证明其为心神丧失或精神耗弱"。〔3〕由于外界事实说的说服力较弱，其在证明责任领域的影响力也较为有限，其意义更多地体现在指导法官如何收集、识别、判断能够证明内界事实的证据上。

尽管待证事实分类说没有获得通说的地位，但待证事实分类说没有局

〔1〕 参见毕玉谦：《举证责任分配体系之构建》，载《法学研究》1999年第2期。

〔2〕 参见骆永家：《民事举证责任论》，台北，商务印书馆2009年版，第73页。

〔3〕 黄栋培：《民事诉讼法释论》，台北，五南图书出版公司1982年版，第468-469页。转引自毕玉谦：《举证责任分配体系之构建》，载《法学研究》1999年第2期。

限于原告或者被告的诉讼地位，而是从待证事实的性质出发来分配证明责任的思路还是值得称道的。尤其是当罗马法的“诉—抗辩”结构解体后，有些罗马法上的抗辩已经不再被当作独立的诉讼请求看待，此时更需要从理论上解决如何在当事人之间合理分配证明责任的问题。一方面，让原告来承担全部的证明责任并不可行，就像罗森贝克所分析的，这将导致“事实上每一个法律诉讼从一开始就毫无希望”。因为，“如果使法律取决于义务人的善意，那么将会造成法不安全性（Rechtsunsicherheit），这种法不安全性就等同于缺乏任何法律保护一样”。而且，“要求被告承担证明责任并没有什么不公正的，因为他离事件并不比原告更远，他掌握的证据可能不少于原告，而且，当事人的角色分配常常是建立在偶然的基础之上的”。〔1〕另一方面，待证事实分类说对待证事实所作的学理分类，如区别内界事实和外界事实，并非全无依据。毕竟不同类型的事实在证明难度、证明方法上还是存在差别的，对于法官心证的形成也有不容忽视的影响。基于上述原因，尽管待证事实分类说很难成为一种具有普遍指导意义的证明责任理论，但也不能完全忽视其存在的意义。针对待证事实分类说的缺陷，以规范说为代表的法律要件分类说进行了弥补和修正。

（二）法律要件分类说的相关学说

法律要件分类说是与待证事实分类说相互对立的学说。根据法律要件分类说，当事人要对哪些事实承担证明责任，取决于该事实在法律上发生哪种效果。〔2〕除作为通说的规范说外，法律要件分类说尚有因果关系说、通常发生事实说、最少限度事实说，以及莱昂哈德（Leonhard）的少数说等学说。〔3〕本章第三部分将对规范说重点阐释，此处仅介绍规范说以外的其

〔1〕［德］莱奥·罗森贝克：《证明责任论》（第5版），庄敬华译，中国法制出版社2018年版，第113-114页。

〔2〕参见骆永家：《民事举证责任论》，台北，商务印书馆2009年版，第74页。

〔3〕同上注，第74-76页。

他相关学说。

1.因果关系说。该说将导致法律效果发生的事实分为原因和条件。其中，主张法律效果存在的当事人，应就发生原因的事实负有证明责任；至于条件欠缺事实的证明责任则由对方负担。在区分原因和条件方面，因果关系说采用将诸多条件中最有力或比较有力的条件，或者将因果关系论中所谓的“通常可发生该法律效果之事实”作为原因，其他则作为条件。〔1〕

2.通常发生事实说。该说认为，主张法律效果存在的当事人，应就通常可使法律效果发生的事实承担证明责任。例如，买卖合同中要约和承诺的事实就属于通常事实，应由主张买卖关系成立的当事人承担证明责任。反之，类似当事人无行为能力、相互串通作虚假意思表示等妨碍法律效果发生的特别事实或例外事实，应由对方当事人承担证明责任。〔2〕

3.最少限度事实说。该说将事实分为原则规定事实与反对规定事实。依此说，主张权利存在的人，就以规定该权利发生的条文为要件的最少限度事实承担证明责任；而对于反对规定事实不存在的人，则不负证明责任。〔3〕

4.少数说。莱昂哈德认为，主张法律效果（权利或法律关系）存在的当事人，对属于该法律效果所必要的全部法律要件事实负有证明责任；而属于该法律效果变更、消灭所必要的全部法律要件事实的举证责任则由对方负担。〔4〕由于莱昂哈德把权利产生的法律要件事实都归给主张权利的一方，因而莱昂哈德的学说也被称为全备说。〔5〕按照该说的理论，主张权利的一方当事人要承担的证明责任将十分繁重。例如，主张合同权利的当事人不仅要对合同订立的特别要件事实承担证明责任，还要对当事人订立合

〔1〕 参见骆永家：《民事举证责任论》，台北，商务印书馆2009年版，第75页。

〔2〕 同上注，第75页。

〔3〕 同上注，第76页。

〔4〕 同上注，第76-77页。

〔5〕 参见李浩：《民事证据立法前沿问题研究》，法律出版社2007年版，第109页。

同的行为能力这种一般的要件事实承担证明责任。莱昂哈德本人也意识到，这样将导致诉讼过于复杂和效率低下。于是，其提出可以通过默认一般事实存在和让否认权利的人承担举证责任来缓解这个问题，即主张权利的一方只要主张并证明权利产生的特别事实，至于具备行为能力等一般事实则默示为存在；否认权利的一方如认为不具有行为能力应当承担举证责任，但证明责任仍由主张权利的人承担。〔1〕

上述法律要件分类说相关学说的共同特点是，将待证事实的分类法和特定的法律效果联系起来，从而在证明责任的分配和特定的法律规范之间搭起一座桥梁，为证明责任分配问题提供了法官所亟须的正当性依据。这对于当时刚刚完成现代民法典编撰任务的欧洲大陆国家来说，是非常及时和重要的。尽管早期法律要件分类说使用的“原因和条件”“通常事实和特别事实”“原则规定和反对规定”等分类法，在概念的精确度和清晰度乃至实务的可操作性等方面还存在不足，但在方法论上却具有极高的价值。借助法律要件分类说的理论，证明责任分配可以经由成文法的权威性获得其正当性，且该方法同样为规范说所采用。尤其是莱昂哈德的少数说和规范说在具体情形中已经很难说有什么太大的区别。〔2〕其主要差异仅在于两者对法律规范的分类不同。莱昂哈德仅把法律规范分为权利发生规范和权利消灭规范两种，且权利妨碍规范并无独立的地位，而是归属于权利发生规范，一并由主张权利发生之人负担证明责任；而罗森贝克则进一步把法律规范分为权利产生规范、权利妨碍规范、权利消灭规范、权利排除规范，使之成为逻辑上更为严密的学说。〔3〕从这点来说，罗森贝克的规范说是更为完备和精致的法律要件分类说。

---

〔1〕 参见李浩：《民事证据立法前沿问题研究》，法律出版社2007年版，第111－112页。

〔2〕 参见骆永家：《民事举证责任论》，台北，商务印书馆2009年版，第77页。

〔3〕 参见陈荣宗：《举证责任之分配》，载中国法制出版社编：《证据法论文选萃》，中国法制出版社2005年版，第236页。

三、作为通说的规范说

前已述及，罗森贝克创立的规范说其实也是法律要件分类说的一个分支。但是，由于规范说在大陆法系理论研究和立法领域的通说地位，一直以来，学术界围绕规范说进行了密集的研究和讨论。

（一）规范说的基本内容

规范说包含两个重要的组成部分。第一部分内容是法律规范不适用理论，旨在阐述什么样的当事人要承担证明责任的问题。罗森贝克提出，鉴于每一方当事人均必须主张和证明对自己有利的法律规范的基础条件存在，唯一的证明责任分配规则就只能是“不适用特定的法律规范其诉讼请求就不可能实现的当事人，必须对法律规范的特征在真实的事件中得以实现承担主张责任和证明责任”。〔1〕

规范说的第二部分内容是法律规范分类理论。为了进一步说明不同地位的当事人要各自承担什么样的证明责任，罗森贝克提出，从效果而言，法规范时而对攻击者有利，时而对被攻击者有利，因而法规范发生作用的条件的确认责任时而属于一方当事人，时而属于另一方当事人，这就构成了在双方当事人之间分配证明责任的依据。〔2〕在此基础上，由于相同的民法规范部分相互补充和支持，部分则互相抵触，又可以把所有民法规范进一步分为权利产生规范、权利妨碍规范、权利消灭规范、权利排除规范。其中，权利产生规范作为基本规范，是诉讼请求的出发点和基础，是规定权利形成或产生的规范；权利妨碍规范是从一开始就阻止权利形成的规范，也即毁坏萌芽的规范（Keimzerstörende Norm）；权利消灭规范是权利形成后才与之对抗的规范，可以导致已经产生的具体权利消灭，如债务因

---

〔1〕［德］莱奥·罗森贝克：《证明责任论》（第5版），庄敬华译，中国法制出版社2018年版，第121页。
〔2〕同上注，第122页。

清偿、免除、提存而消灭；权利排除规范，也被称为权利阻碍规范，是赋予当事人通过形成权的行使排除向其主张的权利的规范，如时效抗辩、撤销权规范。[1]

将法律规范不适用理论和法律规范分类理论相互结合后，便构成了规范说的证明责任分配规则，即“原告只须主张和证明权利产生规范的构成要件；被告只需主张和证明权利妨碍规范、权利消灭规范或权利排除规范的构成要件”。[2]不过，罗森贝克同时指出，上述法律规范彼此之间的这种关系是相对的，且这种关系只是在对这一权利产生争执时才具有意义。在针对另一个权利的诉讼中，法规范的关系又会是另外一种情况。在此诉讼中作为权利产生规范的规范，在其他诉讼中可能作为权利妨碍规范或权利消灭规范而存在。[3]例如，在原告主张合同解除的场合，关于合同解除条件的规范就属于权利产生规范，原告必须对合同解除的法定条件或者约定条件承担证明责任。但是，如果原告请求被告履行合同义务，被告主张因为出现法定解除的事由、合同义务无须履行，那么，相对于原告的主张，合同法定解除的规范就属于权利消灭规范。

通过规范说，罗森贝克竭尽全力地把证明责任的分配问题“规范化”，以期实现法的可预见性和证明责任判决的正当性。罗森贝克认为，“证明责任的规定必须产生一个固定的、与具体诉讼的偶然性无关的结果，对于法官来说，这个结果是一条安全指路牌，对于当事人来说，在他们决意参与诉讼之前就一定能考虑到这一结果”，“证明责任的稳定的和始终如一的分配，是法安全性的先决条件”。[4]与此同时，罗森贝克还坚决反对让法官依靠抽象的公正性来分配证明责任，因其认为，尽管公正性是立法者所

---

〔1〕［德］莱奥·罗森贝克：《证明责任论》（第5版），庄敬华译，中国法制出版社2018年版，第122-129页。

〔2〕同上注，第133-134页。

〔3〕同上注，第126页。

〔4〕同上注，第80页。

考虑和追求的目标，但“如果法官想将具体的诉讼之小船根据公正性来操纵，他将会陷入大海的风暴和不安中，并被撞得粉身碎骨。诉讼的本质也将会从根本上受到破坏。根据公正性自由裁判的法官，是依据其感情而不是依据原则来裁判的。每一种法的安全性均将会消失得无影无踪。因为每个人对公正均有不同的认识”。[1]从规范说的理论设计来看，罗森贝克的确严格贯彻了自己的理念。

（二）针对规范说的质疑和批评

尽管经历百年沧桑，规范说在大陆法系的通说地位始终未变。但是，自面世以来，围绕规范说的质疑和争论亦不绝于耳。主要的质疑来自以下几个方面：

首先，有学者认为，罗森贝克的法律规范不适用理论并没有明确回答“为什么在真伪不明时将不适用法规的权力交由法官行使”这一关键性问题，导致规范说存在理论构造上的缺陷。[2]德国学者莱波尔特（Leipold）据此提出，法官克服真伪不明的方法不是一律不适用法规，而是依从独立于实体法的、作为裁判规范的证明责任规范。该理论得到了当今德国学术界的百分之百肯定，也是对规范说最大的挑战。[3]

其次，关于权利妨碍规范是否真实存在，以及如何与权利产生规范区分的疑问。莱波尔特认为，因权利发生要件事实与权利妨碍要件事实在发生的时间上属于同一时间点，所以权利发生要件事实的不存在同时将成为权利妨碍要件的事实，反之亦然；对于处于此种对立矛盾关系的两种要件事实，其所形成的两种法律规范在实体法内容上并无区别的意义。[4]莱昂

---

〔1〕［德］莱奥·罗森贝克：《证明责任论》（第5版），庄敬华译，中国法制出版社2018年版，第114页。

〔2〕参见陈刚：《证明责任法研究》，中国人民大学出版社2000年版，第127页。

〔3〕同上注，第189页。

〔4〕参见毕玉谦：《“一强多元”模式下的证明责任学说——以克服“规范说”局限性为重心》，载《政法论坛》2011年第2期。

哈德则干脆在其名为《证明责任》的论著中拒绝承认权利妨碍规范的存在及其合理性，否认权利妨碍规范具有特殊法规范的特性，仅承认权利产生规范和权利消灭规范。[1]

罗森贝克指出，权利产生规范和权利妨碍规范的关系，可以用规则与例外的关系来说明，并且作为例外规范的权利妨碍规范在外观上可以通过《德国民法典》中使用的“……不在此限”“除外”“被排除”“不适用于”“法律后果不发生”“取消”“限于”等用语来加以辨别。[2]但是，如果立法者拟定法律规范的时候并未遵从前述表达方式，或者语言较为笼统和模糊，或者将权利产生、权利妨碍的要件规定于不同的条文之中，罗森贝克对法律规范的解读方法就容易失灵。所以，即便罗森贝克本人也不得不承认，权利产生规范和权利妨碍规范的确存在难以划分的情况，其原因在于，“在权利产生规范的构成要件完全实现之前，权利妨碍规范的前提条件就必须已经存在，两种规范的前提条件在对权利的产生具有决定意义的同一时刻同时出现。妨碍规范的前提条件是以一定的方式作为权利产生规范的消极前提条件出现的”。[3]权利产生规范和权利妨碍规范划分问题的理论纠缠，对实务影响最大的莫过于法律行为效力的证明责任分配问题。例如，在合同争议中，当事人具有缔约行为能力属于权利形成事实还是权利妨碍事实，在法律没有明确作出规定的情况下，有时难以真正区分。[4]1963年罗森贝克去世后，其参与撰写的那部有关证明责任理论的教科书经德国学者施瓦布（Schwab）不断修订而再版。1969年，该教科书再版时，施瓦布诚恳地接受了莱波尔特对罗森贝克权利产生规范与权利妨碍

---

〔1〕 参见毕玉谦：《“一强多元”模式下的证明责任学说——以克服“规范说”局限性为重心》，载《政法论坛》2011年第2期。

〔2〕 参见［德］莱奥·罗森贝克：《证明责任论》（第5版），庄敬华译，中国法制出版社2018年版，第151–156页。

〔3〕 同上注，第149页。

〔4〕 参见李浩：《民事行为能力的证明责任　对一个法律漏洞的分析》，载《中外法学》2008年第4期。

规范区别的批驳，并承认权利产生规范与权利妨碍规范在理论上确实无法加以区别。[1]但是，颇有趣味的是，直到20世纪70年代，日本东京地方法院法官仓田卓次仍坚决捍卫罗森贝克关于权利妨碍规范的分类方法。仓田卓次认为，将某一事实之存在积极地认为权利发生规定，或者将其事实之不存在消极地认为权利妨碍规范，两者均有可能。其决定的关键在于立法者的意思。而立法者的意思可由法条的文辞表达体裁中获得。[2]

再次，对于罗森贝克所说的立法者在起草法律时已在各法条中将证明责任分配规则作了相应的考虑和安排的观点，理论界一直存在质疑的声音。奥斯卡·贝罗（Bülow）早在1868年就曾写道："现代的立法工作对如何精确地表述证明责任的分配几乎没有考虑过。"[3]有学者认为，规范说所坚持的，立法者已经通过立法用语将证明责任分配规则按照普通与例外的情形纳入《德国民法典》各法条中的结论，是一种对立法的误读。因为从法典中所表现的各种用语来看，立法者仅考虑实际表达的自然与简明而已，并未就各条文构造处处考虑其证明责任分配的问题。[4]这种质疑并非空穴来风。例如，根据日本民法的立法资料，日本民法典的起草者梅谦太郎、穗积陈重、富井政章也表明，即便牺牲证明责任的分配，也要在民法条文中采用使国民易于理解的表述。[5]

最后，对规范说过于注重形式化的法律规范分类而忽视实质公平的质疑。瓦亨多夫（Wahrendorf）通过分析德国自德意志大审法院到战后联邦最高法院有关损害赔偿法领域的一些典型案例，认为罗森贝克的规范说在

---

〔1〕参见毕玉谦：《"一强多元"模式下的证明责任学说——以克服"规范说"局限性为重心》，载《政法论坛》2011年第2期。

〔2〕参见陈荣宗：《举证责任之分配》，载中国法制出版社编：《证据法论文选萃》，中国法制出版社2005年版，第236页。

〔3〕［德］普维庭：《现代证明责任问题》，吴越译，法律出版社2006年版，第397-398页。

〔4〕Vgl.Wahrendorf, a.a.O.S.54f; Musielak, a.a.O.S.278, Fussnote, 780, Holder, AcP73,154ff; Leipold, a.a.O.S.38ff.转引自毕玉谦：《民事证明责任研究》，法律出版社2007年版，第251页。

〔5〕参见［日］高桥宏志：《民事诉讼法——制度与理论的深层分析》，林剑锋译，法律出版社2003年版，第444页。

这些判例中已经丧失了实际作用，因为这些判例已向世人阐明，应采用实质正义的考量，即以达到衡平和公正的结论为标准分配证明责任。[1]1973年，时任东京大学民法助教授的石田穰在其发表的论文《立证责任论和现状》中也对规范说提出反对意见。石田穰认为，如果立法者的见解已经体现在制定法上，就应当根据法律规定进行分配；如果立法空缺或处于不明确状态，应当由法官通过判例来创造证明责任规范。法官依判例形成证明责任分配规范时应当考虑的要素包括：证据的距离、依事实性质的立证难易、关于事实的存在或不存在的概然性、诚实信用原则或禁反言等。[2]

（三）普维庭对规范说的修正

1983年，普维庭的修正规范说伴随其教授资格论文《德国现代证明责任问题研究》问世。针对后人对规范说的种种质疑，普维庭从以下几个方面修正了罗森贝克的理论，提出了修正规范说（Modifizierte Normentheorie）。[3]修正规范说的主要内容包括：首先，关于法官适用证明责任的原理问题。普维庭修正了罗森贝克的法律不适用理论，并认为当事实真伪不明时不是不适用法律规范，证明责任也不是不适用法律规范的结果，相反，规范说应当建立在积极构造的法律风险分配上。[4]因此，修正规范说中很重要的一点是，用一条"操作规则"替代了罗森贝克规范说中的"法律不适用"理论。普维庭提出，证明责任的本质就是通过法律拟制将实体法扩大适用于真伪不明领域。为达此目的，应当进一步把克服真伪不明的方法和证明责任规范作进一步的区分；其中，克服真伪不明的方法，也就是所谓的操作规则的功能就是法律拟制，即法官必须把某个真伪不明的事实拟制为不存在。该操作规则可以从法官肩负的一般义务，即"法官

〔1〕 参见陈刚：《证明责任法研究》，中国人民大学出版社2000年版，第199页。

〔2〕 同上注，第208-209页。

〔3〕 参见［德］普维庭：《现代证明责任问题》，吴越译，法律出版社2006年版，第485页。

〔4〕 同上注。

应当保障每个人的权利，禁止阻碍司法和司法救济请求权”中推导出来，但这种纯形式的（方法论）过程不具备法律规范的特征。而证明责任规范的核心内容在于真伪不明时对不利后果的分配，此时的证明责任规范属于实体法律规范的补充规则，或者说辅助规范。〔1〕

其次，针对权利妨碍规范的分类是否具有价值的问题。普维庭认为，权利形成要件和权利妨碍要件从实体法上看是等值的，这导致罗森贝克关于真伪不明时不适用法律规范的观点落空了。〔2〕权利妨碍要件这个概念并不是实体法的组成部分，相反，它只是对权利规范作目的性分析时使用的一个概念。按照这个概念，证明责任要作与基本规则相反的分配。〔3〕

再次，针对立法者在立法时是否有考虑证明责任分配的问题。普维庭认为，尽管立法者可能在列举和勾勒请求权的前提条件时做得不够，但不容改变的是，对绝大多数现行法上明确规定的请求权基础而言，立法者同样对其前提条件作了详尽规定。从立法者规定权利形成要件的逻辑必然性出发，由于证明责任基本规则的存在，请求权人就必须对权利形成要件承担证明责任。与此同时，不属于权利形成要件的权利阻碍要件、权利消灭要件，必须由请求权人的对方承担证明责任。因此，声称立法中没有证明责任规则是毫无根据的，因为立法者在规定请求权的同时必然地要规定相应的证明责任，不管立法者自己有没有意识到。〔4〕

最后，关于证明责任规范的适用性问题。在罗森贝克强调“法规范彼此之间的这种关系是相对的，且这种关系只是在对这一权利产生争执时才有意义……这些规范在这里是权利产生规范，在那里却作为为抵消而提出的对待债权的基础，发生排除请求权的作用；在这里是权利妨碍规范或权

〔1〕 参见［德］普维庭：《现代证明责任问题》，吴越译，法律出版社2006年版，第234-238页。
〔2〕 同上注，第222-223页。
〔3〕 同上注，第485页。
〔4〕 同上注，第398-399页。

利消灭规范，在那里却使诉讼成立”[1]的基础上，普维庭进一步强调，规范说不能绝对限制在法律文义和规范构造上，所有的解释方法都是值得考虑的。[2]普维庭还进一步认为，法律文义已经对不同要件进行了一定程度的分级，这种分级关系可以借助法律明定的证明责任规范和推定，经过法律文义和规范构造，通过历史和系统的解释，并最终通过目的性解释被人们识别。当然，普维庭也不得不承认，有时通过对规范的解释不能解决证明责任问题，那就意味着很可能存在证明责任分配的法律漏洞。[3]

普维庭的修正规范说集此前德国证明责任理论研究之大成，从多方面修补了罗森贝克规范说的不足，对来自各方面的针对规范说的质疑进行了充分的回应，延续了规范说作为通说理论的生命力。故而德国学者公认，该论文的发表意味着德国现代证明责任理论研究已暂告一个段落。[4]

（四）规范说的意义和局限

罗森贝克创立的规范说经过后人的不断诠释完善，尤其经过普维庭的修正，纵然还存在一些可探讨之处，但总体的理论架构已经趋于稳定和完善。如何客观评价规范说，是所有以成文法为传统的国家和地区在对待证明责任问题时必须认真思考的问题。

从理论上来说，规范说是概念法学的杰作。规范说用严密的逻辑把“主张 — 法律规范（请求权基础）—要件事实 — 证明责任”联系起来，从形式上解决了待证事实分类说中待证事实分类标准在实务中可操作性较差的问题。更重要的是，和待证事实分类说中诸如“原因和条件”“外界事实和内界事实”等学理性分类法不同，规范说通过采用概念法学上的逻辑

---

〔1〕［德］莱奥·罗森贝克：《证明责任论》（第5版），庄敬华译，中国法制出版社2018年版，第126页。

〔2〕［德］普维庭：《现代证明责任问题》，吴越译，法律出版社2006年版，第485-486页。

〔3〕同上注，第485-486页。

〔4〕参见［日］吉野正三郎：《西ドイツ民事訴訟法の现在》，成文堂1990年版，第9页。转引自陈刚：《证明责任法研究》，中国人民大学出版社2000年版，第115页。

语言，将法律规范分为权利产生规范、权利妨碍规范、权利消灭规范、权利排除规范，将立法者制定法律规范的思想意图诠释为一种证明责任分配规则，使抽象意义上的公平正义及其价值理念适用于所有类型的案件，[1]在要件事实和法律规范之间建立起稳固的逻辑联系，从形式上解决了证明责任分配的正当性和合法性的问题，满足了司法机关在证明责任裁判过程中的最低限度需求。

规范说的理论逻辑不仅与实体法规范的抽象性相适应，也与大陆法系的法律适用逻辑相契合。按照德国法学家拉伦茨所说，法律适用逻辑模式实际上是一个确定法效果的三段论。其中，一个完整的法律规范构成大前提，某个具体的案件事实视为一个事例，将该事例归属于法律规范构成要件之下的过程则是小前提，结论意指对此案件事实应赋予该法条所规定的法效果。该三段论可以简单地用以下方式来表达[2]：

T→R（对T的每个事例均赋予法效果R）

S=T（S为T的一个事例）

S→R（对于S应赋予法效果R）

与上述法律适用逻辑一脉相承的是大陆法系的请求权基础理论。所谓请求权基础（Anspruchsgrundlage）指的是，支持一方当事人得向他方当事人有所主张的法律规范。[3]在实务操作中，法律职业人员根据请求权基础理论应遵循以下思考过程：第一步，根据案情确定请求权基础；第二步，来回穿梭于案例事实与法律规范（请求权基础）之间，对法律规范（请求权基础）中包含的要件事实和案例事实进行涵摄；第三步，根据涵摄情况得

---

〔1〕 参见毕玉谦：《民事证明责任研究》，法律出版社2007年版，第247页。

〔2〕 参见［德］拉伦茨：《法学方法论》，陈爱娥译，台北，五南图书出版公司1996年版，第168-169页。

〔3〕 参见王泽鉴：《民法总则》，北京大学出版社2009年版，第23页。

出法律规范能否适用的结论。[1]规范说的逻辑和上述法律思维方式保持了一致性。按照规范说，在请求权基础确定之后，证明责任的归属也就随之确定下来，这就使按规范说分配证明责任具有了成文法律才具备的稳定性和可预见性。

通过在证明责任和法律规范之间架设桥梁，规范说把要件事实真伪不明的裁判和法律规范适用的效果统合起来，对解决纠纷，维护法的安定性，提高证明责任判决的可预见性具有重要的意义。由于规范说既符合大陆法系对成文法典的偏好，也契合大陆法系以请求权基础理论为核心的诉讼模式，其面世后很快就被德国、日本、巴西以及我国澳门特区、台湾地区等许多大陆法系国家和地区接受为通说。[2]但是，法学界针对规范说提出的各种质疑，也并非全无道理。从理论上说，规范说的确存在若干难以克服的局限：

第一，由于立法者在制定法律规范的过程中并不一定严格参照规范说的理论，规范说的适用效果未必与立法所追求的目的和效果相一致。在这种情形下，规范说的适用效果很大程度上有赖于规范说与特定法律规范结合的契合程度。尽管如普维庭所说，无论立法者是否有意识到证明责任问题，其在制定法律的过程中总是要从规定权利形成要件作为逻辑出发点作出规定，[3]但是，当立法者在制定法律条文时出于表述方便或者其他偶然因素，将客观上难以取证的事实与权利形成的条件并列，就会导致严格依照规范说分配证明责任的结果并不一定能够获得普遍认可。

第二，规范说把证明责任裁判的结果完全归结于法规范的分类不是在任何时候都具有足够的说服力。普维庭曾说过，“选择证明责任一词是如

---

〔1〕 参见王泽鉴:《法律思维与民法实例——请求权基础理论体系》，中国政法大学出版社2001年版，第42-44页。

〔2〕 参见李浩:《〈民事诉讼法〉修订中的举证责任问题》，载《清华法学》2011年第3期。

〔3〕 参见[德]普维庭:《现代证明责任问题》，吴越译，法律出版社2006年版，第398-399页。

此不幸，因为证明责任既与证明无关，也与责任无关”。[1]这是因为，规范说完全从法律规范的形式出发来确定证明责任的归属，属于完全偏向概念法学的做法，[2]其理论本身甚少有能够体现归责原理和价值取向的内容，按照规范说进行判决虽有证明责任之名，却少有责任之实。对此，有学者指出，规范说的举证证明责任分配是建立在将现行法律规范按照权利产生、妨碍、消灭、排除的抽象标准进行分类的基础上，缺乏对现实生活以及当事人举证难易程度等特殊情况的考虑，其适用后果有可能导致客观上不公正的结果。[3]虽然说任何民事诉讼制度都不能确保所有的判决结果都做到胜败皆服，但是，法律仍需对因证明责任判决可能遭受不利后果的当事人作出合理的回应。待证事实真伪不明作为一种状态或结果，本身也可能存在复杂的原因，仅依靠规范说的法律规范分类理论，并不一定能够回应当事人对生活现实和裁判结果的质疑。

第三，规范说想要达到的效果和规范说所运用的方法之间本身就存在矛盾。规范说试图在证明责任判决中摒弃一切法官自由裁量因素，实现证明责任分配问题完全规则化的理想在客观上难以实现。尽管罗森贝克用坚定的语气指出，“哪一方当事人应当承担重要的且有争议的事实主张的未被证明的不利后果的问题，必须根据固定的、抽象的法律规则来加以回答。理论界不能也不允许放弃寻找这样的规则，实践需要它，实践要求理论界找到这样的规则”，[4]但包括罗森贝克本人，以及普维庭等规范说的维护者最后也不得不承认，法律解释学在规范说适用过程的方法论意义，而法律解释学事实上无法完全排除解释者本人的价值取向。如德国学者达姆（Dahm）就说过，“法律绝不仅是徒具语言形式的东西。它有所志、有

---

〔1〕 参见［德］普维庭：《现代证明责任问题》，吴越译，法律出版社2006年版，第25页。

〔2〕 Grunsky, a. a. O. S. 427; Wahrendorf, Die Prinzipien der Beweislast im Haftungsrecht, 1976, S. 57. 转引自毕玉谦：《民事证明责任研究》，法律出版社2007年版，第227页。

〔3〕 参见胡东海：《民事证明责任分配的实质性原则》，载《中国法学》2016年第4期。

〔4〕 ［德］莱奥·罗森贝克：《证明责任论》（第5版），庄敬华译，中国法制出版社2018年版，第121页。

所意味；它追求着务实的目的，它的眼中有它在生活中要贯彻的价值”。〔1〕因此，尽管罗森贝克、普维庭等规范说的拥护者努力想把规范说塑造成纯客观的、价值无涉的证明责任分配理论，但仅从方法论的角度来看，这个目的是很难完全实现的。

尽管这些局限既不足以否定规范说的历史贡献，也无法动摇规范说的通说地位，但却给广大法律实务工作者和学者们提供了研究的空间。各种针对规范说的修正学说和新的证明责任分配理论正是在批驳或者企图弥补规范说缺陷的过程中产生的。

四、规范说的历史地位评述

回顾历史可以发现，在罗马法时代，证明责任已经与诉讼角色和诉讼地位相分离，并在诉权和抗辩权相互对立的基础上形成了“谁主张，谁举证”的证明责任分配规则。近代以后，随着罗马法体系的瓦解，罗马法时代的“谁主张，谁举证”所依托的诉讼模式、立法体例等基础条件发生了重大的变化，使“谁主张，谁举证”在现代民事诉讼中的效用被大大削弱。因此，人们不得不重新为证明责任分配寻找新的方法。《德国民法典》第一草案第193条曾经规定，“凡主张权利的一方当事人，应就发生该请求权所需的事实负证明责任。主张请求权消灭或者主张请求权的效力受到制约的，应就发生消灭所需事实或发生受制约所需事实负证明责任”。〔2〕该规定把“谁主张，谁举证”所依托的“诉和抗辩”替换为“请求权所需事实和请求权消灭、制约事实”，使“谁主张，谁举证”这一源自罗马法时代的证明责任分配规则在抽象法典时代有了全新的内涵。罗森贝克在创立规范

---

〔1〕 梁慧星:《中国社会科学院法学精萃 梁慧星文选》，法律出版社2003年版，第14页。

〔2〕 Motive zum BCB, I. S. 382; Vgl. Musielak, a. a. O. S. 277f; Blomeyer, Beweislast und Beweiswurdigung in Zivil-und Verwaltungsprozeess, 1966. S. 4f. 转引自毕玉谦:《民事证明责任研究》，法律出版社2007年版，第66页。

说的过程中亦曾深受《德国民法典》第一草案第193条的影响。虽然，罗森贝克在表述其证明责任分配原则时说，“不适用特定的法律规范其诉讼请求就不可能有结果的当事人，必须对法规范的特征在真实的事件中得以实现承担主张责任和证明责任”，但与此同时，罗森贝克也承认，上述原则可以用以下句子来表述：“每一方当事人均必须主张和证明对自己有利的规范（法律效果对自己有利的规范）的条件”。〔1〕后者与《德国民法典》第一草案第193条的表述从内在逻辑方面来说几乎是相同的。为此，有学者曾总结说，“规范说就是谁主张谁举证的现代运用形式”〔2〕。由此可见，在强调主张者对其主张负有证明义务的问题上，规范说和“谁主张，谁举证”并无实质性区别。

与罗马法相比，规范说中的待证事实不再依据数量有限但内容相对具体的程式或者裁判官告示来确定，而是由成文法规范所蕴含的法律要件事实确定。借助规范说的法律规范分类理论，原、被告各自需要主张的法律要件事实从形式上被均衡地分配给诉讼各方。与失去罗马法体系支持的“谁主张，谁举证”规则相比，新的法律规范分类理论无疑更适用于现代民法体系。按照规范说的原理，证明责任理论就是法律适用理论的一部分。只要在成文法的框架内遵循法律适用的三段论模式，都可以借助规范说对当事人所依托的请求权基础进行分析，从而得出证明责任的分配结果。以现代民法典作为纽带，规范说在请求权基础理论和证明责任之间架设了一座精致的桥梁，既解决了立法机关一直无法就证明责任分配问题进行详尽立法的困境，也从理论上避免了将证明责任分配这一重要权力完全交由法官行使的担忧，得到了我国在内的许多大陆法系国家的青睐，开启了利用规范说分配证明责任的时代。

与此同时，我们也不应忽略，仅靠规范说并不能解决全部的证明责任

〔1〕［德］莱奥·罗森贝克：《证明责任论》（第5版），庄敬华译，中国法制出版社2018年版，第121页。
〔2〕胡东海：《“谁主张谁举证”规则的历史变迁与现代运用》，载《法学研究》2017年第3期。

分配问题。尽管规范说在理论层面实现了逻辑自洽，但规范说最大的问题在于，其完全不考虑当事人和纠纷的具体情况，对理论应用的实际效果从来都不是规范说关注的重点。按照规范说分配证明责任充其量只能实现形式上的公平。因此，在规范说成为通说之后，各种挑战规范说的学说也随之应运而生。

第二章　规范说之后的证明责任学说

尽管规范说在大陆法系长期占据通说地位，但由于规范说并非全无缺陷，故不断有学者试图用新的学说来挑战规范说。这些新的学说有的是学者在批判规范说的过程中创立的，有的是学者从法院的判决中得到启发而提出的。笔者将规范说之后出现的和证明责任有关的主要学说分为两类：一类是虽然打着研究证明责任的名义，但本质上不属于证明责任分配理论的学说，如表见证明、证明责任减轻和证明责任倒置；另一类是本质上与规范说同属于证明责任学说，但在如何分配证明责任的问题上提出了与规范说不同的思路和方法的学说，如危险领域说、概然性说、利益衡量说、损害归属说、武器平等原则、进攻者角色等。通过对这些学说进行理论上的梳理，可以更加清晰地呈现现代证明责任理论的发展成果，并为进一步发展和完善证明责任理论提供必要的条件。

一、需要澄清的学说

由于规范说难以完全满足证明责任裁判的需要，人们先后尝试用表见证明、证明责任倒置和证明责任减轻等学说来弥补规范说的不足。在很多场合，这些学说也被视为证明责任理论的一部分。然而，深入研究后可知，尽管这些学说与证明责任理论关系密切，但其都不能算作真正的证明责任学说，也无法通过这些学说推导出可用的证明责任规则。为了澄清法律界对证明责任的种种误解和模糊认识，从理论和裁判方法上区别真正的证明责任争议和一般的事实争议，有必要对这些学说进行甄别和梳理。

(一)表见证明

1.德、日学者对表见证明的研究

表见证明(Prima facie Beweis)最早是在德国司法实践中,通过判例及法解释学方法创设的一种事实证明与认定理论。[1]虽然德国各级法院偏爱在事实认定中使用表见证明,但对于表见证明的概念却始终没有一个令人满意的解释,能够达成共识的仅为:表见证明是在证明评价过程中对经验规则的应用,应用表见证明的前提是存在所谓"典型事象发生经过"(Typischer Geschehensablauf)。如果法官采纳了某个表见证明,当事人只需提出反证就可推翻此时的法官心证,而无须进行反面证明。[2]部分德国学者认为,表见证明属于证明责任的组成部分,因为采用经验法则不仅可以克服事实真伪不明的瓶颈,而且借助表见证明可以纠正不公正的证明责任分配结果,因而其便具有了与证明责任同样的功能。[3]

在实际判例中,表见证明主要被用于辅助法院认定过错和因果关系。因为,对于这两个问题的认定,交易观念和生活经验往往具有非常重要的意义。[4]例如,在1976年2月24日德国联邦最高法院所作"醉酒者车祸"一案中,被告在夜间驾车以70千米/时的速度行驶时,为了躲避对面来车,将倒在车道上的工人碾死。死者生前曾在酒店饮酒。死者亲属诉求损害赔偿。该案的争议焦点在于,死者的醉酒状况与车祸是否存在因果关系,并由此来决定死者对其自身死亡是否存在过失。一审法院判决原告败诉,二审改判原告胜诉。被告于是提起第三审上诉,德国联邦最高法院将二审判

〔1〕 参见胡学军:《表见证明理论批判》,载《法律科学(西北政法大学学报)》2014年第4期。

〔2〕 同上注。

〔3〕 参见[德]普维庭:《现代证明责任问题》,吴越译,法律出版社2006年版,第135页、第145页;吴杰:《德国的证明标准的减轻理论之研究——以表见证明为中心》,载田平安主编:《比较民事诉讼论丛》,法律出版社2005 年版,第274 页。

〔4〕 参见[德]罗森贝克、施瓦布、戈特瓦尔德:《德国民事诉讼法》(下),李大雪译,中国法制出版社2007年版,第839页。

决废弃并发回原审法院。在本案中，二审法院和德国联邦最高法院都采用了表见证明的概念，但二者的分歧在于：二审法院认为，死者醉酒倒在车行道并非生活经验中常有的现象，故而无法依据表见证明认定死者有与有过失行为。而德国联邦最高法院认为，按照表见证明规则应认定死者具有共同过失，原告必须就被告的表见证明提出反证，其理由是：其他车辆的司机在另一件刑事案件中曾经证实，该司机几乎将醉酒的死者撞伤。根据原告当时的醉酒状态，要么其因为醉酒倒地，要么因为其他车辆先将其撞伤而导致其倒地。如为前者，死者有与有过失自无疑义；如为后者，被害人亦不能推却因酒醉的与有过失。〔1〕

在日本学者中，表见证明有时被称为"显而易见的推定"〔2〕，有时被称为"大致推定"〔3〕。但一般都认为，表见证明就是以经验法则为基础，根据侵权行为等客观事实的发展外形或经过（如医生破腹手术后把手术刀留在病人腹腔里，堆积的木材突然倒塌而造成行人受伤等情形），无须经过细致的认定，凭借高度盖然性，直接推定具有符合法规所规定的过失或因果关系等构成要件的理论。但是，对适用表见证明的结果是否会引起证明责任的转换，则未下定论。〔4〕然而，亦有日本学者认为，在按照经验法则盖然性较高的情形中，本来即可在自由心证的框架内予以解决，因此在此情形下无须专门言及表见证明的概念。这些学者主张，表见证明的作用在于，在盖然性并没有那么高的场合对举证困难的当事人予以救助。而且，在具体案件中，某些情形的表见证明是融入实体法上的价值判断的事实认定，或

〔1〕 BGH, NJW, 1976, 897. 转引自陈荣宗：《举证责任之分配》，载中国法制出版社编：《证据法论文选萃》，中国法制出版社2005年版，第271—272页。

〔2〕［日］兼子一、竹下守夫：《民事诉讼法》，白绿铉译，法律出版社1995年版，第114页。

〔3〕［日］高桥宏志：《民事诉讼法制度与理论的深层分析》，林剑锋译，法律出版社2003年版，第460页。

〔4〕 参见［日］兼子一、竹下守夫：《民事诉讼法》，白绿铉译，法律出版社1995年版，第114页；［日］高桥宏志：《民事诉讼法制度与理论的深层分析》，林剑锋译，法律出版社2003年版，第462页。

者人为地降低了证明度。[1]因此，有的学者认为，今后应舍弃不明确且容易产生误导的大致推定这一“事实层面的隐形外衣”，对隐藏其中的法的政策性价值判断予以明确地论述。换言之，判例中的表见证明，其中关于过失的推定不是事实认定问题，而是一种所谓“疑似结果责任”[2]的法命题；而在涉及因果关系的大致推定中，可以分为“具有降低证明度的机能”与“具有课以提出反证责任机能”两类。[3]

以上研究表明，在表见证明主要是经验法则的运用这一点上，德、日学者基本没有什么异议。就像在德国“醉酒者车祸”一案中所体现的，表见证明也需要面对诸如“醉酒的工人为什么会躺在行车道上”的难题。法官在思考和解决此类争议的过程中也要面对类似事实不清的问题。在适用表见证明的时候，法官通常都会依据某些价值判断和政策考量来进一步强化自己的心证，这与普通法系根据政策考量分配证明责任亦颇为类似。因此，有的学者认为表见证明与证明责任存在关系并非全无依据。为了进一步澄清表见证明与证明责任之间的关系，可以用普通法的同类概念“事实自证”来作进一步的说明。

2.表见证明和事实自证、初步证明案件的比较

表见证明的适用条件、适用范围和普通法的事实自证(Res ipsa loquitur)、初步证明案件(a prima facie case)几乎如出一辙。学者也经常将二者作为比较法中的同类制度看待。[4]

普通法上的事实自证指的是，在现有的证据表明被告存在过失的可能性大于其他各种可能的情况下，应当认定被告存在过失。[5]用丹宁法官

---

〔1〕 参见[日]高桥宏志:《民事诉讼法制度与理论的深层分析》，林剑锋译，法律出版社2003年版，第463页。

〔2〕 结果责任是学者对证明责任的另外一种表述。

〔3〕 参见[日]太田胜造:《裁判中证明论的基础》，弘文堂，昭和57年，第215页以下。转引自[日]高桥宏志:《民事诉讼法制度与理论的深层分析》，林剑锋译，法律出版社2003年版，第464页。

〔4〕 参见胡学军:《表见证明理论批判》，载《法律科学(西北政法大学学报)》2014年第4期。

〔5〕 The common law library, *Charlesworth & Percy on Negligence* 11th, Sweet & Maxwell, 2006, p.401.

(Lord Denning)的话来说，事实自证是一个权衡证据的规则(a rule as to the weight of evidence)，通过该规则可以推定过失，但不能将其视为一个准则(a doctrine)。[1]大多数普通法学者也认为，"事实自证并非一条法律规范，其仅仅描述了一种可以从中作出推定的证据状态。事实自证建立在常识基础上。当原告无法知悉事件的因果关系和被告的过失情况、而相关事实掌握在被告手中时，该规则可以促成公正裁判。在没有证据可用以推定过失或损害可能是由无过失的原因造成的情况下，事实自证则无用武之地"。[2]但反过来说，如果事件的原因已被充分揭晓，也没有事实自证的适用空间，因为此时的问题就转变为，依据现有事实能否得出被告具有过失的结论。[3]普通法并未因为事实自证的适用条件包含"因果关系不明"的因素，就将其视为证明责任分配规则。具体表现在，推翻事实自证并不要求被告对过失推定进行反证，只要被告将过失推定的不利影响重新置中(neutralise)就可以。[4]

由于事实自证在概念上并不好把握，如今的普通法已不太鼓励继续使用这个概念，而倾向以"初步证明案件"这一术语取而代之。[5]在Ratcliffe v. Plymouth &Torbay Health Authority一案中，Hobhouse L.JJ.法官便说道："应当从诉讼中剔除'Res ipsa loquitur'的表述，代之以'初步证明案件'的措辞，'Res ipsa loquitur'不是一个法律规则，也和推定无关，其仅仅是

[1] The common law library, *Charlesworth & Percy on Negligence* 11th, Sweet & Maxwell, 2006, p.402.

[2] 原文："The maxim was not a rule of law, it merely described a state of the evidence from which it was possible to draw an inference. It was based on common sense, its purpose being to enable justice to be done when the facts bearing on causation and the standard of care exercised were unknown to the claimant but ought to be within the knowledge of the defendant. It would not assist where there was no evidence to support an inference of negligence and a possible non-negligent cause of the injury existed." See The common law library, *Charlesworth & Percy on Negligence* 11th, Sweet & Maxwell, 2006, p.402-403.

[3] See Barkway v. South Wales Transport Co Ltd [1950] 1 All E.R. 392 at 395; Bolton v Stone [1951] A.C. 850 at 859, q tol. in The common law library, *Charlesworth & Percy on Negligence* 11th, Sweet & Maxwell, 2006, p.403-404.

[4] The common law library: *Charlesworth & Percy on Negligence* 11th Sweet & Maxwell, 2006, p.413.

[5] Ibid, p.402-403.

一个用以帮助辨识‘初步证明案件’确立的指引。”[1]根据普通法学者的归纳，“初步证明案件”这一术语用以表示如下状态，即案件需要被告对相关事实作出解释或对下列事实提供证据：(1)某些已经发生但尚无解释的事件；(2)若非基于原告之外的某人的过失，在正常情况下不会发生的事；(3)各种情况表明该过失应归咎于被告而非其他人。[2]

通过比较研究可以说明，表见证明与事实自证、初步证明案件在基本含义、功能定位上并无本质区别。其中，表见证明和事实自证都可以归入证据评价的范畴。初步证明案件则着眼于从诉讼发展进程的角度对双方当事人的举证态势进行评价，因而具有更强的程序功能。但无论表见证明、事实自证还是初步证明案件，其主要与法官认定事实的心证过程有关，这就使其与证明责任存在本质的差异。对此，本书还将予以详细说明。

3.表见证明与证明责任的差异

表见证明通常发生在法官心证模糊的时候，这使表见证明和证明责任在适用条件上容易混淆。但是，区分二者其实并不难，只需认识到，表见证明并没有脱离法官审查、判断证据的心证过程便已足够。根据表见证明理论，法官在运用经验法则作出推定过程中有可能产生一定程度的思维“跳跃”，因而被有些学者视为“降低了证明度”[3]，甚至认为法官改变了原有的证明责任分配。但是，在表见证明阶段，法官尚处于对双方举证情况和案件事实进行综合权衡和判断的阶段。换句话说，此时法官的对待证事实的证明评价尚未真正完成，故而表见证明仍然只是在证据评价框架内发生，[4]不具备证明责任才有的诉讼风险分配功能。如今，德国大多数学者

---

〔1〕 Ratcliffe v. Plymouth & Torbay Health Authority [1998] P. I. Q. R. P171.

〔2〕 See The common law library, *Charlesworth & Percy on Negligence* 11th, Sweet & Maxwell, 2006, p.403.

〔3〕 关于降低证明度的分析，详见下文“证明责任倒置和证明责任减轻”部分。

〔4〕 参见[德]罗森贝克、施瓦布、戈特瓦尔德：《德国民事诉讼法》(下)，李大雪译，中国法制出版社2007年版，第838页。

和联邦最高法院均认为，表见证明属于证明评价（Beweiswürdigung）的范畴。[1]普维庭对此也阐述过，“由于证明责任的一个重要前提就是在诉讼结束时存在真伪不明且无法消除，因此依据证明责任判决和以表见证明作为基础的判决在逻辑上是泾渭分明的，这就好比法官不依据表见证明获得心证时同样不会动用客观证明责任来裁判的道理是一样的”。[2]我国台湾地区部分学者也认为，表见证明虽然可以减轻当事人的举证责任，但并未改变原先的证明责任分配归属，故应属于证据评价的范畴。[3]我国大陆学者结合经验法则在表见证明中的作用认为，表见证明的功能在于，帮助法官在认定事实的过程中强化内心确信，使法官在经验法则的支配下根据已知事实对待证事实作出相应的判定，因此表见证明可以作为法官判断事实的一种必要方式。对于当事人而言，表见证明可以作为帮助负有证明责任的一方当事人进行证明的一种方法，属于举证责任的范畴。[4]

通过上述分析可以明确，表见证明和证明责任是完全不同的概念。表见证明是法官结合经验法则对案件事实作出的认定或评价，这与法官在事实真伪不明情况下根据证明责任分配结果进行裁判有着本质区别。对表见证明概念的澄清，有助于进一步确定证明责任的本质和适用条件，以及更精确地厘清证明评价与证明责任判定的界限。

（二）证明责任倒置和证明责任减轻

1.证明责任倒置和证明责任减轻在德国的发展与演变

证明责任倒置（HinzurBeweislastunmkehr）通常是指，在承认罗森贝

---

〔1〕 参见毕玉谦：《民事证明责任研究》，法律出版社2007年版，第380-383页；李浩：《举证责任倒置：学理分析与问题研究》，载《法商研究》2003年第4期。

〔2〕［德］普维庭：《现代证明责任问题》，吴越译，法律出版社2006年版，第137页。

〔3〕 参见姜世明：《举证责任与证明度》，台北，新学林出版股份有限公司2008年版，第67-69页；陈荣宗：《举证责任之分配》，载中国法制出版社编：《证据法论文选萃》，中国法制出版社2005年版，第263页。

〔4〕 参见毕玉谦：《试论表见证明的基本属性与应用功能之界定》，载《证据科学》2007年第15期。

克规范说的基本规则前提下，将依照规范说原本应当由一方当事人负担的证明责任转由另一方当事人负担。[1]证明责任倒置产生于德国联邦最高法院的判例。德国联邦最高法院在民法无明文规定的医疗损害、交通事故、商品瑕疵等案件中，通过法律解释的方法，对证明责任分配作出与规范说不同的处理，将加害人故意或过失的要件及因果关系问题，从由被害人负担改为由加害人负担。[2]例如，在1967年4月11日德国联邦最高法院的一个判例中，被告为整形外科医生，原告手指患萎缩症。被告为原告做完手术后离开医院。原告的手指在术后几小时就变紫并严重发痛。原告请求护士通知被告，但被告一直没有出现。直到32小时后，被告才回到医院探视病人。但此时已无法阻止原告的手指坏死，原告只得把坏死的手指切除。鉴定意见出具了三种可能的原因：第一，开刀时损伤手指的动脉血管；第二，开刀位置的静脉后来出血，压迫动脉血管，导致血液无法流通；第三，动脉或静脉引发血栓症。如果是第一种原因，即使高明的医生开刀亦有发生这一风险的可能；如果是第二种原因，医生若及时采取措施就能除去风险；如果是第三种原因，普通医生一般均能防止此风险。虽然鉴定人认为第二种原因的可能性最大，但确切原因则无法确定。本案中，德国高等法院认为，被告术后32小时未检查病人构成严重过失；基于此，被告必须对损害原因不明的状态负责。德国联邦最高法院亦支持该判决，其理由是：医生因重大失误致病人身体健康受损，应就因果关系不明状态负证明责任，乃联邦最高法院固定之判例。医生严重违反技术规范，造成因果不明的状态，且其较毫不知情的病人更为接近事实，因此，相关的证明责任应

---

〔1〕 参见陈荣宗：《举证责任之分配》，载中国法制出版社编：《证据法论文选萃》，中国法制出版社2005年版，第264页；李浩：《举证责任倒置：学理分析与问题研究》，载《法商研究》2003年第4期。

〔2〕 参见陈荣宗：《举证责任之分配》，载中国法制出版社编：《证据法论文选萃》，中国法制出版社2005年版，第264–265页。

由医生承担。[1]

此后，德国联邦最高法院在重大医疗差错案件中又作出“证明责任减轻直至倒置”（Beweiserleichterung bis hinzurBeweislastunmkehr）的表述。在1972年5月16日的“梅毒三期”判决中，法院认为：“鉴于治疗方式对患者造成的危险情状，医生应当事前作出精确和确定的诊断，而病例中却并未写明该诊断以及作必要的说明。依照医生的习惯原本应当在病例中载明这些事项，那么此时减轻证明责任直至证明责任倒置就是合适的。”[2]在1981年6月16日的“左心导管”一案中，德国联邦最高法院再次强调：“只有当医生未注意医疗的风险构成了重大医疗差错时，患者的证明责任才发生减轻直至倒置。”[3]

然而，针对联邦德国最高法院使用的“证明责任减轻直至倒置”的用语，许多学者和法官提出了尖锐的批评，认为它既不清楚又具有诱导性。“出于法稳定性的原因，法官不得在当事人之间随意分配、减轻甚至倒置客观证明责任，可以减轻的只能是证明度。联邦最高法院使用的‘证明减轻’一词，实属法官自由心证的范畴，而无涉证明责任的分配。证明责任倒置也不可能是证明减轻的最高形式。因此毋宁说，联邦最高法院这一用语中的‘证明责任’意指具体的举证责任。”[4]

上述批评迫使德国联邦最高法院不得不改变其用语表述。2004年，德国联邦最高法院在“骨盆骨折”案中抛弃了此前一定程度上被法院

---

〔1〕 参见陈荣宗：《举证责任之分配》，载中国法制出版社编：《证据法论文选萃》，中国法制出版社2005年版，第269页。

〔2〕 周翠：《〈侵权责任法〉体系下的证明责任倒置与减轻规范与德国法的比较》，载《中外法学》2010年第5期。

〔3〕 同上注。

〔4〕 典型使用该用语的例子还有：BGHZ 72, 132 [133f.]=NJW 1978, 2337; BGHZ 85, 212 [215f.]=NJW 1983, 333; NJW 1981, 2513=VersR1981, 954[955]; VersR 1983, 983[984]; NJW 1988, 2303=VersR 1988, 721[722]; NJW 1989, 2332=VersR 1989, 701; NJW 1997, 796=VersR 1997, 362[363]。转引自周翠：《〈侵权责任法〉体系下的证明责任倒置与减轻规范与德国法的比较》，载《中外法学》2010年第5期。

和学者接受的“证明责任减轻直至倒置”的表述，但仍然继续使用“证明责任倒置”的表述。在该案中，医生未及时检查出患者骨盆骨折而致使患者骨盆未正确愈合。经询问鉴定人得知，即便医生及时检出，发生同样后果的可能性仍达90%。但是，德国联邦最高法院仍然从医生的不作为出发，认为：“在发生重大医疗差错的情形，如果重大医疗差错普遍适宜（GenerelleEignung）引起损害的发生，则对‘因果关系’要件实行证明责任倒置；这里‘适宜’即足够，并不要求错误必须引起或者可能引起损害，换言之，两者之间不须具有‘肯定的盖然性’（Gewisse Wahrscheinlichkeit）。”〔1〕同时，在该案判决中，德国联邦最高法院也澄清说：“证明责任减轻针对证明责任倒置而言并不具有独立的意义；它涉及的仅是具体案件中对重大医疗差错的评价和证据法上的后果。”〔2〕自此以后，德国联邦最高法院在重大过失案件中仅使用“证明责任倒置”这一确定标准表述，而不再使用“证明责任减轻直至倒置”的模糊用语。在2008年1月8日的“膝内关节注射药物引发感染”一案中，德国联邦最高法院强调：一旦确认存在重大医疗错误，患者只需证明其有损害发生且医生的重大过失普遍适宜引发该损害即可；在患者完成该证实义务之后，医生应当证明“任何责任成立的因果关系均极为不可能”。〔3〕

2.证明责任倒置和证明责任减轻在我国的实践

发源于德国判例的证明责任倒置、证明责任减轻的概念在我国也被大量使用，但在具体含义上要更为模糊一些。从现有情况来看，人们主要从两个方面来使用上述概念：

第一种情况是，把法律、司法解释中的特殊举证条款，以及因果关系

〔1〕 周翠：《〈侵权责任法〉体系下的证明责任倒置与减轻规范与德国法的比较》，载《中外法学》2010年第5期。

〔2〕 同上注。

〔3〕 同上注。

和过错推定条款作为证明责任倒置或证明责任减轻的依据。其中包括：（1）《最高人民法院关于适用〈中华人民共和国民事诉讼法〉若干问题的意见》（法发〔1992〕22号，已失效，以下简称《民诉法意见》）第74条规定的专利侵权诉讼，高度危险作业致人损害侵权诉讼，环境污染损害赔偿诉讼，建筑物等倒塌、脱落、坠落致人损害侵权诉讼，饲养动物致人损害侵权诉讼，其他法律规定由被告负责举证六种情形。（2）《最高人民法院关于民事诉讼证据的若干规定》（法释〔2001〕33号，以下简称《民事诉讼证据规定》）第4条第6项至第8项规定的"因缺陷产品致人损害的侵权诉讼，由产品的生产者就法律规定的免责事由承担举证责任"，"因共同危险行为致人损害的侵权诉讼，由实施危险行为的人就其行为与损害结果之间不存在因果关系承担举证责任"以及"因医疗行为引起的侵权诉讼，由医疗机构就医疗行为与损害结果之间不存在因果关系及不存在医疗过错承担举证责任"。〔1〕（3）《中华人民共和国侵权责任法》（以下简称《侵权责任法》）中有关因果关系或过错推定的条款。

上述规定中，《民诉法意见》第74条和《民事诉讼证据规定》第4条所规定的特殊举证条款，被《侵权责任法》所吸收，在2015年《民诉法司法解释》中也没有再出现。因此，被理论界视为证明责任减轻或倒置的规定主要为《侵权责任法》中有关因果关系或过错推定的条款。由于《民法典》在很大程度上保留了《侵权责任法》的相关规定和表述方式，相关的观点在《民法典》正式实施后还会继续存在。为便于说明问题，笔者根据学界观点〔2〕，将《侵权责任法》中经常被视为证明责任倒置或证明责任减轻的特殊归责条款及其对应的《民法典》条文整理为表2-1。

---

〔1〕 刘德权主编：《最高人民法院司法观点集成》（第2版），人民法院出版社2014年版，第142-143页。

〔2〕 参见胡学军：《证明责任倒置理论批判》，载《法制与社会发展》2013年第1期。周翠：《〈侵权责任法〉体系下的证明责任倒置与减轻规范与德国法的比较》，载《中外法学》2010年第5期。

表2-1《侵权责任法》特殊归责条款与《民法典》中条款对应

<table>
<tr><th>案件类型</th><th>《侵权责任法》规定的因果关系和过错</th><th>《民法典》对应的条文</th><th>归责原则</th><th>证明责任</th></tr>
<tr><td>教育管理机构职责</td><td>第三十八条(尽到教育、管理职责)</td><td>第一千一百九十九条</td><td rowspan="5">过错推定</td><td rowspan="5">证明责任倒置</td></tr>
<tr><td>医疗损害责任</td><td>第五十八条(医疗机构违规,隐匿、拒绝提供病历资料,伪造、篡改、销毁病历资料)</td><td>第一千二百二十二条</td></tr>
<tr><td>高度危险物品责任</td><td>第七十五条(所有人、管理人对防止他人非法占有尽到高度注意义务)</td><td>第一千二百四十二条</td></tr>
<tr><td>动物损害责任</td><td>第八十一条(尽到管理职责)</td><td>第一千二百四十八条</td></tr>
<tr><td>物件致损责任</td><td>第八十五条、第八十八条、第九十条、第九十一条第二款(无过错或尽到管理职责)</td><td>第一千二百五十三条、第一千二百五十五条、第一千二百五十七条、第一千二百五十八条第二款</td></tr>
<tr><td>环境污染侵权责任</td><td>第六十六条(行为与损害之间不存在因果关系)</td><td>第一千二百三十条</td><td rowspan="3">因果关系推定</td><td rowspan="3">证明责任倒置</td></tr>
<tr><td>高空抛物、坠物责任</td><td>第八十七条(自己不是侵权人)</td><td>第一千二百五十四条第一款</td></tr>
<tr><td>共同危险行为责任</td><td>第十条(不能确定具体侵权人)</td><td>第一千一百七十二条</td></tr>
<tr><td>网络服务商责任</td><td>第三十六条第二款、第三款(未及时采取必要措施)</td><td>第一千一百九十五条、第一千一百九十七条</td><td rowspan="5">一般侵权责任</td><td rowspan="5">证明责任减轻</td></tr>
<tr><td>公共场所安保责任</td><td>第三十七条(未尽到安全保障义务)</td><td>第一千一百九十八条</td></tr>
<tr><td>教育管理机构职责</td><td>第三十九、四十条(未尽到教育、管理职责)</td><td>第一千二百条</td></tr>
<tr><td>缺陷产品警示、召回</td><td>第四十六条(未及时采取有力补救措施)</td><td>第一千二百零六条</td></tr>
<tr><td>医疗用品缺陷责任</td><td>第五十九条</td><td>第一千二百二十三条</td></tr>
</table>

续表

案件类型	《侵权责任法》规定的因果关系和过错	《民法典》对应的条文	归责原则	证明责任
高危区域安保责任	第七十六条（采取安全措施并尽到警示义务）	第一千二百四十三条	一般侵权责任	证明责任减轻
施工安全保障责任	第九十一条第一款（设置明显标志和采取安全措施）	第一千二百五十八条		

第二种情况是，有的法官未按一般证明责任分配规则判决。例如，在2006年第10期《最高人民法院公报》刊登的张某强诉徐州苏宁电器有限公司侵犯消费者权益纠纷一案中，一审判决便采取了这种做法。该案的案情是：原告在被告处购买的冰箱出现质量问题，被告为原告更换一台同品牌同型号的冰箱。当被告工作人员将第二台冰箱送至原告住处时，原告不在家。被告的工作人员遂将第二台冰箱自行拆除外包装，抬上楼交给原告的家人，但没有让原告的家人验货、办理交接手续和收回第一台冰箱的三包凭证、说明书等资料，也没有交付第二台冰箱的三包凭证等资料，仅把第一台冰箱搬走离开。之后，原告发现第二台冰箱上有污渍、霉斑，认为该冰箱系使用过的旧冰箱。双方交涉未果，原告遂提起诉讼。在该案中，双方对第二台冰箱是否为旧冰箱都无法拿出足够的证据。一审法院认为："被告是长期专门从事家用电器经营的商家，在避免纠纷、解决纠纷方面，较普通消费者具有更为丰富的经验，应当具备足够的能力来证实交付原告的第二台冰箱为新机。因此，证明第二台冰箱为新机的举证责任应由被告承担。现被告无证据证实第二台冰箱为新机，应当承担举证不能的法律后果。"对法院这种做法的合法性和合理性，学者褒贬不一。持批判观点的学者认为，"根据规范说和《消费者权益保护法》第四十九条的规定，经营者存在欺诈行为的证明责任应当由主张双倍赔偿的消费者承担是非常清楚的，在法律已经做出明确规定的情况下，一审法院不按照法律的规定分配证明责任，而是以被告的举证能力强、更有条件来证明自己未实施欺诈

行为为理由，改变法定的证明责任分配，显然是一种超越权限、没有严格依法审判的行为"。〔1〕

3.证明责任减轻和证明责任倒置评析

根据证明责任减轻的概念，其本意是降低负有证明责任的当事人对事实的证明标准，以便更加容易达到证明的要求。因此，只有在证明标准客观明确、可度量的情况下，证明责任减轻才有实际的意义。对于是否存在证明责任减轻的问题，我国理论界本身就存在相互矛盾的观点。〔2〕

通常认为，以德国为代表的大陆法系在民事诉讼中普遍采用的是"高度盖然性"的证明标准，即只要法官心证达到75%以上的非常可能的程度，就应当认定待证事实成立。而普通法系国家采用的是"盖然性占优或盖然性权衡"（on the balance of probability）的证明标准，即只要一方当事人的证据优势超过51%就可以判决其胜诉。我国2015年《民诉法司法解释》第108条使用的表达方式是"确信待证事实的存在具有高度可能性"。根据最高人民法院的解释，此处的"高度可能性"指的是，负有证明责任的当事人进行的本证要使法官内心达到高度盖然性程度，反证则只需要使本证的证明陷入真伪不明的状态即达到目的。由此可见，我国司法实务部门所认可的证明标准和大陆法系的证明标准基本一致。但是，是否案件的证明度介于盖然性占优和高度可能性之间，也即证明度在51%至74%，就可以适用"证明责任减轻"？

上述问题很难有明确的答案。就民事诉讼证明标准本身而言，无论是51%还是75%，都不是数学意义上的精确数值，而只是用数字来表示一种难以用其他表达方式来表示的程度划分。尽管中外学者一直没有放弃寻求精确表达证明标准的努力，但至今没有找到更合适的表达，只能借助数

---

〔1〕 李浩：《民事判决中的举证责任分配——以〈公报〉案例为样本的分析》，载《清华法学》2008年第6期。

〔2〕 参见胡学军：《证明责任倒置理论批判》，载《法制与社会发展》2013年第1期。

字来弥补这个缺憾。[1]再进一步说，即便法律能为证明标准设定一个精确的数值，但基于心证的主观性质，事实上也无法对其进行准确的测量。正如我国学者张卫平所说的，证明标准“无论如何细化，都无法解决细化中层次判断的主观化问题。我们可以把心证程度细化为若干层次，但一旦适用案件具体情况时，仍然需要通过人们主观判断才能进一步确定在何处层次，处于何种盖然状态。相对于个案而言，即使再细化的划分也都是抽象的和不确定的。在理论上，可以将证明度作任意划分，也可以确定一个分值区域或分值段作为获得证明的界限，但这种划分是数学中的非限制抽象。具体个案无法适用统一、具体的衡量规范”。[2]

因此，由于缺少客观的参照系，类似“证明责任减轻”的概念是不够严谨的，故而德国法院最终放弃这个概念是完全可以理解的。由于大陆法系的民事诉讼证明标准比较高，在一方当事人证据占优但又达不到高度盖然性标准的时候，法官为了“推动”证明的进程，只能要么运用日常经验或表见证明等方法来填补其他证据的不足，要么主动将证明标准降低至盖然性占优的标准。而上述两种方法都可能给人造成证明责任减轻的印象。但不管怎么说，证明责任减轻与证明责任的分配问题是存在本质差别的。严格来说，证明责任减轻并未超出证明评价的范畴。其充其量只能说明，在实际审判过程中法官对事实认定具有某种程度的裁量权，这种裁量权是由民事诉讼证明标准本身的模糊性、主观性所决定的，但总体上并没有脱离法官自由心证的范围。

与证明责任减轻概念相比，证明责任倒置的情况相对复杂一些。结合证明责任倒置概念的不同使用场合，笔者认为：

第一，不宜将法律、司法解释的特殊举证条款，以及因果关系和过错

[1] 参见李玉华等：《诉讼证明标准研究》，中国政法大学出版社2010年版，第18-26页。

[2] 张卫平：《证明标准建构的乌托邦》，载中国法制出版社编：《证据法论文选萃》，中国法制出版社2005年版，第388页（原载于《法学研究》2003年第4期，此处作者又作了修改、补充）。

推定条款作为证明责任倒置的依据。以共同危险行为为例，按照规范说，原告根据《侵权责任法》第10条[1]规定，主张共同危险行为赔偿权的法律规范要件事实包括：2人以上实施危及他人人身、财产安全的行为；造成损害；不能确定具体侵权人。由于“不能确定具体侵权人”无须原告证明，原告只需证明剩余的两项事实，即两人以上共同实施侵权行为和有损害事实发生。同时，《侵权责任法》第10条也为被告设定了权利排除规范，即2人以上实施危及他人人身、财产安全的行为，造成他人损害，能够确定具体侵权人的，由侵权人承担责任。据此，如果被告之一想要对抗原告的连带责任赔偿请求，就需要对该权利排除规范中“能够确定具体侵权人”的要件事实承担证明责任。由此可见，根据规范说，在共同危险行为的诉讼中，原、被告应分别对各自主张的要件事实承担证明责任，并不存在证明责任倒置的问题。

另以常见的高空抛物、高空坠物侵权为例。根据《侵权责任法》第87条[2]规定，受害人只要证明被告属于“可能加害的建筑物使用人”就可以满足权利产生规范的适用条件。相反，根据权利排除规范的要求，被告必须就“自己不是侵权人”提出主张并加以证明才能免责。部分学者之所以会把《侵权责任法》第87条当作证明责任倒置规定，其实是对该法条设定的特殊证明标准的误读。在一般侵权案件中，原告对因果关系的证明必须达到高度盖然性的标准。但是，根据《侵权责任法》第87条的规定，原告只需证明被告使用的建筑物“可能”与损害后果有关就可满足证明的要求。由此可见，该法条的特殊性在于其不同于一般侵权行为的证明标准，与证明责任无关，也不存在任何证明责任倒置的内容。澄清这个误解的意义在于，当法官对被告是否为“可能加害的建筑物使用人”存在疑问的时候，证明责任分配规则仍将发生作用。例如，在坠落物致害的案件中，如

[1] 现为《民法典》第1170条。

[2] 现为《民法典》第1254条。

果被告通过举证证明，从被告的窗户和阳台掉落的坠落物很难砸到原告，并使原告主张的“加害可能性”陷入真伪不明的时候，正确的做法是由原告来承担相应的证明责任。如果适用证明责任倒置的理论，尽管被告的举证已经让原告主张的“加害可能性”陷入真伪不明的状态，被告还是要承担败诉的后果。其结果必然极大加重了被告方的证明责任。

以上分析方法同样也适用于被误解为证明责任倒置的《侵权责任法》第38条、第66条、第75条、第81条、第85条、第88条、第90条、第91条第2款的〔1〕规定。对于此类错误，有学者根据规范说的理论分析指出，在某些特殊类型案件中，法律对一般侵权与特殊侵权的不同构成要件作了特别的安排。受害人提出并证明了损害、侵权行为等要件事实即证明了权利发生要件，被告如否定权利存在则需对不存在因果关系或过错的要件事实负证明责任。此时，无因果关系或无过错即成为权利妨碍要件。被告依此权利妨碍要件负证明责任正是依规范说分配证明责任的正常结果。〔2〕

第二，对于有的法院未按一般证明责任分配规则判决的情况，不应仅停留在证明责任倒置层面的分析，应当具体分析证明责任倒置背后的裁判理由。本节引述的中德判例表明，中德法院在实务中均存在和规范说理论不一致的证明责任判决。相对于规范说的通说地位，此类判决似乎可以被称为“证明责任倒置”的判决。但从客观上分析，这种倒置更像是法院对裁判结果的描述，而非对证明责任分配规则的严肃说理。真正的证明责任分配规则是隐含在裁判结果背后的裁判理由和裁判逻辑。例如，在前述“骨盆骨折”案中，德国法院是以医生存在重大医疗差错为由，对因果关系要件实行证明责任倒置。在《最高人民法院出版》刊登的消费者权益纠纷案中，一审法院是以商家更有经验和举证能力为由，改变了按通说理论应当得出的证明责任分配规则。在这种情况下，证明责任倒置的表述其实具

〔1〕 现为《民法典》第1199条、第1230条、第1248条、第1255条、第1257条、第1258条第2款。

〔2〕 参见胡学军：《证明责任倒置理论批判》，载《法制与社会发展》2013年第1期。

有很强的迷惑性和遮盖性，因为其不仅无法反映裁判者的真实意图，而且也很难被当作可用的规则加以掌握和应用。

二、对规范说构成挑战的证明责任分配学说

除了上述需要澄清的学说外，大陆法系的学术界针对规范说在实践中暴露出的问题，也发展出一些有别于规范说的证明责任分配学说。这些学说虽然没能成功取代规范说成为通说，但这些学说在不同程度上揭示了规范说的缺陷，并从各自角度提出了弥补规范说不足的方法，对于证明责任理论的研究具有重要的参考意义。

（一）危险领域说

危险领域说（Gefahrenkreistheorie）是德国学者普勒尔斯（Prölss）通过对德国帝国法院以来形成的判例进行系统性研究和整合创造出来的学说。[1]该说认为，当损害原因处于债务人或加害方控制的危险领域时，相对于规范说而言，证明责任应当发生转换，即此时应当由作为请求相对方的债务人或者加害人对故意、过失以及因果关系的不存在承担证明责任。[2]所谓危险领域是指，当事人于法律上或事实上能支配的生活领域，可分为在空间上直接对物之支配，以及就对被害人之关系而言其对事件转变之支配这两种情形。若被害人和加害人双方均能同时为支配和控制，危险领域说就无法适用。[3]普勒尔斯从三方面论证该学说的合理性：第一，被害人无法了解加害人控制下的危险领域内所发生的事件经过，常属于无证据状态；第二，加害人对于自己控制领域内所发生的侵权行为，较容易

---

〔1〕 参见毕玉谦：《民事证明责任研究》，法律出版社2007年版，第328页。

〔2〕 参见陈刚：《证明责任法研究》，中国人民大学出版社2000年版，第192-193页。

〔3〕 参见陈荣宗：《举证责任之分配》，载中国法制出版社编：《证据法论文选萃》，中国法制出版社2005年版，第256-257页。

了解其实情，对于有关证据较为接近；第三，民法上有关令当事人负责任之法律规定，目的在于预防损害发生，此种目的必须通过令加害人对其危险领域内所发生的事实提供证据才能奏效。〔1〕普勒尔斯认为，依据危险领域分担证明责任的办法，不仅适用于侵权诉讼，还适用于契约诉讼及其他诉讼。〔2〕

德国联邦最高法院没有在判决中全面地定义危险领域的概念，而是通过大量判例开启和不断扩大危险领域说的适用范围。在某些裁判中，危险领域与侵权人占有的空间范围相一致，如商场销售空间、剧院的空间、载重汽车、洗车设备及其技术设施，有的裁判则将危险领域扩展到受害人控制的领域。〔3〕为了对危险领域说有更加全面的认识，以下被学者引述的重点案例是值得关注和探讨的。

案例1：在“波浪案”（Wasserwellenfall）中，德国法院首次提及了债务人的危险领域。〔4〕该案中，一位消费者在美发厅整理发型时，为了使头发快速干燥使用了一种具有易燃性隐患的梳子，不料产生火花，导致原告严重烧伤。法院在判决中认为：“如果业已证明，损害的原因来自于其存在疑问时被告应当负责的危险范围，那么因积极的债权损害而要求损害赔偿时，在没有提出反面证据的情况下应当视为证明过错的证据已经被举出。”这种关于危险领域理解的观念在随后的判例中不断被采用。〔5〕

案例2：在“载重汽车案”中，被告运输公司为原告运送铁皮，原告参与了运输过程。返回途中发生车祸，被告车辆与路旁的树木相撞，导致原

---

〔1〕 参见陈荣宗：《举证责任之分配》，载中国法制出版社编：《证据法论文选萃》，中国法制出版社2005年版，第256–257页。

〔2〕 参见李浩：《民事证明责任研究》，法律出版社2003年版，第123页。

〔3〕［德］汉斯–约阿希姆·穆泽拉克科隆：《危险领域分配证明责任——对联邦最高法院危险范围理论的批判考察》，载［德］米夏埃尔·施蒂尔纳编：《德国民事诉讼法学文萃》，赵秀举译，中国政法大学出版社2005年版，第275–276页。

〔4〕 参见《帝国法院民事裁判的官方汇编》（第148卷），第148页。转引自［德］米夏埃尔·施蒂尔纳编：《德国民事诉讼法学文萃》，赵秀举译，中国政法大学出版社2005年版，第274页。

〔5〕 参见毕玉谦：《民事证明责任研究》，法律出版社2007年版，第332–333页。

告身受重伤。事故原因不清。该事故发生前，有另外一辆载重汽车超过被告的车辆。被告称，事故发生的原因是超车的载重汽车碰撞所致。尽管不能排除事故是超车的驾驶员所为，德国联邦最高法院还是要求被告提供其在事故中不存在过错的证据。[1]

案例3：在"铜管案"中，被告为改善原有的暖水管道设备，在原告房子中安装了一个"B—中央设施"，这是以铜管建造的。与该设施相连的原有暖水管道系统是由电镀铁管构成的。建成三年后，在暖水管道中出现了持续的管裂，修缮费用很高。原告就该损害向被告提出请求。在原告看来，最小的颗粒可能因为热水而脱落，并且因为电镀的原因导致铁管受损。事故原因可以在铜管和电镀的铁管之间的连接处找到，这样的连接被视为违反了被告专业领域内所适用的规则。德国联邦最高法院的裁判出发点是：损害的原因应属于被告承揽人的危险范围。[2]

案例4：在"拖船案"中，被告用自己的船拖动属于原告的小船，在行驶过程中原告的小船漏水。原告声称，被告在一个水位很低不可以带着载重小船超越的地方实施了超越，导致小船在超船过程中受到影响。被告认为，小船损害的原因是其乘务人员不当驾驶造成的。德国联邦最高法院界定了原告的危险领域为设备、设施、小船的装载、船员以及在行驶过程中的正确驾驶；被告的危险领域为对拖船编队的正确引导，并且确定，没有明显的依据表明损害原因位于原告或者第三人的责任领域。因此，使自己从责任领域中免责，并且证明使船舶一直保持在可航行的水位中而没有使其陷于接近搁浅的位置，都属于被告的证明责任。[3]

案例5：在"鸡瘟疫案"中，德国联邦最高法院确立了以下证明规则：

---

〔1〕 参见[德]汉斯-约阿希姆·穆泽拉克科隆：《危险领域分配证明责任——对联邦最高法院危险范围理论的批判考察》，载[德]米夏埃尔·施蒂尔纳编：《德国民事诉讼法学文萃》，赵秀举译，中国政法大学出版社2005年版，第275页。

〔2〕 同上注。

〔3〕 同上注。

如果在依规定使用工业产品的时候，由于产品制造上的瑕疵致人或物受到损害，那么，生产者必须证明，他在这一瑕疵方面没有责任。同时，这一规则仅当"受害人业已证明，其损害位于生产者的组织领域和危险领域，或者说其损害是因客观瑕疵或者违反交易的状态所造成的时候"，才能被适用。〔1〕

学者分析认为，危险领域说最早形成于具有较高理论素养的法官在适用实体法过程中采用符合时代发展潮流的价值观念所形成的判决，体现了实务界试图在破解规范说内在缺陷上所作出的努力与有益尝试。危险领域说之所以出现，是因为规范说有关证明责任的分配原则严重依赖于实体法的表现形态，使主张权利的当事人所负担的证明责任显得畸重不堪，难以保障其合法权益。特别在经过工业革命后，包括高度危险作业、环境污染、产品质量责任、劳动合同等新类型案件对传统证明责任分配规则提出新的挑战，尤其当判定过错、损害原因的证明责任由何方当事人负担更加符合公平正义的时候，严格适用规范说的不合理性就更为明显。〔2〕

危险领域说可以称得上是对规范说的一次重大挑战。危险领域说通过贯彻新的价值理念部分解决了规范说过于形式化从而导致个案无法获得公正判决的问题，并在预防损害发生方面具有独特的优势。但是，德国学者认为，该学说也存在以下缺点：第一，有关危险领域的概念缺乏明确性。第二，让债权人证明损害原因处于债务人的危险领域，与债务人贴近证据且容易立证的观点相矛盾。第三，依证据距离确立立证的难易性属于诉讼上的一般性问题，因而仅限定于危险领域尚缺乏充分的理由。第四，虽然请求者对专业知识以外的范围有立证困难，但通常也并不意味着与相对方就容易立证之间有必然的联系。例如，在属于第三方的知识范围内，

〔1〕 参见［德］汉斯-约阿希姆·穆泽拉克科隆：《危险领域分配证明责任——对联邦最高法院危险范围理论的批判考察》，载［德］米夏埃尔·施蒂尔纳编：《德国民事诉讼法学文萃》，赵秀举译，中国政法大学出版社2005年版，第287页。

〔2〕 参见毕玉谦：《民事证明责任研究》，法律出版社2007年版，第327页。

当事人双方其实都处于立证困难的境地；当双方当事人立证都困难方面属于同等程度时，只能依据其他的法理进行证明责任分配。[1]

笔者认为，危险领域说通过比较双方当事人所处的具体情境和地位，让更有能力控制危险或风险的当事人来承担证明责任，此种直接从实体问题入手探讨证明责任分配的方法，较之规范说更为容易接近证明责任问题的本质，是一种具有启发意义的学说。但是，危险领域本身是一个较难把握的概念。在有些案件中，不同人的危险领域会相互重叠。[2]例如，在前述"拖船案"中，德国联邦最高法院为了分配证明责任，不得不先就拖船和被其拖带的小船的危险领域进行区分。然而，这种区分在有些危险程度下差异不大，或者在难以对各自危险程度进行评估的情况下，往往容易引发争议。鉴于在一些案件中存在难以真正区分危险领域、危险程度的问题，危险领域说自其创立之始，就不是以独立的证明责任分配学说的面目出现，而是被当作规范说的补充提出来。由此也说明，危险领域说对自身适用范围的信心不足。

（二）概然性说

概然性说（Wahrscheinlichkeitstheorei），也称为盖然性说，是在全面否定规范说的基础上建立起来的学说。依照概然性说的理论，在待证事实不明的情况下，根据人类生活经验或统计资料，如某一事实发生的概然性高，主张该事实发生的当事人不负证明责任，由相对人就该事实未发生负证明责任。[3]该学说的理由是依概然性高低分担证明责任可以使法院在事实真伪不明状态下作出的裁判接近案件事实的真实情况，避免错判，也有利于

---

〔1〕 参见陈刚：《证明责任法研究》，中国人民大学出版社2000年版，第194页。

〔2〕 参见[德]汉斯-约阿希姆·穆泽拉克科隆：《危险领域分配证明责任——对联邦最高法院危险范围理论的批判考察》，载[德]米夏埃尔·施蒂尔纳编：《德国民事诉讼法学文萃》，赵秀举译，中国政法大学出版社2005年版，第276页。

〔3〕 参见陈荣宗：《举证责任之分配》，载中国法制出版社编：《证据法论文选萃》，中国法制出版社2005年版，第258页。

实现法律的公平与正义。[1]概然性说还可进一步分为具体概然性说和抽象概然性说，[2]笔者分别予以介绍和评述。

1.具体概然性说及评价

具体概然性说主张，如果法官认为争议的事实结果有利于一方当事人的可能性比对方小，那么该当事人就要承担证明责任。[3]该说的核心观点正如皮特斯（Peters）所述："完全取决于每一个案件的情势、地点、时间和当事人等等因素。由此得出的合法性和盖然性对回答证明责任问题具有决定性。"[4]克格尔（Kegel）更是直接认为"相对占优的盖然性是我们能够获得的最好的东西"。[5]具体概然性说获得了为数不少的支持，布鲁斯（Bruns）、埃克罗夫（Ekelöf）、卡斯帕瑞克（Kasparek）等德国学者都是该说的拥护者。[6]然而，普维庭却认为，虽然具体概然性说比按照法官自由裁量来分配证明责任是一大进步，但其还是无法被称为证明责任分配的原则。其理由是，具体概然性说取决于具体的情势，这就使其缺乏原则固有的稳定性，而且具体概然性说无法表达怎样才算相对占优的概然性、高度概然性或者非常高的概然性。更重要的是，按照具体概然性说的理论，只有在诉讼结束后才能确定证明责任，这就会造成法的不安定性，损害法的可预测性和可预见性，而且难以确定证明责任对主张责任和举证责任的前置影响。[7]

笔者认为，从大陆法系的视角出发，具体概然性说很难被学术界或社会大众所接受。倘若依据具体概然性说，将具体案件的证明责任分配问题完全交由法官裁决，无异于赋予法官不受限制的裁量权，这与大陆法系所

〔1〕参见李浩：《民事证明责任研究》，法律出版社2003年版，第123页。

〔2〕参见［德］普维庭：《现代证明责任问题》，吴越译，法律出版社2006年版，第263页。

〔3〕同上注，第263页。

〔4〕同上注，第266页。

〔5〕同上注，第265页。

〔6〕参见毕玉谦：《民事证明责任研究》，法律出版社2007年版，第91页。

〔7〕参见［德］普维庭：《现代证明责任问题》，吴越译，法律出版社2006年版，第267-268页。

秉持的法官应当依成文法判决的传统观念格格不入。而且，具体概然性说要求根据每一个案件的情势、地点、时间、当事人等因素来决定案件的证明责任分配问题，也与大陆法系的请求权基础理论和三段论逻辑存在根本冲突。尽管如此，具体概然性说也不是毫无参考价值。具体概然性说根据个案情况分配证明责任的思路和普通法的利益衡量理论在裁判方法上有一定的契合。只不过，具体概然性说把证明责任分配的结果完全归结于单一的概然性问题未免过于以偏概全，完全忽略了法的其他价值，反而降低了该学说的效用。

2.抽象概然性说及评价

抽象概然性说也被称为客观概然性理论。该说提出，如果一方当事人的主张，从纯粹数据上看比对方主张发生的概率要小，那么该当事人总是要承担证明责任。〔1〕1976年3月，东德学者赖纳克（Reinecke）发表了题为《诉讼法的证明责任和当作行政法则整合的劳动法研究》的论文，从而奠定了抽象概然性说的基础。〔2〕赖纳克将证明责任分配分为三个层次。首先，证明责任应依照法律规定进行。其次，在法律没有明确规定的情况下，可将《德国民法典》第一草案第193条视为习惯法予以遵守。最后，即使在制定法明确规定证明责任分配标准的情况下，法官如果有实质上的合理性理由，仍可以通过修正法定的分配规则进行证明责任转换。按照赖纳克的解释，所谓“实质上的合理性理由”包括如下因素：选择哪一种分配方式更能使判决的出错率减少到最低；为了对消极事实和相对方支配领域的事实进行立证，此方当事人是否比相对方更处于证明困难的境地等。但是，无论是实定法的证明责任规范还是习惯法的分配规则，都必须以“主张由为概然性低的一方当事人承担证明责任”这种考量作为实质性基础。〔3〕

〔1〕 参见［德］普维庭：《现代证明责任问题》，吴越译，法律出版社2006年版，第263页。
〔2〕 参见陈刚：《证明责任法研究》，中国人民大学出版社2000年版，第196页。
〔3〕 陈刚：《证明责任法研究》，中国人民大学出版社2000年版，第196-197页。

尽管赖纳克强调以概然性作为证明责任分配的实质性基础，但是，赖纳克的学说中实际上包含了在概然性基础上结合证明可能性等其他实质性原则分配证明责任的理论。这一方面使抽象概然性说显得不那么“纯粹”，另一方面也说明证明责任分配问题的复杂性。尤其是，当试图用单一的抽象原则来涵盖所有的证明责任问题时就显得更为突出。

普维庭对抽象概然性说提出了尖锐的批评。其主要理由有三点。第一，既然要用概率来决定如何裁判的问题，其前提必须先找到精确的计量标准，可是无论是判决结果正确的概率还是证明可能性的概率都不可靠。法官裁判时关于日常生活中的事实总是缺乏可靠的统计数据可以使用，因此对于概然性值的确定只能依据各个法官的主观猜测。其结果必然是法官只能跟着感觉走，致使判决出现偏差。如果这些概率问题和保护弱者原则相冲突，必定使弱者害怕打官司。第二，即便有了可靠的概然性值，也未必能得出结论。例如，当概然性值为50 : 50，或者双方的概然性值非常接近，便无法得出具有说服力的结论。而且，在社会科学领域，对依靠统计数据建立理论模式还存在反对意见：概然性值既不能精确地确认什么，也不能精确地否认什么。第三，赖纳克的数量衡量是建立在循环论证基础上的。从赖纳克的理论出发，为了最大限度地减少错判，必须借助概然性来分配证明责任，然而，更高的概然性又来自对错案数量的比较，这样的结果等于又回到了出发点。因此，普维庭认为，法官在进行证明评价的时候要考虑抽象概然性，尤其法官对经验规则的评价如同统计结果对具体个案的评价，但将概然性作为一般抽象的证明责任分配基本规则是不能成立的。〔1〕

除普维庭的反对理由外，抽象概然性说的主要缺陷在于，抽象概然性说既不像规范说那样，通过在法律规范和证明责任归属之间架设逻辑桥梁来解决证明责任裁判的合法性问题，也不像危险领域说那样，通过某些价

---

〔1〕 参见［德］普维庭：《现代证明责任问题》，吴越译，法律出版社2006年版，第276–280页。

值评价标准来为证明责任分配提供实质性的依据，而仅是以事实发生的概率来决定证明责任的归属，显得过于苍白无力。毕竟，通常人们都能理解，事实发生的概率不等于事实本身，仅依据事实发生概率就让一方当事人承担证明责任的不利后果，无助于解决裁判的正当性问题。而且，把抽象概然性说作为正式的证明责任分配规则还可能会滋生和鼓励机会主义诉讼，这与司法的目的显然不符。最后，由于个案中往往缺乏可靠的统计数据，抽象概然性说的运用在很大程度上只能依赖经验法则，这使抽象概然性说和法官的自由评价很难有明确的界限和区别。

（三）利益衡量说

1973年，时任东京大学民法助教授的石田穰发表题为《立证责任论和现状》的论文，提出新的证明责任分配标准理论——利益衡量说。石田穰认为，如果立法者的见解已经体现在制定法上，就应当根据法律规定进行分配。如果立法空缺或处于不明确状态，应当通过判例来创造证明责任规范。〔1〕在其另一篇题为《民法与民事诉讼法的交错》的论文中，石田穰明确指出，法官决定证明责任分配的顺序如下：首先，若立法者意思是明确的，则依据这种明确的立法者意思；如果立法者意思不明确，那么按照当事人与证据距离的远近。其次，依据举证的难易程度。再次，依据概然性高低。最后，由当事人对规定于己有利法律效果的权利根据规定与权利消灭规定进行举证。〔2〕利益衡量说的另一主张者新堂幸司教授的观点和石田穰没有本质区别，只是在适用证明责任分配的参考要素方面，主张不应按顺序排列。〔3〕

---

〔1〕 参见陈刚：《证明责任法研究》，中国人民大学出版社2000年版，第208-209页。

〔2〕 参见［日］高桥宏志：《民事诉讼法——制度与理论的深层分析》，林剑锋译，法律出版社2003年版，第445页。

〔3〕 参见［日］小林秀之：《證據法》（第2版），第169-171页。转引自陈刚：《证明责任法研究》，中国人民大学出版社2000年版，第209页。

利益衡量说肯定了立法规范对证明责任分配的效力，同时不完全排斥规范说的部分理论，尤其是肯定了规范说关于权利产生规范（权利根据规定）、权利消灭规范的分类理论。然而，对利益衡量说的主要质疑，集中在其重点依据的“证据距离远近”“举证之难易”是否能作为证明责任的分配依据。从目前的研究来看，不少学者对此是持保留态度的。例如，同为日本学者的龙其喜助便认为，利益衡量说所说的“证据距离远近”“举证之难易”等考量因素，作为提出证据的行为规范与行为责任的标准是妥当的，但是不适合作为当事人实施了证明活动但事实仍真伪不明场合之处理手段的客观证明责任之分配标准。〔1〕我国也有学者对将“更容易举证”作为正式的证明责任分配依据的合理性、必要性质疑的声音。例如，吴泽勇认为，“按照证明接近原理，立法者在设计证明责任分配规则时，应当尽量让距离证据较近的一方当事人提出该证据。基于有利于查清案件真实和节省司法资源的考量，证明接近原理有其合理性，并且在现代产品责任法、医疗责任法等领域已经得到了广泛的体现。不过，作为一种主要着眼于克服证明困难的实质性依据，证明接近理论的意义不宜夸大。为了克服证明困难，现代证据法已经发展出了一系列的制度和理论，比如间接证明、表见证明、对方当事人的事实提出责任，等等。由于这些策略的存在，许多时候，即便某些证据不在负证明责任的当事人一方，也不影响其对相关要件的有效证明。而不是根据证明接近原理重新设计证明责任分配规则”。〔2〕

笔者认为，日本学者创立的利益衡量说是一种有特定限制范围的证明责任分配学说，因而有别于普通法的利益衡量理论。这使日本的利益衡量说有较强的规则属性，因而更符合大陆法系的理念和思维习惯，在实务

〔1〕 参见［日］龙奇喜助：《证明责任论——诉讼理论与市民》，信山社1987年版，第182页以下。转引自［日］高桥宏志：《民事诉讼法——制度与理论的深层分析》，林剑锋译，法律出版社2003年版，第446页。

〔2〕 吴泽勇：《论善意取得制度中善意要件的证明》，载《中国法学》2012年第4期。

中也更加易于把握。虽然，把“证据距离远近”“举证之难易”作为证明责任分配的理由有一定的合理性，但利益衡量说的理论并没有进一步从理论上探讨根据“证据距离远近”“举证之难易”分配证明责任的原因，使利益衡量说仅停留在某些外观标准上，使其作为证明责任分配理论的解释力稍显不足。而且，作为证明责任分配依据的“证据距离远近”“举证之难易”“概然性高低”等因素在认定标准和适用顺序等问题上也容易引起争议。因此，日本学者提出利益衡量说，虽具有一定的理论意义，但仍不是最佳的解决方案。

（四）损害归属说

损害归属说（Schadenzurechnungstheorie）是西德学者瓦亨多夫提出的学说。1976年，瓦亨多夫的《责任法上之举证责任原则》出版，其中对罗森贝克的规范说采取全面反对的态度。瓦亨多夫认为，证明责任的分配不应当以法律规范的外在形式为依据，而应当以实体法所要规范的实质价值为标准。他认为，离开实体法的研究，或仅以实体法的形式作为研究对象，无法获得证明责任的分配原则。〔1〕瓦亨多夫通过分析德国自德意志大审法院到战后联邦最高法院有关损害赔偿法领域的典型判例，认为规范说在这些判例中已经丧失了实际作用，因为这些判例表明，在证明责任裁判中，法官应采用实质正义的考量，以达到衡平和公正的效果。〔2〕但是，瓦亨多夫也认为，公平正义乃抽象的存在，无法直接将其运用，故而有将公平正义原理具体化的必要。具体化的方法就是从实体法中业已存在的具体原则中求得。由于实体法中的具体原则系多数且并存，所以在确定证明责任之际，必须将这些具体原则交互综合运用，或通过比较衡量后，选择最适

〔1〕 参见陈荣宗：《举证责任之分配》，载中国法制出版社编：《证据法论文选萃》，中国法制出版社2005年版，第259页。

〔2〕 陈刚：《证明责任法研究》，中国人民大学出版社2000年版，第194-200页。

当的具体原则。[1]

瓦亨多夫的立论基础是，证明责任分配问题为适用实体法时发生的法律解释问题或法律补充问题，证明责任的分配无法离开实体法的责任规范体系而仅凭单独架空方法创造出分配规则。其分析认为，虽然待证事实真伪不明属于诉讼过程中的风险，但从实体法角度分析，这种风险就是将损害赔偿归于证明责任的负担者。例如，若实体法上规定，过失事实由受害人举证，在无法举证时，便与规定损害由受害人负责无异。由此可见，实体法上的损害归属与证明责任分配的关系，无异于影之随行。[2]

按照瓦亨多夫的理论，能够体现实体法规范实质价值的公平正义原则可以被具体化为：概然性原则、保护原则、担保原则、信赖原则、惩罚原则及社会危险分配原则。在实际运用中必须将上述原则作综合分析，决定其取舍。例如，在“雇员受害案”中，根据保护原则，雇员仅就发生损害的事实举证，雇主应就损害的发生与雇主违反义务之间不存在因果关系负担证明责任。[3]又如，瓦亨多夫提出，在产品损害领域，由于现代工业社会的商品制作过程技术复杂，对于产品制造者的责任，无法用过失原则或者违反契约时被害人担保和信赖原则作为确定损害归属的判断标准。产品制造者从事商品生产固然为有利社会之事，但其主要还是为了私人利益。而且，产品制造者能够利用保险等方法将风险分散转嫁于社会。因此，产品制造者应根据社会危险分配原则对其在商品制造过程中无故意或过失负证明责任。[4]

由于瓦亨多夫的理论包含了概然性原则，有的德国学者也把瓦亨多夫的学说归入概然性说。但是，概然性只是瓦亨多夫实现实体正义的诸多具

〔1〕 See Wahrendolf, a. a. O. S. 14ff. 转引自陈荣宗：《举证责任之分配》，载中国法制出版社编：《证据法论文选萃》，中国法制出版社2005年版，第259页。

〔2〕 同上注，第260－261页。

〔3〕 同上注。

〔4〕 同上注。

体原则之一。和赖纳克的抽象概然性理论相比，瓦亨多夫的证明责任分配理论显然更具多元色彩，对概率的依赖也要小得多。然而，也正是由于瓦亨多夫提出了数个证明责任的分配标准，而其并未进一步说明这些复数标准之间究竟处于何种关系，或者在适用序列上谁先谁后，因而受到学者批评，被认为其理论不具有可操作性。〔1〕

笔者认为，瓦亨多夫指出规范说过于强调证明责任分配的形式化标准、完全不考虑实质性公平正义的弱点，代表了理论界对高度形式化的证明责任分配理论的反思。瓦亨多夫所提出的“抽象的公平正义原则无法直接运用，因而有具体化的必要”“证明责任分配问题为适用实体法时的法律解释问题或法律补充问题”，应属深刻的理论洞见，在当今仍然有着重要的借鉴意义。瓦亨多夫进而提出用实体法原则来填补证明责任分配规则空缺的思路，在理论界亦不乏共鸣。例如，龙奇喜助在《证明责任论——诉讼理论与市民》一文中提出，“在法院不得不作出承认或驳回诉讼请求之判决的情形下，必须依据预防目的、权利实现的确保以及弱者保护等实体法趣旨、不同情形的案件内容、法官的价值判断来决定证明责任的分配”。小林秀之在《新证据法》中提出，证明责任是一个“应当由实体法来决定的，在真伪不明场合如何适用实体法（保护哪一方当事人）”的解释问题，因而属于一种政策性的判断。〔2〕高桥宏志认为，证明责任的分配标准是以实体法趣旨为中心的，证明责任分配的个别问题的解决毋宁说是实体法领域的问题。〔3〕

但是，瓦亨多夫的理论实际上是让法官根据几个从实体法引申出来的具体原则来决定证明责任的分配问题。这种理论和我国学者主张的通过

---

〔1〕 参见陈刚：《证明责任法研究》，中国人民大学出版社2000年版，第195-199页。

〔2〕 参见［日］高桥宏志：《民事诉讼法——制度与理论的深层分析》，林剑锋译，法律出版社2003年版，第445页。

〔3〕 同上注，第447页。

完善法律解释方法，以及用民法基本原则和目的性解释的方法来解决证明的分配问题在思路上大体是相同的。与规范说相比，瓦亨多夫理论的优势在于突出了实质公正的考量，并且通过引入更为具体的原则使之更具有可操作性。其缺点在于，瓦亨多夫提出的数个具体原则并不是一个逻辑严密的体系，各个具体原则之间的价值取向存在微妙的差别，在具体适用过程中仍不免存在歧义，容易造成法官选择困难。

（五）武器平等原则

普维庭在其《现代证明责任问题》一书中，把“诉讼当事人武器均等”作为证明责任“其他有待承认的实质性依据”之一。[1]毕玉谦教授也认为，武器平等原则是当前证明责任理论“一强多元”格局中，除作为“一强”的规范说外，和其他诸如公平原则、诚实信用原则、举证难易或者证据距离原则、利益衡量原则、危险领域原则、盖然性原则等“多元”学说或者价值观念并列的一元，是公平原则在特定场合或条件下的具体体现。[2]按我国台湾地区学者所下定义，武器平等原则（Waffengleichheit）指的是，“在诉讼程序上，必须保障两造享有地位平等、机会平等以及风险平等，此系源自宪法上平等权保障之要求”，并将2000年我国台湾地区“民事诉讼法”修订后新增的强化法院阐明义务、当事人协力解明事案义务、举证责任调整、证明妨碍、损害额之酌定、法院依职权调查证据、持有文书之当事人或第三人的文书提出义务、勘验协助义务等均作为落实武器平等原则的具体体现。[3]还有台湾学者提出，可以将武器平等原则与危险领域、诚信原则、盖然性等并列作为证明责任减轻的特殊考量因素对待，以使原本依照一般证明责任分配原则应当承担证明责任的当事人的证明责任得以减轻；但同

〔1〕 参见［德］普维庭：《现代证明责任问题》，吴越译，法律出版社2006年版，第350-356页。

〔2〕 参见毕玉谦：《“一强多元”模式下的证明责任学说——以克服“规范说”局限性为重心》，载《政法论坛》2011年第2期。

〔3〕 参见沈冠伶：《民事证据法与武器平等原则》，台北，元照出版有限公司2007年版，第92页。

时又认为，武器平等原则尚未达到使证明责任发生转换的效果。[1]从学者的论述来看，学者们大都从维护实质公平的立场出发，肯定了武器平等原则的积极作用。但是，对于武器平等原则能否成为正式的证明责任分配规则，意见仍未统一。

笔者认为，武器平等原则从维护实质公平的角度提出了证明责任分配的原则，具有一定的积极意义。但是，该原则过于抽象，同时也缺乏足够的理论积淀和具体内容，不同的人对于何为武器平等完全可以有不同的解释。如果法官直接依据武器平等原则分配证明责任，势必难以保证裁判尺度的统一。与此同时，学术界对于该原则的适用方法还存在不同的看法。以上情况均使武器平等原则缺乏足够的可操作性。

（六）进攻者角色

进攻者角色理论认为，要求改变现状的当事人应当就其主张的事实负担证明责任。其立论基础是：如果有一当事人希望改变法律关系的现状，通常情况下其就应负担证明责任，因为其不能让他人无端地忍受讼累。[2]普维庭把进攻者角色理论归入被承认的可以作为法定证明责任分配依据的实质性依据之一。[3]在普维庭看来，这一原理在各实质性依据中具有中心地位，因为它与保护占有、权利安定性、社会秩序保护、对现存事实状况的保护和禁止私力救济等基本法律价值密切相关。规范说与进攻者角色原理基本上契合，换句话说，进攻者角色原理一定程度上构成了规范说的实质性依据。[4]但是，也有学者批评说，进攻者角色理论并不是一个具有可操作性的原则。而且，"谁是进攻者"的判定具有相对性。例如，在"善

---

〔1〕 参见姜世明：《举证责任与证明度》，台北，新学林出版股份有限公司2008年版，第67-69页。

〔2〕 参见吴泽勇：《论善意取得制度中善意要件的证明》，载《中国法学》2012年第4期。

〔3〕 参见[德]普维庭：《现代证明责任问题》，吴越译，法律出版社2006年版，第347-349页。

〔4〕 Hans Prütting, Gegenwartsprobleme der Beweislast, München: C. H. Beck 1983, S 20. p.263-264, 259. 转引自吴泽勇：《论善意取得制度中善意要件的证明》，载《中国法学》2012年第4期。

意取得”案件中，学者便认为，“进攻者角色”对证明责任分配的价值非常有限。理由是：“就善意取得所涉及的财产，在不同时期实际存在两个不同的占有：一个是原权利人基于所有权的占有，另一个是第三人基于无权处分的占有。固然，基于第三人的视角，我们可以说原所有权人处于进攻者角色；但基于所有权人的视角，又不妨说第三人处于进攻者角色。进攻者角色原理本身并不能告诉我们究竟应该选择哪一种视角”。〔1〕从上述分析可以看出，进攻者原则与“谁主张，谁举证”以及规范说在逻辑出发点上并无根本性的差异。正如“谁主张，谁举证”在现代司法环境中遭受的困境一样，进攻者角色理论同样需要面对如何区分谁是进攻者的问题。因此，仅从进攻者角色出发，并不足以解决现代证明责任所遇到的问题。

三、证明责任问题的本质

前述研究表明，证明责任与证明标准、证明评价存在本质的差别，应当仔细甄别。基于民事诉讼证明标准的主观性和模糊性，法官在审判过程中对案件事实拥有一定程度的裁量权，这使法院在认定事实方面不是仅止步于查证、验明各种证据和客观事实，而是一个包含主观评价的综合判断过程。正如拉伦茨所说，虽然认定事实的方法是透过涵摄将被认定的案件事实归属于法条的构成要件之下，但其中“仅有极小部分是真正的逻辑学上的涵摄，很多情况实际上涉及的是：依经验法则所为之判断，对于人类行为及表示的注解、类型化的归属，或者，在须填补的准则之界限内所作的评价”。〔2〕这种主客观相互结合的事实评判并未超出自由心证的范围，也不能因此就把法官的证明评价和证明责任裁判混为一谈。尤其是当案件事实的认定存在一定困难的时候，更要准确把握证明评价和依照证明责

〔1〕 吴泽勇：《论善意取得制度中善意要件的证明》，载《中国法学》2012年第4期。

〔2〕 ［德］卡尔·拉伦茨：《法学方法论》，陈爱娥译，商务印书馆2003年版，第186-187页。

任判决的界限。只要法官能够通过综合各种信息，在其心证范围内对待证事实是否成立得出“是或否”的判断，就不能认为案件事实存在真伪不明。只有当法官穷尽一切方法仍无法对主要案件事实是否成立作出肯定或否定的判断的时候，才能说案件出现了“事实真伪不明”的情况，从而需要进行证明责任的判定以解决纠纷。从判决的角度来看，证明责任判决是法官穷尽一切认知方法后被迫从事的司法决策。因此，证明责任判决不是一种事实查验或事实评判，而是在事实真相完全不可探查的时候所进行的司法判断。

尽管在规范说之后不断涌现的各种修正和反对规范说的理论尚未能够真正取代规范说，甚至有的理论本身还存在逻辑难以自洽的问题，尤其是不同的挑战学说从各自不同的角度对何为公正进行了阐释，彼此间无法做到协调统一，因而都难以真正取代规范说的通说地位。有的挑战学说，如日本学者创立的利益衡量说仍不得不把规范说的理论作为其分配证明责任的基本规则。在这种情况下，大陆法系实际上形成了以规范说为一般规则，以各种挑战学说为例外和补充的局面。但倘若将规范说作为唯一的证明责任分配理论，完全不考虑适用规范说后的裁判结果，在实践中也是很难推行的。尽管规范说试图通过法律解释的方法来证明立法机关制定的民法典是证明责任裁判唯一的合法依据，但即使经过深思熟虑的法律条文本身也不免存在疏漏，或者会随着时代的变迁出现难以适应实际需要的情况。规范说试图用单一理论解决所有证明责任问题的愿望从法律基础上来说就难以实现。

以危险领域说为代表的各种挑战或修正规范说的学说，往往从一个或者数个代表某方面正义的角度为出发点质疑规范说。但是，正义往往是很难把握的多维概念，彼此间往往隐含着相互冲突的元素。正如博登海默所说：“正义有着一张普罗透斯似的脸（a Protean face），变幻无常、随时可呈不同形状并具有极不相同的面貌。当我们仔细查看这张脸并试图解开隐

藏其表面背后的秘密时，我们往往会深感迷惑。”〔1〕

2001年12月6日公布的《民事诉讼证据规定》第7条规定的“在法律没有具体规定，依本规定及其他司法解释无法确定举证责任承担时，人民法院可以根据公平原则和诚实信用原则，综合当事人举证能力等因素确定举证责任的承担”，实际上就是对证明责任分配的一般原则和例外情形相结合的一种规定。此外，对于我国台湾地区“民事诉讼法”第227条“当事人主张有利于之事实者，就其事实有举证之责任，但法律别有规定，或其情形显失公平者，不在此限”之规定，台湾学者亦认为，该规定中的一般情形采用了规范说，但对“其情形显失公平者”，法院即有对依照一般原则所得出结果加以调整的必要；尤其在公害事件、交通事故、商品制造人责任、医疗纠纷等事件中，应结合危险领域、武器平等、诚信原则、盖然性理论等，减轻一方当事人的举证责任。〔2〕因此，该规定同样反映了在证明责任分配过程中将一般规则和例外规则相结合的思路。然而，在制定2015年《民诉法司法解释》的时候，最高人民法院虽然正式采用了“举证证明责任”的概念并承认规范说的有效性，但却没有继续沿用2001年《民事诉讼证据规定》第7条的规定。这表明，最高人民法院对于法官在规范说之外根据司法裁量分配证明责任仍存在一定的顾虑。但是，司法解释对法官裁量权的收缩并不能解决规范说的不足，因而司法解释的“收权”并未取得实际效果。

〔1〕［美］E.博登海默：《法理学——法律哲学与法律方法》，邓正来译，中国政法大学出版社1999年版，第252页。

〔2〕参见姜世明：《举证责任与真实义务》，台北，新学林出版股份有限公司2006年版，第16–26页。

第三章 普通法的证明责任

普通法滥觞于公元1066年诺曼公爵威廉一世征服英国后，王室法院在审案过程中通过判例逐渐累积形成的英国普通法。[1]伴随英国向外殖民的过程，英国普通法逐渐向外传播，形成遍及各大洲广大地域的法律制度体系，其中以英国普通法最早发展并长期具有重大影响。[2]值得注意的是，普通法在形成过程中亦深受罗马法影响。早在12世纪中叶，英国的牛津或坎特伯雷就有来自波伦亚的教师教授罗马法。[3]但在后续发展过程中，普通法形成并保留了自己鲜明的个性和特征，呈现与大陆法迥异的风格，这一点同样体现在证明责任领域，因而有专门研究的必要。

一、普通法形成时期的证明责任

在普通法形成的年代，英国正处于农业和封建时代。彼时土地的合法占有是社会的基础，并深深影响了当时的法律观念。有格言说“英国人的家就是他的城堡”(the Englishman’s home is his castle)，“占有是最充分的法律”(possession is nine points of the law)。[4]基于此，从维护社会稳定的角度出发，证明的责任都是由寻求改变现有和平占有状态的原告来承担。同时，由于法律诉讼是一件费时费钱的麻烦事，让发动诉讼的原告承担证

---

〔1〕 参见沈宗灵：《比较法研究》，北京大学出版社1998年版，第198-204页。

〔2〕 同上注，第192-196页。

〔3〕 [德]K.茨威格特、H.克茨：《比较法总论》，潘汉典等译，贵州人民出版社1992年版，第353-356页。

〔4〕 Kiralfy, *The Burden of Proof* (Professional Books Ltol, 1987), p.1.

明的责任貌似也没有什么不妥。[1]因此，从罗马时代起，英国几乎所有法律领域都是让原告承担证明的责任（*actoriincumbitprobatio*），同时对被告作有利的推定（*omnia praesumuntur pro negante*）。[2]然而，上述状况随着社会的发展不断变化。例如，在合同领域，虽然首先仍由请求履行合同的原告来证明合同成立但尚未履行的事实，但通常情况下，法官会综合考虑各方的情况，让主张合同无效的一方承担诸如欺诈或胁迫等情况的证明责任。[3]普通法证明责任的发展和罗马法"谁主张，谁举证"的形成过程颇为类似，二者都经历了从原告单方负担证明责任向各方当事人均衡负担证明责任的转变。之所以如此，是因为随着社会的发展，各种社会关系和交易关系日趋复杂化，让原告方单方负担证明责任的方式无法满足公正裁判的需要。正如罗森贝克所说，"如果人们将所有的证明责任均让原告承担，那么，事实上任何一个诉讼从一开始就会变得毫无希望，因此也使诉讼成为不可能。这就等于使法律取决于义务人的善意，这将会发生法不安全性，这种法不安全性等同于缺乏任何法律保护"。[4]罗马法和普通法的成长过程均证明，在诉讼当事人之间均衡分配证明责任的重要意义。

另外，值得一提的是，陪审制在普通法证明责任的发展过程中也具有举足轻重的地位。诺曼公爵征服英国后，为了解决王室和教会的土地争议，将法兰克人的信息调查制度（Inquisitio）引入英国，成为普通法陪审制的起源。因为当时对土地权属的争议，没有谁比当地的居民更加了解情况。1164年，亨利二世制定了《克拉灵顿宪章》（*Constitutions of Clarendon*），其中规定，当世俗采邑与教会就土地所有权发生争议时，应由王国的首席法官根据12名合法人士的裁断作出判决。[5]福特斯乌

---

〔1〕 Kiralfy, *The Burden of Proof* (Professional Books Ltol, 1987), p.1.
〔2〕 Ibid, p.1.
〔3〕 Ibid, p.6.
〔4〕 [德]莱奥·罗森贝克:《证明责任论》(第5版)，庄敬华译，中国法制出版社2018年版，第113页。
〔5〕 参见王涛:《陪审制兴衰考》，载《中国刑事法杂志》2016 年第1期。

（Fortescue）大法官在《英国法颂》（*Praise of England's Law*）中对上述制度进行了赞扬。其认为，陪审制比起罗马法需由两个证人宣誓作证的方法要好得多。因为在罗马法制度下，正义经常因为缺少证人而得不到伸张。而按照英国法的规定，法庭可以在正式宣誓的官员面前，从发生纠纷的近邻中挑选12名有财产的人士。他们与原被告双方均无利害关系，可当庭接受质问和提出反对，并在宣誓后开始审理，这些步骤是专业而规范的，并且收效良好。[1]之后，陪审团的职能逐步扩展到在法庭上对事实问题作出决定。塞耶（Thayer）曾说过，普通法系的事实认定制度，首先也最主要是"陪审团制度的产物"[2]。美国证据法学家摩根认为，在陪审团参与案件审理的背景下，案件一旦进入陪审团审理阶段便意味着要消耗大量的司法资源。为了减少资源浪费，普通法法院不得不对案件进行必要的筛选和分流。[3]基于此，普通法法院通常先以"初步证明案件"（prima facie case）作为提出"没有实质争议动议"（submission of no case）的分界线。在这条分界线上，法官要根据当事人提交的证据决定是否有必要将案件提交陪审团审理。这个机制可以通过图3-1来表示。[4]

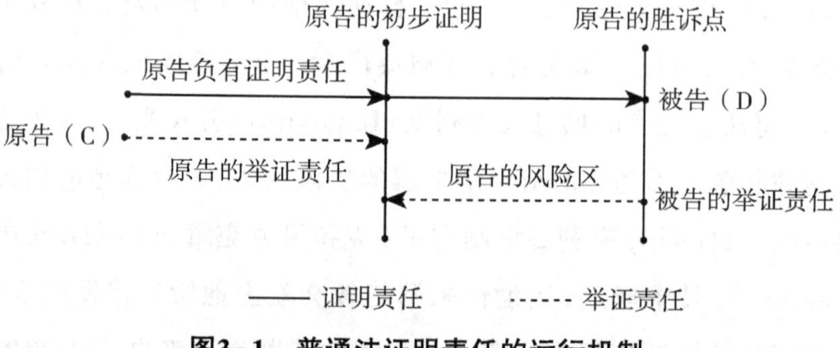

图3-1　普通法证明责任的运行机制

〔1〕 参见[美]约翰·安·赞恩:《法律的故事》,刘昕、胡凝译,台北,商业周刊出版股份有限公司1999年版,第252页。

〔2〕 [美]米尔建·R.达马斯卡:《漂移的证据法》,李学军等译,中国政法大学出版社2003年版,第5页。

〔3〕 参见吴宏耀、魏晓娜:《诉讼证明原理》,法律出版社2002年版,第287-288页。

〔4〕 Richard Glover, *Murphy On Evidence* 15th, Oxford University Press, 2017, p.56-57.

从图3-1可以看出，提出权利主张的原告C从始至终都要承担证明责任，但是当其举证到达“初步证明案件”的分界线后，他就完成了初步的举证责任。此时，不承担证明责任的被告D就要开始承担举证责任，否则就要面临败诉的风险。〔1〕因为，此时如果被告无法提交证据，法官就可以直接作出对原告有利的判决，而没有必要再将事实问题提交陪审团审理，以便节约司法资源。如果被告针对原告的起诉也进行了举证，那么，从“初步证明案件”的分界线到法官累积到足够的内心确信判决原告胜诉（Judgment for C）的终点线之间的区域就属于原告的风险区（Area of risk）。如果原告的举证无法成功越过这个风险区到达胜诉点（Judgment for C），陪审团或法官就可以以事实真伪不明为由，判决原告败诉。

上述机制在美国法中表现为即决判决和指示裁决。其中，即决判决是指，法院根据当事人请求，在对有关文件审查后，确认该案件并不存在“真正的争点”（genuinedispute），因而没有进行审判的必要，直接作出判决。指示判决是指，当案件经过审判或在审判过程中（一般是在一方当事人举证完成之后），一方当事人所主张的争点无法被证据证明存在时，对方当事人可以申请法院作出指示裁决，直接就案件的法律事项进行裁判。〔2〕从普通法诉讼程序的视角出发，在“初步证明案件”阶段，当事人是否尽到举证责任可以对法官的裁决产生决定性的影响，而一旦越过这个阶段进入后续审理，证明责任就开始发挥作用了。在这个阶段，法官通常要指示陪审团“凡于特定事实之存在由说服负担之当事人，必须以证据之优势确立其存在”。〔3〕

随着时代的发展，陪审制在普通法民事诉讼中的地位已经日趋衰退。

---

〔1〕 Richard Glover, *Murphy On Evidence* 15th, Oxford University Press, 2017, p.92-93.

〔2〕 参见刘哲玮：《论美国法上的证明责任——以诉讼程序为视角》，载《当代法学》2010年第3期。

〔3〕 ［美］Edmund M. Morgan：《证据法之基本问题》，李学灯译，台湾地区“教育部”1983年出版。转引自魏晓娜、吴宏耀：《诉讼证明原理》，法律出版社2002年版，第287-288页。

英国从1854 年开始逐步限制了民事陪审团的使用，除去诽谤等一些特殊类型的侵权案件尚允许当事人选择陪审团审判之外，至20世纪40年代，英国的民事陪审团已基本销声匿迹。与此同时，美国的陪审制同样出现势不可挡的衰退，美国联邦最高法院在1973年的Colgrove v. Battin案中裁定，在民事案件中使用6人陪审团并不违宪，从而宣告了12人陪审团在美国民事司法中黯然离场的命运。[1]尽管陪审制在普通法民事诉讼中日益萎缩，普通法法官在事实认定方面的职能不断得到加强，但与陪审制相伴而成的诉讼规则却被保存下来，并对普通法的证明责任制度产生了重要的影响。

二、现代证明责任理论对普通法的影响

1890年，美国法学家赛耶在其发表的《证明责任》一文中指出，“证明责任”这一术语经常在不同场合被赋予模棱两可的含义：在第一种情况下，证明责任被用来表示当事人为支持自己的主张需要进一步提供证据的责任；在第二种情况下，证明责任用来表明一方当事人在成功反驳所有相反证据后，证明了自己的主张；第三种情况，也是更为常见的情况，就是不加区别地混用两种含义。[2]赛耶的观点得到了其他普通法学者的支持，因而两大法系在证明责任概念具有双重含义的问题上达成共识。但就像在大陆法系一样，证明责任的双重含义在普通法中也同时存在多种表述方式。其中，证明责任通常也被称为法定负担（the legal burdens）、说服负担（the persuasive burden）、证明负担（the probative burden）、不变的证明负担（the fixed burden of proof）。举证责任通常也被称为证据负担

〔1〕 参见王涛：《陪审制兴衰考》，载《中国刑事法杂志》2016年第1期。

〔2〕 James B. Thayer, *The Burden of Proof*, Harvard Law Review, Ⅳ, No.2, p.48–49.

(evidential burdens)、提供证据负担(the burden of adducing evidence)。[1] 尽管上述各种表达方式分别从不同角度描述了证明责任或举证责任的部分特征,但这些表面上大相径庭的表述在使用中通常不会引起太大的误解。

到了19世纪中期,普通法法院开始对举证责任和证明责任加以区分。这种区分起初来自普通法法官对两种责任的主体差异的认识。美国马萨诸塞州最高法院在1854年提出,"证明责任和举证责任是完全不同的概念。前者始终由提出某项事实主张的当事人负担,且在任何情况下都不会发生改变。后者经常随着诉讼的进程不断在双方当事人之间交替进行"。[2] 虽然当时的马萨诸塞州最高法院尚未明确说,证明责任的负担主体就是当案件事实真伪不明时承担败诉风险的一方当事人,但从实际效果来说,只要法院把证明责任当作某一方当事人的固有负担,就已经实现了证明责任的基本功能。

到了1985年审理Rhesa Shipping Co. S.A. v. Edmunds一案[3]时,英国上议院已经在判决中明确指出,法官对案件事实除了可以作出认定或不认定的判断外,还可以作出事实无法认定的判断,此时应当根据证明责任进行判决。该案案情是:原告的船舶在良好的天气中因为船身上的缺口进水而沉没。原告以船东身份对被告保险公司提起诉讼。原告主张认为,其船舶是和潜水艇碰撞后沉没,根据"海难条款"(Perils of the sea)应获得全部赔偿。被告则抗辩认为,船舶的沉没是由于长期的磨损造成的。初审法官和上诉法官均支持了原告的主张。其中,上诉法官Bingham J.在判决

---

〔1〕 Gregory Durston, *Evidence Text & Materials*, Oxford University Press, 2008, p.115-118; Adrian Keane Paul Mckeown, *The Modern Law of Evidence*, Oxford University Press, 2014, p.83; Dennis, *The Law of Evidence* 6th, Sweet & Maxwell, 2015, p.449-453.

〔2〕 James B. Thayer, *The Burden of Proof*, Harvard Law Review, Ⅳ, No.2, p.50.

〔3〕 Rhesa Shipping Co. S.A. v. Edmunds [1985] 1 W.L.R. 948.

中说，虽然原告主张的碰撞事实不大可能发生，但本案也没有发现船舶存在不适航的情况，根据证据优势原则，原告的假设可以被勉强采纳，故应驳回被告的上诉。[1]被告向上议院提起上诉并获得支持。在终审判决中，Brandon法官特别强调指出："法官并不一定要对双方当事人主张的事实作出非此即彼的认定。法官有第三种选择，即可以宣告'对相关主张负有证明责任的当事人无法就其主张的事实履行证明责任'。尽管在能够避免的情况下，没有哪个法官愿意依据证明责任作出判决，但是在有些案件中，由于证据或其他方面的问题，使得证明责任判决成为法官唯一可依赖的方法。"[2]此外，为了进一步说明证明责任判决的适用条件，Brandon法官还进一步强调，证据优势原则的适用必须遵循正常的判断标准。该原则要求法官在依据证据审查事实时认为该事实存在的可能性要比不存在的可能性大。如果法官认为，一件事情不太可能发生，或者认定该事实有可能发生并不符合正常的判断，那么就可以断定法官对这件事实是否实际发生存在疑问。此时，他就可以说，负有证明责任的当事人并未切实履行该责任。[3]Brandon法官认为，负责上诉审理的Bingham J.法官错误地认为自己被迫在两种非常不可能发生的事实中作一个选择，或者在非常不可能和实际上不可能当中二选一，但事实上，对法官来说有第三种选择，即认定船

---

〔1〕 Rhesa Shipping Co. S.A. v. Edmunds [1985] 1 W.L.R. 948 at 949.

〔2〕 原文：The first reason is one which I have already sought to emphasise as being of great importance, namely, that the judge is not bound always to make a finding one way or the other with regard to the facts averred by the parties. He has open to him the third alternative of saying that the party on whom the burden of proof lies in relation to any averment made by him has failed to discharge that burden. No judge likes to decide cases on burden of proof if he can legitimately avoid having to do so. There are cases, however, in which, owing to the unsatisfactory state of the evidence or otherwise, deciding on the burden of proof is the only just course for him to take. [1985] 1 W.L.R. 948 at 955–956。

〔3〕 Rhesa Shipping Co. S.A. v. Edmunds [1985] 1 W.L.R. 948 at 956.

东并未履行其证明责任。[1]Brandon法官的上述意见清楚阐述了，法官在依据自由心证无法认定事实是否存在的情况下，应当直接判决负有证明责任的当事人败诉。同时，Brandon法官所强调的证据优势原则的适用条件，以及法官不应当强迫自己在“两个不可能”当中作出选择，更为直观地区分了“证据优势”和“真伪不明”两种心证状态的区别，为证明责任判决的适用前提圈定了大致的范围。尽管这个被判例圈定的“大致范围”可能没有像抽象的立法语言那么凝练、精确，但其在实际操作过程中却更加形象和容易把握，体现了普通法作为经验理性的特征。

如果说Brandon法官在Rhesa Shipping Co. S.A. v. Edmunds一案中从正面回答了证明责任判决的适用条件和范围，那么在Stephens v. Cannon一案[2]中，Wilson法官则从反面角度对证明责任的适用条件进行了阐述。在该案中，原告将一块土地出售给被告，双方在补充协议中约定，被告要在所购买的土地上建造公寓并出售，然后将预估利润100万英镑的一半支付给原告。嗣后，被告未按照约定建造房屋，原告提起诉讼要求获得赔偿。由于房屋并未实际完成建造，损失的评估存在较大争议和困难。双方的专家证人给出完全不同的评估意见。原审法官认为，“基于证明责任的原因，

---

〔1〕 原文: The third reason is that the legal concept of proof of a case on a balance of probabilities must be applied with common sense. It requires a judge of first instance, before he finds that a particular event occurred, C to be satisfied on the evidence that it is more likely to have occurred than not. If such a judge concludes, on a whole series of cogent grounds, that the occurrence of an event is extremely improbable, a finding by him that it is nevertheless more likely to have occurred than not, does not accord with common sense. This is especially so when it is open to the judge to say simply that the evidence leaves him in doubt whether the event occurred or not, and that the party on whom the burden of proving that the event occurred lies has therefore failed to discharge such burden. In my opinion Bingham J. adopted an erroneous approach to this case by regarding himself as compelled to choose between two theories, both of which he regarded as extremely improbable, or one of which he regarded as extremely improbable and the other of which he regarded as E virtually impossible. He should have borne in mind, and considered carefully in his judgment, the third alternative which was open to him, namely, that the evidence left him in doubt as to the cause of the aperture in the ship's hull, and that, in these circumstances, the shipowners had failed to discharge the burden of proof which was on them. See Rhesa Shipping Co. S.A. v Edmunds [1985] 1 W.L.R. 948 at 956。

〔2〕 Stephens v. Cannon [2005] EWCA Civ 222.

只能采纳被告的证据”，[1]并因此判决被告向原告支付220,478英镑的赔偿。本案上诉后，Wilson法官对原审判决轻率地放弃进一步评估实际损失的努力，直接将本案的损失认定问题付诸证明责任判决提出疑问。Wilson法官在回顾以往的证明责任判例后指出：“需要法庭适用证明责任判决的异常情况指的是，虽然法庭很努力地查明事实，但无法合理地找到争议问题的答案。当法庭将判决付诸证明责任规则的时候，必须确保其他人可以看见法庭曾经为查明事实所作的努力，并理解为何法庭无法作出相关的判断。当事人们也可以看见法庭所作的努力，并了解法庭的推理过程从而知晓为什么他们会赢或输。上诉法庭也必须能够看到原审法庭为查明事实所作的努力，否则上诉法庭就无法理解和接受下级法院正处于一种必须借助证明责任判决的状态。在少数案件中，原审法院为查明事实所作的努力和其推理过程可以较为容易地从相关的情况推导出来，此时原审法院便无须对此进行过多的说明。然而，在大多数情况下，较为详细的说明其实是有必要的。”[2]在这段判词中，Wilson法官对证明责任判决提出了两个必须遵循的条件：一是证明责任判决的适用前提必须是，法院已经穷尽一切方法仍无法查明事实；二是法院必须对为何要适用证明责任判决进行必要的说明。上述条件之一强调了法官对案件事实的尽职调查义务，可以视为证明责任判决正当性的实质要件；条件之二强调了判决的说理，可以视为证

[1] Stephens v. Cannon [2005] EWCA Civ 222 at 32.

[2] 原文：From these authorities I derive the following propositions: (c) The exceptional situation which entitles the court to resort to the burden of proof is that, notwithstanding that it has striven to do so, it cannot reasonably make a finding in relation to a disputed issue. (d) A court which resorts to the burden of proof must ensure that others can discern that it has striven to make a finding in relation to a disputed issue and can understand the reasons why it has concluded that it cannot do so. The parties must be able to discern the court's endeavour and to understand its reasons in order to be able to perceive why they have won and lost. An appellate court must also be able to do so because otherwise it will not be able to accept that the court below was in the exceptional situation of being entitled to resort to the burden of proof. (e) In a few cases the fact of the endeavour and the reasons for the conclusion will readily be inferred from the circumstances and so there will be no need for the court to demonstrate the endeavour and to explain the reasons in any detail in its judgment. In most cases, however, a more detailed demonstration and explanation in judgment will be necessary. See Stephens v Cannon [2005] EWCA Civ 222 at 46。

明责任判决正当性的形式要件。以方法论的角度视之，Wilson法官的上述观点对我国的司法实践也颇具借鉴意义。

通过判例的不断积累，迄今为止，普通法系对证明责任功能的阐述已经与大陆法系没有太大的差别。虽然普通法法官在判例中阐述的判决理由未必被上升为系统的理论和学说，因而从表面上看，普通法系没有发展出像大陆法系那么丰富的证明责任学说，但如果仔细研读普通法法官的判决，也很容易找到大陆法系证明责任学说的影子。例如，在In re B（Children）（Care Proceedings: Standard of Proof）CAFCASS intervening一案[1]中，Hoffmann法官对证明责任的适用问题作出如下阐述："如果法律规则要求一个争议事实需要被证明，法官或陪审团必须决定它是否发生，这里不存在'该事实可能发生'的空间。法律是在一个二元系统下运行的，其唯一的值只能是0或1。事实要么发生了，要么没有发生。如果法庭对此存在疑问，应根据证明责任规则来裁决。如果承担证明责任的当事人未能履行证明责任，则事实返回零值，将事实将视为没有发生，如果履行了证明责任，则返回1值，该事实视为已经发生。"[2]对于研究过普维庭修正规范说的人而言，很容易通过以上论述发现，Hoffmann法官的判决理由和普维庭的"操作规则"[3]实则具有异曲同工的效果。这种超越法系的相似性说明了，针对同样的法律问题，学者或者法官在经过理性思考后，完全有可能形成基本相同或相似的结论。这种超越国家、法系、时代界限的一致性或者相似性越多，其中所含的规律性的内容可能就越多，也就越值

〔1〕 In re B (Children) (Care Proceedings: Standard of Proof) CAFCASS intervening [2009] 1 A.C. 11.

〔2〕 原文：If a legal rule requires a fact to be proved (a fact in issue), a judge or jury must decide whether or not it happened. There is no room for a nding that it might have happened. The law operates a binary system in which the only values are zero and one. The fact either happened or it did not. If the tribunal is left in doubt, the doubt is resolved by a rule that one party or the other carries the burden of proof. If the party who bears the burden of proof fails to discharge it, a value of zero is returned and the fact is treated as not having happened. If he does discharge it, a value of one is returned and the fact is treated as having happened. See In re B (Children) (Care Proceedings: Standard of Proof) CAFCASS intervening [2009] 1 A.C. 11。

〔3〕 参见本书第一章第三部分之（三）。

得关注和认真对待。

三、现代普通法的证明责任分配规则

学术界通常认为，普通法不存在适用解决一切案件的一般性的证明责任分配标准，证明责任主要由法官综合各种利益衡量进行分配。但是，这种认识是不够全面的。事实上，普通法通常把“主张者必须证明”(He who asserts must prove)视为一般规则〔1〕，并置于突出的地位。如今，根据一系列判例的解释，对这一规则的正确解读是，无论当事人主张的是积极事实还是消极事实，只要该事实构成其主张的必要部分，当事人就要为此承担证明责任。〔2〕从字面意义来说，普通法的“主张者必须证明”与罗马法的“谁主张，谁举证”并没有太大的区别，二者也都要面对如何区分某一“主张”究竟是属于原告还是被告的问题。

(一)“主张者必须证明”在普通法的适用情况

根据“主张者必须证明”，普通法通常强调，应当由主动提起诉讼的原告来负担主要的证明责任。例如，在过失侵权案件中，原告要对责任、违反义务性规定和损失的关联性承担证明责任，在违约案件中，原告要对合同存在、实质性违约和最终损失承担证明责任。〔3〕但是，就像此前所说的，随着纠纷的日益复杂化和诉讼种类的不断增加，由原告承担证明责任早已不是绝对化的规则。随着法律实践的发展，普通法也认为，根据具体的诉辩情况，如果被告提出了某项属于自己的主张，被告就要对自己的主张承

〔1〕 Steve Uglow, *Evidence*: *Text & Materials* 2th Sweet & Maxwell, 2006, p.94.

〔2〕 See (1883) 11 Q. B. D. 440 at 457, per Bowen L. J.; (1844) 7M.&Gr. 1047, per Tindal C.J.; (1870) L.R.5 Q.B.288; (1802) 3 East 192. Qtd. in The Common Law Library, *Phipson on Evidence* 18th Sweet & Maxwell, 2013, p.162-163.

〔3〕 Gregory Durston, *Evidence Text & Materials*, Oxford University Press, 2008, p.115; SteveUglow, *Evidence: Text& Materials* 2th, Sweet & Maxwell, 2006, p.96.

担证明责任。[1]而且，在判断被告是否提出一项主张的时候，不是依据被告所宣称的表面文字，而应当根据其效果来决定。例如，当被告提出自愿承担风险或共同过失抗辩的时候，被告要对原告自愿承担风险或共同过失承担证明责任。[2]又如，当被告主张合同因不归属于任何一方过失的意外事件遭受“合同落空”时，被告要对此类导致合同落空的意外事件负担证明责任。[3]尤其到了现代，普通法学者更加深刻地意识到，由于民事诉讼的主体地位平等，且民事诉讼在很多情况下并不涉及惩罚和污名的问题，因此，在民事诉讼中，没有绝对的理由让原告来负担所有可能发生的抗辩的证明责任。[4]证明责任应当以均衡的方式在双方当事人之间进行合理的分配。例如，在名誉权诉讼中，只要原告证明被告散布了诽谤的言论，被告就应当承担诸如正当性或公正评价等相关抗辩的证明责任。[5]

值得注意的是，如同大陆法系曾经从“谁主张，谁举证”原则发展出消极事实理论一样，普通法也出现过“主张积极事实的当事人要负担证明责任”[6]的观点。有的普通法法官也曾经按照消极事实理论来解释“主张者必须证明”规则。例如，在JosephConstantine Steamship Line v. Imperial Smelting Corporation一案中，Maugham法官便引用拉丁谚语“*ei qui affirmat ‘non ei qui negat’incumbit probatio*”说，“通常情况下适用的规则是，‘证明责任存在于肯定之人，而非否定之人’，这个古老的规则建立在明智的考虑基础上，除非有特别的理由不应当违反之”。[7]但是，和大陆

---

〔1〕 See Gregory Durston, *Evidence Text & Materials*, Oxford University Press, 2008, p. 115.

〔2〕 See Steve Uglow, *Evidence: Text& Materials* 2th, Sweet & Maxwell, 2006, p.96.

〔3〕 See Gregory Durston, *Evidence Text & Materials*, Oxford University Press, 2008, p.115.

〔4〕 See Dennis, *The Law of Evidence* 6th, Sweet & Maxwell, 2015, p.488–489.

〔5〕 Ibid.

〔6〕 原文：the burden is borne by the party who makes the positive assertion. Steve Uglow, *Evidence: Text& Materials* 2th, Sweet & Maxwell, 2006, p.94。

〔7〕 原文：In general the rule which applies is “Ei qui affirmat non ei qui negatincumbitprobatio”. It is an ancient rule founded on considerations of good sense and it should not be departed from without strong reasons. See JosephConstantine Steamship Line v Imperial Smelting Corporation [1942] A.C. 154. at 174。

法系的学说相比，普通法法官在证明责任分配过程中有很大的裁量空间，其在具体案件中对一般规则的解读更多地还是为了贴合案件的实际情况。即使普通法法官在判决中对一个流传已久的一般规则的解读存在某些理论和逻辑方面的偏差，也未必会对裁决或者整个普通法体系产生太多的实质性影响。对于研究普通法判例的人来说，不能轻率地把某个法官在个案中发表的意见当作一种固化的理论来解读，而应当结合更多的判例进行综合评判。笔者随后还会对Joseph Constantine Steamship Line v. Imperial Smelting Corporation一案进行更深入的分析，在此先用另外的案例予以进一步说明。在Soward v. Leggatt, Esq. Assizes一案中，原告作为房东对被告提起诉讼，主张后者没有适当维修和保养房屋。被告在答辩中称其已经对房屋进行了适当的维修和保养。尽管从语义上讲，原告主张的是一个消极事实，与之相对，被告所作的是一个肯定的陈述和主张，但法官还是判定本案的证明责任应由原告负担。〔1〕对此，Abinger C.B.法官在判决中解释说："按照正常的理解，我们应该考虑的是，什么样的实质性事实被谁提出来了。和有关争议的表现形式相比，实质性的影响更值得考虑。在很多情况下，当事人只要在其主张或答辩中作稍微不同的表述，就可以根据其意愿让一个主张或答辩在形式上表现为肯定或否定。原告在本案中说的是，'你没有维修'，但他也可以说，'是你让这个房子荒废了'，从本案的实质性争议出发，我认为本案（证明责任）应当始于原告。"〔2〕另外，在Abrath v. North Eastern Railway Co.一案〔3〕中，审理该案的Browen L.J.法官则更为

〔1〕 See Steve Uglow, *Evidence:Text& Materials* 2th, Sweet & Maxwell, 2006, p.95.

〔2〕 原文：Looking at these things according to common sense, we should consider what is the substantive fact to be made out, and on whom it lies to make it out. It is not so much the form of the issue which ought to be considered, as the substance and effect of it. In many cases, a party, by a little difference in the drawing of his pleadings, might make it either affirmative or negative, as he pleased. The plaintiff here says, "You did not repair"; he might have said, 'You let the house become dilapidated'. I shall endeavour by my own view to arrive at the substance of the issue, and I think in the present case that the plaintiff's counsel should begin. See Soward v Leggatt, Esq. Assizes 173 E.R. 269at 615。

〔3〕 Abrath v. North Eastern Railway Co (1883) 11 Q.B.D. 440.

明确地指出，当原告对被告提起诉讼，主张被告有恶意诉讼行为时，原告应当向法官证明被告是在缺乏正当理由的情况下发动诉讼。从某种意义上讲，这是一个涉及否定事实的主张。之前有人说，在涉及否定事实的问题上，证明责任发生移转。但事实并非如此。如果一个否定的主张构成了原告主张的必要组成部分，原告应为此承担证明责任。〔1〕

除了对“什么是消极事实”的问题予以灵活把握外，普通法法官通常还会结合具体案情来决定谁要对什么样的主张承担证明责任。在BHP Billiton Petroleum Ltd v. DalmineSpA一案〔2〕中，原告BHP Billiton Petroleum公司购买被告DalmineSpA公司制造的钢管用于铺设海底天然气管道。在运营过程中管道发生开裂。原告发现，被告在制造和供应过程中对钢管的碳当量出示了虚假的报告。被告对出示虚假的质量报告没有异议，但上诉认为，原告应当对“如果不是钢管的质量不合格，输气管道就不会开裂”承担证明责任。上诉法庭在判决中指出：“倘若按照上诉人的主张，当原告主张被告造成其损失的时候，就意味着原告同时主张，除了被告的原因外没有其他的原因造成原告损失；那么只要被告辩称，原告的损

---

〔1〕 原文：Now in an action for malicious prosecution the plaintiff has the burden throughout of establishing that the circumstances of the prosecution were such that a judge can see no reasonable or probable cause for instituting it. In one sense that is the assertion of a negative, and we have been pressed with the proposition that when a negative is to be made out the onus of proof shifts. That is not so. If the assertion of a negative is an essential part of the plaintiff's case, the proof of the assertion still rests upon the plaintiff. The terms “negative” and “ affirmative” are after all relative and not absolute. In dealing with a question of negligence, that term may be considered either as negative or affirmative according to the definition adopted in measuring the duty which is neglected. Wherever. a .person asserts affirmatively as part of his case that a certain state of facts is present or is absent, or that a particular thing is insufficient for a particular purpose, that is an averment which he is bound to prove positively. It ,has been said that an .exception exists in those cases where the facts lie peculiarly within the knowledge of the opposite party. The counsel for the plaintiff have not gone the length of contending that in all those cases the onus shifts, and that the person within whose knowledge the truth peculiarly lies is bound to prove or disprove the matter in dispute. I think a proposition of that kind cannot be maintained, and that the exceptions supposed to be found amongst cases relating to the game laws may be explained on special grounds. See Abrath v North Eastern Railway Co (1883) 11 Q.B.D. 440 at 457–458。

〔2〕 BHP Billiton Petroleum Ltd v. DalmineSpA [2003] EWCA Civ 170.

害可能是其他原因造成的或者该损害无论如何都会发生的话，被告就可以把本来由其承担的反驳消极事实（该消极事实本来是原告为了证明因果关系而主张的正面事实）的证明责任踢回给原告。但是，被告的这种观点是不现实的。对于证明责任而言，当事人的主张是一个更加准确的指南。但是，主张也并非决定性的。因为，当事人不应当仅仅因为其提出一个可以通过否认来反驳的请求就承担了法律并未要求其承担的证明责任，也不能通过不充分的主张来免除其所应承担的证明责任。"〔1〕

通过上述判例可以看出，即便是作为一般规则的"主张者必须证明"在普通法中也绝非僵化的教条或必须死守的法律原则，其更多是起到一种类似钟摆或重心的作用，而这就已经足够了。毕竟对于普通法来说，就像霍姆斯（Holmes）大法官所说的，"法律实际只是对在给定事实条件下法官将如何行为的预测，因为法官并不因为有这些规则就一定要做什么事"。〔2〕而且，经过长期的司法实践，以一般规则为基础，普通法在许多部门法领域都形成了更为具体化的证明责任分配规则。除了上文提到的侵权、合同、诽谤案件的适用规则外，一些在特定领域形成普遍共识的规则也可以被视为一般规则的具体表现形式，例如：（1）因果关系（causation），提出主张的人要证明损失的原因；（2）减轻损失（mitigation），被告要承担原告没有减轻损失的证明责任；（3）虚假诉讼（malicious prosecution），原告不仅要证明被告的起诉不成功，还要证明被告缺乏合理和可能的原因（the absence of reasonable and probable cause）。〔3〕这些在更加具体的领域

〔1〕 原文：the pleadings are likely to be a more accurate guide to where the burden lies. It is true that they cannot be definitive, for a party does not, we think, take upon himself a burden which the law does not impose on him merely by volunteering a pleading which he could properly have covered by a mere denial; nor will a claimant free himself from a burden of proof which rests on him merely by pleading his case inadequately. However, in most cases the pleadings are likely to be a good guide, and a fortiori where, as here, no one has been able to complain that the pleadings have fallen below the mark. See BHP Billiton Petroleum Ltd. v. DalmineSpA [2003] EWCA Civ 170 at 27–28。

〔2〕 ［美］波斯纳：《法理学问题》，苏力译，中国政法大学出版社2002年版，第60页。

〔3〕 The Common Law Library, *Phipson on Evidence* 18th, Sweet & Maxwell, 2013, p.164.

达成共识的规则和“主张者必须证明”一同构成了普通法中相对稳定的证明责任分配规则体系，实际上发挥了类似规范说之于大陆法系的通说作用，为社会提供了相对稳定的法律预期和基本的裁判准则。除此之外，普通法还把根据具体情况分配证明责任的权力交由法官行使，形成了自己独特的证明责任分配制度。

（二）普通法证明责任分配过程中的政策考量

对于普通法来说，判例是其主要的法律渊源。普通法法官在长期的司法实践中，通过判例积累极大地丰富了普通法的证明责任理论和实践。正如罗斯科·庞德所说，“普通法是一种致力于经验的理性”。〔1〕与大陆法系相比，普通法法官在证明责任分配过程中注重情境分析，习惯于从个案的具体情况出发引申出该类问题的证明责任分配规则。“研究普通法，仅看其法理而不知其判例，的确让人有一种雾里看花的感觉。”〔2〕为了深入了解证明责任问题在普通法中的解决之道，笔者选择普通法不同版本的证据法教材中重复引用率最高的典型案件进行分析，力求能够更加全面地展示普通法法官在证明责任分配过程中的裁判思路和方法。

案例1：Joseph Constantine Steamship Line v. Imperial Smelting Corporation案

Joseph Constantine公司是一家船公司。Imperial Smelting公司和Joseph Constantine公司签订了关于后者为前者运送货物的合同，但由于在装货前承运的船只突然发生锅炉爆炸，致使合同无法继续履行。该案中，锅炉爆炸的原因无法查清。Imperial Smelting公司作为原告提起赔偿之诉，并主张合同是基于Joseph Constantine公司的过错无法履行。Joseph

---

〔1〕［美］罗斯科·庞德：《普通法的精神》，唐前宏、廖湘文、高雪原译，法律出版社2001年版，第129页。

〔2〕陈刚：《证明责任法研究》，中国人民大学出版社2000年版，第219页。

Constantine公司提出抗辩认为，合同是基于"履约受挫"（frustration）——即合同履行过程中，非因缔约双方的故意或过失所造成的合同目的无法实现、无法履行，因此其无须承担责任。英国上议院判决认为，在Joseph Constantine船公司已经证实爆炸导致合同目的无法实现的情况下，无须进一步证明自己在爆炸中不存在疏忽和过错，因而本案关于履约受挫的抗辩成立。〔1〕对于该判决结果，普通法学界也存在不同版本的解读。

第一种解读认为，按照一般规则，证明责任由提出具体主张的一方，或者说由主张积极事实的一方承担。这种解读的依据是前文所述的Maugham法官在判决中阐述的观点，即作为原告的Imperial Smelting公司应当对自己主张的被告Imperial Smelting公司存在过错，并导致合法无法履行承担证明责任。原告无法证明其主张的过错，故而应当驳回原告的诉讼请求。〔2〕

第二种解读认为，在表面事实较为明显的情况下，证明责任由反驳该事实的一方承担。如学者认为，尽管在一般情况下，如果被告主张合同基于履约受挫而终止，被告需要对导致履约受挫的事件，如因雷击导致标的物损毁，承担相应的证明责任。但是，就该案而言，因为履约受挫的事件明显已经发生，所以如果原告坚持主张被告对此具有过错的话，应当由原告来证明。〔3〕这种解读方式和大陆法系所说的表见证明理论有很大程度的相似性。

第三种解读认为，证明的难易程度是影响证明责任分配的重要因素。如参与本案审理的Viscount Simon L.C.法官便指出，在船上有相当数量的船员，且爆炸的确切原因不明的情况下，船公司很难去证明自己没有过

〔1〕 Joseph Constantine Steamship Line v. Imperial Smelting Corporation [1942]A.C.154 (HL).

〔2〕 See Joseph Constantine Steamship Line v. Imperial Smelting Corporation [1942] A.C. 154. at 174.

〔3〕 See Gregory Durston, *Evidence Text & Materials*, Oxford University Press, 2008, p.115.

失。[1]有学者也赞同从“证明没有过失比证明存在过失要困难得多”来理解上述判决，但其同时也指出，不能僵化地理解这个规则。[2]

第四种解读认为，避免大量增加诉讼的风险也是证明责任政策考量的重要方面。如有学者所说的，在大量的履约受挫案件中，双方当事人均没有可归责的过错，但让被告证明自己没有过错是一件困难乃至不可能的事情。因此，让原告来承担关于过错的证明责任无疑是正确的。因为原告无法证明被告存在过错并因此承受不公正判决的数量，会明显少于被告因为无法证明自己不存在过错而遭受不公正判决的数量。[3]这种从减少诉讼总量出发而进行的证明责任分配具有很强的司法政策的色彩。

案例2：Levison v. Patent Steam Carpet Cleaning Co.案[4]

该案中，Levison夫妇拥有一块价值900英镑的中国地毯。1972年7月5日，Levison夫人打电话给Patent Steam Carpet Cleaning洗涤公司，请该洗涤公司揽收清洗这块地毯。洗涤公司的司机在揽收时给了Levison先生一张洗涤单据，让其在单据背面的一个空白处签名。该单据的“处理条款及条件”用小字列印了10项条款。Levison先生在未阅读该条款的情况下签了字。根据单据中“处理条款及条件”第2条、第5条规定，地毯的最大价值被限定为40英镑，货物风险由所有人承担，并建议投保。洗涤公司的司机把地毯拿走后，再也没有送回来。1972年9月12日，洗涤公司确认该地毯去向不明。Levison夫妇在郡法院提出索赔诉讼，郡法官根据地毯的价值判决洗涤公司赔偿Levison夫妇900英镑。洗涤公司提出上诉。上诉法院认为，订单中的免责条款排除了洗涤公司的过失责任，但并未排除洗涤公司根本性违约的责任。洗涤公司应当证明，本案地毯丢失是因为过失造

---

〔1〕 See Dennis, *The Law of Evidence* 6th, Sweet & Maxwell, 2015, p.489.

〔2〕 See Adrian Keane & Paul McKeown, *The Modern Law of Evidence* 10th, Oxford University Press, 2014, p.102–103.

〔3〕 See Dennis, *The Law of Evidence* 6th, Sweet & Maxwell, 2015, p.489–490.

〔4〕 Levison v. Patent Steam Carpet Cleaning Co. [1978]Q.B.69, CA.

成的，以及洗涤公司不存在其他构成根本性违约的情况。由于洗涤公司无法证明其不存在根本性违约的情况，上诉法院维持了一审判决。[1]对该案的证明责任分配，普通法学界也存在不同的解读。

第一种解读认为，可以根据哪一方当事人更加容易了解真相来分配证明责任。按照参与审理该案的Denning法官的观点，即便订单中第2条、第5条的条款限制或豁免了洗涤公司的过失责任，洗涤公司仍应对自身的根本性违约行为承担责任。在涉及是否存在根本性违约的问题上，应当由洗涤公司承担证明责任。因为，只有洗涤公司知道或者应当知道案涉的地毯发生了什么事，Levison夫妇对此则一无所知。[2]Denning法官还进一步指出，在一个寄托合同中，保管人要想通过援引责任限制条款来摆脱自己的过错责任，其就应当在自己了解的范围内对保管物损坏或灭失的情况进行说明。保管人必须证明，其对保管物的灭失或损坏不存在过失，或者仅仅存在轻微的过失，即不足以构成根本性违约的过失。但是，如果保管人无法证明或解释保管物灭失或损坏的原因，保管人就必须承担责任，因为，在这种情况下，就不能排除保管物是由于保管人的雇员偷窃、送错地址，或者因重大疏忽而损坏等情形。[3]学者认为，在Levison v. Patent Steam Carpet Cleaning Co.案以及其他涉及保管合同的案件中，法院实际上是根据“接近事实”的政策考量对“谁主张，谁举证”的一般原则作了例外的判决。因为寄托人在移交自己的物品后就无从知晓在该物品身上会发生什么遭遇。[4]

第二种解读认为，可以根据当事人的经济承受能力分配证明责任。有

---

〔1〕 Levison v. Patent Steam Carpet Cleaning Co. [1978] Q.B.69, CA.

〔2〕 Gregory Durston, *Evidence Text & Materials*, Oxford University Press, 2008, p.117.

〔3〕 Ibid.

〔4〕 原文：There are policy reasons for such an approach; most importantly, the bailor has no way of establishing what happened to his goods after he handed them over. See Gregory Durston, *Evidence Text & Materials*, Oxford University Press, 2008, p.115–116。

学者指出，在一个消费类的寄托合同中，让保管人承担其对保管物丢失没有过错或不存在根本违约的证明责任是适当的。因为，作为经营者的保管人比单个的寄托人具有更大的承受损失的能力。[1]

案例3：Selvanayagam v. University of the West Indies案[2]和Geest plc v. Lansiquot案[3]

在Selvanayagam v. University of the West Indies案中，原告在事故中遭受损害，医生建议手术。但由于原告是糖尿病患者，手术存在一定的风险，故原告拒绝医生提出的手术的医疗建议。一审法院支持了原告的请求。但是，特立尼达和多巴哥上诉法院认为，原告应当为自己不合理地拒绝手术承担1/3的责任。枢密院作出终审判决认为，在原告自己拒绝接受治疗的情况下，原告应对该做法在各种情况下的合理性承担证明责任。不过，枢密院根据在案证据认为，原告已经履行了相关的证明责任，因此认定特立尼达和多巴哥上诉法院的改判是错误的。

在Geest plc v. Lansiquot一案中，原告受雇于被告共事的过程中跌倒，导致背部受伤。她向圣卢西亚高等法院提起诉讼，要求被告对其人身伤害作出赔偿。在评估听证会上，原告提供了经宣誓的医学报告书，该医学报告书表明，医生认为背部手术是唯一能缓解原告痛苦和残疾的方法，并告诉原告大多数类似手术是成功的，虽然不能保证治愈。此外，没有关于手术可能会加重原告的病情，或手术的最坏的结果可能是什么的建议。原告称其已决定不接受手术。被告没有提供任何证据，但提出答辩称，由于拒绝接受手术，原告未能合理减轻其因受伤而遭受的损害。一审法官认为，由于原告未能证明其拒绝接受手术是合理的，因此对原告的损害赔偿作了相应的限制。东加勒比上诉法院改判提高了原告可获得的赔偿金

〔1〕 See Dennis, *The Law of Evidence* 6th, Sweet & Maxwell, 2015, p.490.

〔2〕 Selvanayagam v. University of the West Indies [1983] 1 W.L.R. 585.

〔3〕 Geest plc v. Lansiquot [2002] 1 W.L.R. 3111; Geest plc v Lansiquot [2002] UKPC 48.

额，但采纳了一审法官关于原告应就其行为的合理性承担证明责任的观点。[1]被告因此提出上诉。枢密院驳回被告的上诉。但是在判决中，枢密院改变了之前其在Selvanayagam v. University of the West Indies一案中关于证明责任分配的意见。枢密院转而认为，在原告拒绝医疗建议的情况下，被告应当对原告出于非理性原因拒绝医疗建议，并因此导致未能有效减轻损失承担证明责任。为了对这个改判作出说明，枢密院在判决中提到，Selvanayagam v. University of the West Indies一案所适用的“原告应当对拒绝医疗建议的合理性承担证明责任”的规则激起了理论界的直接批评。枢密院还认为，上述规则和上议院在Steele v. Robert George & Co. (1937) Ltd. [1942] AC 497和Richardson v. Redpath Brown & Co. Ltd. [1944] AC 62两案中的判决不一致，也和通行教科书的观点不一致。枢密院引用了*McGregor on Damages*一书中提到的“减轻损失的争议的证明责任应当由被告负担”的观点，并援引该书第191页提供的John Donaldson MR在Sotiros Shipping Inc v. SameietSolholt [1983] 1 Lloyd's Rep 605, 608案中的相关论述，“尽管律师们习惯性地使用‘减轻损失的责任’这样的术语，但实际上原告没有减轻损失的义务。原告享有按照他认为最符合自己利益的方式行事的自由。从另一方面讲，被告没有责任对原告的行为后果承担全部损失的责任。被告只是对因为自身违反义务所造成的损失承担赔偿责任”。[2]枢密院进而认为，鉴于Selvanayagam v. University of the West Indies一案所适用的证明责任规则受到如此多的批评，其在本案中不能再作为一项法律规则予以适用。最后，枢密院以根据现有证据无法证明原告

---

〔1〕 See Geest plc v. Lansiquot [2002] 1 W.L.R. 3111.

〔2〕 原文：A plaintiff is a under no duty to mitigate his loss, despite the habitual use by the lawyers of the phrase "duty to mitigate". He is completely free to act as he judges to be in his best interests. On the other hand, a defendant is not liable for all loss suffered by the plaintiff in consequence of his so acting. A defendant is only liable for such part of the plaintiff's loss as is properly to be regarded as caused by the defendant's breach of duty. See Geest plc v. Lansiquot [2002] UKPC 48 at 13–14。

出于非理性的原因拒绝医疗建议为由，驳回了被告的上诉。[1]

该案的裁决反映了证明责任问题在普通法系也经历了不断探索和反复的发展过程。原告是否应当对自己拒绝接受治疗的合理原因承担证明责任的问题，包含了一定程度的价值选择和价值判断，站在不同价值立场上的人，可能得出不同的结论。从最后的结果来看，英国枢密院接受了理论界的批评，改变了自己在此前判例中所持的观点，实际上也反映了司法机关对主流价值观的接纳和妥协。

除上述普通法教材中的案例外，我国有些学者在研究普通法过程中引用的案例，也能反映普通法法官在证明责任问题上的裁判风格。例如，据我国学者考证，王座法庭在1722年通过对Armory v. Delamirie一案的裁判，里程碑式地确立了“所有的事物应被推定为不利于过错人”（omnia praesumuntur contra spoliatorem 或者all things are presumed against a wrongdoer）的原则。在该案中，原告将其捡到的宝石戒指交给珠宝商人鉴定其价值，珠宝商人摘取了戒指上的宝石，试图仅按戒指本身的价值折价返还给原告，原告予以拒绝并提起诉讼。但临近庭审时，宝石却已不知去向。法官随即指示陪审团，为了确认该案的损害后果，陪审团应当根据镶嵌底座的珍贵程度，按照与之相适应的宝石的最高等级确认该宝石的价值。[2]毕玉谦教授认为，该案的判决对普通法系之后处理类似问题提供了可供遵循的规则，并且与大陆法系为了克服证明责任缺陷而提出的证明妨碍理论具有相同的含义。[3]

从上述典型案例可以看出，大陆法系所具有的主张者责任、证明难易、消极事实说、表见证明以及减少诉讼的政策考量等理论和观点，普通法系的法官在判决中均有相似或相同的思考。甚至这些理论的真正出处

---

〔1〕 Geest plc v. Lansiquot [2002] UKPC 48 at 18.

〔2〕 参见毕玉谦：《民事诉讼证明妨碍研究》，北京大学出版社2010年版，第4–5页。

〔3〕 毕玉谦：《关于创设民事诉讼证明妨碍制度的基本视野》，载《证据科学》2010年第5期。

是否就是源自普通法也难以考证。值得注意的是，在证明责任分配过程中，普通法系的法官不会用一个或几个固定的理论来限制自己的思考范围，而是强调根据具体问题来决定最终的裁判原则。哪怕是在援引一般规则的场合，法官也会根据案件的实际情况进行具体分析，解释其适用的理由。例如，在前述Joseph Constantine Steamship Line v. Imperial Smelting Corporation案中，Maugham法官在提到“主张者必须证明”的一般规则应当予以尊重前，就先分析说，“与船只毁损或者任何履行受挫有关的条款或情况均不会导致让原告承担证明实际上无法证明的事实的责任。该种条款或情况本身不是为了某一方当事人的利益而设。在大多数情况下，合同订立时双方当事人都不曾想过要依赖这样的条款或条件。在这样的背景下，我认为法庭不应该推定当事人想要改变证明责任的一般规则。这是基于人们对公正的普遍认知。合同签订后因为特定原因发生导致其无法履行，此时是否应当授予一方当事人向对方主张其因客观原因无法履行合同的损失呢？法律设定了履约受挫来阻断这种主张。该项法律是否如上诉法院所说的那样，要受制于证明责任的适用条件呢？我认为，这是一种主观和极易引起不公正的见解”。〔1〕通过Maugham法官简短的分析可以看出，其之所以主张在该案中根据“主张者必须证明”的一般规则让原告承担证明责任，并不是因为一般规则具有更高的地位，而是在分析了当事人订立合同的目的、立法意图、证明难易等问题后，得出本案没有偏离一般规则的必要的结论。在普通法判例中，类似Maugham法官这种分析可以说比比皆是，体现了普通法所具有的实用主义的一面。

由于普通法对证明责任分配所持的开放、弹性的态度，对于同类案件的证明责任分配问题，不同法官、学者会从不同角度去解读和分析。有时围绕同一个案例会存在多种解读方式。如在上述Levison v. Patent Steam

〔1〕 Joseph Constantine Steamship Line v. Imperial Smelting Corporation [1942] A.C. 154. at 173–174.

Carpet Cleaning Co.一案中，无论从哪一方当事人更加容易了解真相，即所谓接近真相的角度，还是从保护弱者的角度出发，都能说得通。这种说理上的相互补强可以增加证明裁判的正当性，尤其是当审理同一个案件的法官从不同角度分析得出同样结论的时候，很容易赋予判决更强的说服力。不过，凡事皆有利弊。普通法对待证明责任分配的开放性态度，以及普通法奉行的实用主义哲学有时也会导致不同法官、学者之间存在相互矛盾的意见，给判决带来困扰。例如，在第三组案例中，枢密院在后来的案件中便改变了自己先前对该类案件的证明责任分配的态度。这些问题都是在研究普通法的证明责任问题时不得不重视的。

（三）普通法系制定法中的证明责任条款

普通法虽然以判例法为主要特征，但也有不少成文法律，其中也不乏证明责任分配的条款。例如，根据《1996年雇佣权利法》（*Employment Right Act* 1996）S.98规定，在裁决解雇的目的是否基于公平考虑的时候，雇主必须表明解雇的原因。类似的成文法作为无争议的规则在审判中无疑是要得到优先适用和尊重的。由于在成文规则的理解和适用方面，两大法系并不存在根本的差异，笔者对此不再赘述。

四、普通法证明责任制度的特征

虽然普通法和大陆法系都认可证明责任双重含义说，并把证明责任作为民事诉讼的重要问题予以对待，但基于不同的传统和制度，在面对证明责任要如何分配的问题上，两大法系却产生了分歧。与大陆法系强调证明责任分配必须根据固定的规则进行相比，[1]普通法在将“主张者必须证

---

〔1〕［德］莱奥·罗森贝克：《证明责任论》（第5版），庄敬华译，中国法制出版社2018年版，第121页。

明”作为一般规则的基础上，允许法官运用各种政策考量、利益衡量的方法对证明责任的分配进行综合判断。普通法在证明责任分配的问题上保持了自己鲜明的实用化、程序化、弹性化特征，这是由普通法独特的诉讼制度、思维方式和司法职业制度所决定的。

首先，普通法的证明责任制度与其诉讼制度的特点有关。日本学者在对比两大法系民事诉讼制度的渊源、传统、现状后认为，大陆法系的民事诉讼为规范出发型诉讼，而普通法系的民事诉讼为事实出发型诉讼。〔1〕在规范出发型诉讼中，人们在案件发生后首先要对该案件是否符合法律规定的要件事实进行讨论，并以其受到法律认可的权利或法律关系受到侵害为由请求司法保护，法院的作用是判断当事人主张的权利或法律关系是否存在，以及是否真正受到侵害。而在事实出发型诉讼中，人们提起诉讼的理由是自然法和社会正义受到侵犯，法院的作用是从案件中发现法和正义。〔2〕

普通法诉讼的这一特点与普通法的发展经历有关。普通法源于日耳曼法。早期的日耳曼法大部分为不成文法。〔3〕直到公元前一世纪前后，日耳曼社会还是类似部落联盟的集合，其社会主要受传统的习惯支配，这种习惯法根植于本民族世代相传的关于正义与和平的确信之中。因为祖先相传的缘故，这种法是神圣不可侵犯的法，它不是人们有意识制定的，而是被发现出来的。〔4〕当某个日耳曼人的权利受到侵害时，意味着共同体的和平受到侵害，法官通过了解具体的事实，从中发现恢复和平所应有的法和正义。正是因为一开始并不存在明确的法规定，法要通过诉讼予以发

---

〔1〕 参见[日]中村宗雄、中村英朗：《诉讼法学方法论——中村民事诉讼理论精要》，陈刚、段文波译，中国法制出版社2009年版，第228页。

〔2〕 同上注，第282页。

〔3〕 参见[美]孟罗·斯密：《欧陆法律发达史》，姚梅镇译，中国政法大学出版社1999年版，第72-73页。

〔4〕 参见[日]中村宗雄、中村英朗：《诉讼法学方法论——中村民事诉讼理论精要》，陈刚、段文波译，中国法制出版社2009年版，第279-280页。

现，故而法官只能从事实出发来把握诉讼及裁判。[1]在普通法日后的发展过程中，其虽然也曾受到罗马法的影响，但有别于大陆法系一度蓬勃发展的罗马法复兴运动，普通法在发展过程中没有经历过注释法学的洗礼，故而甚少受到概念法学的束缚，这使普通法反而保留了很多与最初的罗马法相似的地方。在古罗马和英格兰，原告只能够从一位非司法官员（其中，古罗马是执政官，英格兰是大法官）那里获得特殊的权利请求文书（古罗马时代是诉讼程式，英格兰时代则是令状），其权利才能得到司法保护。在两种制度中，权利请求文书的数量都有一定的限制，并都加以登记汇编，古罗马称为《永久性敕令集》（*Edictum pertetum*），英格兰称为《令状登记册》（*Register of Writs*）。[2]相似的诉讼模式，使古罗马和英国的法律实务者更感兴趣的是那些可以归属到不同诉讼或令状的事实，而非精心制定的法典体系。

鉴于此，在何为待证事实的问题上，普通法系与大陆法系就有着完全不同的认知？基于成文法思维，规范说所称的"事实"指的是作为法律规范构成要件的事实。[3]而普通法对"案件事实"的理解就没有像规范说那么严格。按照较为通常的理解，普通法民事诉讼中的"案件事实"，既可以是直接来自实体法规定的事实，也可能是来自双方当事人对案件的陈述，或者当事人的请求。[4]

其次，关于证明责任分配应采用形式标准还是实质标准的问题，普通法系与大陆法系通行的规范说之间存在微妙的差异。规范说沉浸于探究法律条文的逻辑关系及意义的思维方式，侧重于从形式方面实现证明责任

---

〔1〕 参见[日]中村宗雄、中村英朗：《诉讼法学方法论——中村民事诉讼理论精要》，陈刚、段文波译，中国法制出版社2009年版，第279-280页。

〔2〕 参见[德]K.茨威格特、H.克茨：《比较法总论》，潘汉典译，贵州人民出版社1992年版，第341页。

〔3〕 参见[德]莱奥·罗森贝克：《证明责任论》（第5版），庄敬华译，中国法制出版社2018年版，第1页。

〔4〕 See Dennis, *The Law of Evidence* 6th, Sweet & Maxwell, 2017, p.448.

分配规则的统一性和可预见性。至于单个具体案件中的证明责任分配情况是否合理或符合实质正义，则甚少予以考虑，甚至要让位于前者。普通法尽管也把证明责任称为法定负担，但是此处所说的“法”与规范说所说的“法律规范”具有完全不同的意义。如前所述，沿袭了日耳曼法传统的普通法所称的“法”，不仅指现有的法，还包含通行的正义观念，是可以由法官在综合各种因素后予以发现的规则。因此，普通法的证明责任分配更侧重于实质正义的要求，注重在个案中实现证明责任分配的正当性和合理性。

再次，与大陆法系相比，普通法将证明责任更多地嵌入诉讼程序中，并赋予其较多的程序性功能。根据普通法学者和法官的归纳，证明责任的程序性功能主要包括：第一，证明责任的分配结果将决定哪一方当事人享有“优先传唤证据的权利”(call evidence first)，而这种权利将赋予其显著的优势。〔1〕第二，如果当事人向法官提交“没有实质争议的动议”(submission of no case)的时候，法官将要根据证明责任的分配情况进行审查。如果负有证明责任的一方当事人无法提交充分证据证明案件存在实质的事实争议，法官可以接受对方当事人的动议，终止该案的审理，也不会将案件提交陪审团。〔2〕第三，案件上诉后，上诉法院可以根据证明责任规则来审查下级法院有没有对证据的证明力进行正确的评价，以及法官是否就证明责任问题向陪审团作出正确的指引。〔3〕

证明责任之所以在普通法的诉讼程序中具有如此重要的程序性功能，

---

〔1〕 Richard Glover, Murphy On Evidence 14th, Oxford University Press, 2015, p74; Dennis, *The Law of Evidence* 6th, Sweet & Maxwell, 2015, p.448-449.另据我国学者考证，把“优先传唤证据”作为一种权利优势的观念源自日耳曼法。例如，日耳曼法曾经规定，被告应当承担第一举证，因为在日耳曼法中，举证被视为一种权利优势，其理由是，被告在正式的证明活动帮助下可以阐明颠扑不破的真相。参见陈刚：《证明责任法研究》，中国人民大学出版社2000年版，第212-213页。

〔2〕 See Dennis, *The Law of Evidence* 6th, Sweet & Maxwell, 2015, p.449.

〔3〕 See Richard Glover, *Murphy On Evidence* 14th , Oxford University Press, 2015, p.74; Dennis, *The Law of Evidence* 6th , Sweet & Maxwell, 2015, p.449.

与普通法的陪审制传统是分不开的。为了适应陪审团诉讼，普通法通过分段设置程序，一方面进行了繁简分流，另一方面把举证责任、证明责任以及证明标准等要素进行了平面化的展示，使之更易于理解和操作。无论法官、陪审团还是当事人，都可以更加容易地把握不同诉讼阶段的审理重点。证明责任与诉讼程序的密切结合是普通法证明责任的一个显著优势。普通法系虽然没有像大陆法系那样地对证明责任开展大规模的系统性、抽象性的研究，乃至不少判例对证明责任的定义和分配原则的表述还存在模糊甚至不准确之处，但是在诉讼过程中，普通法通过具体的制度安排，将证明责任和举证责任、证明标准等相关制度在民事诉讼程序中依此展开，反而使证明责任问题更加明确化和具体化。

最后，对于法官在证明责任分配过程中的作用，两大法系存在根本性的分歧。以罗森贝克为代表的规范说学派始终认为，证明责任只能经由客观存在的法律来分配，并坚决反对由法官来分配证明责任；与此形成鲜明对照的是，普通法系对于让法官根据具体案情来决定证明责任如何分配几乎没有提出过什么异议和担忧。普通法法官似乎也更乐于在判决中将证明责任分配问题作为一个重要议题进行分析和论证，并阐明自己对于特定案件中证明责任应如何分配的观点。

普通法法官的职业特点是其能够在证明责任问题上长袖善舞的重要原因。梅利曼（John Merryman）说过，“两大法系法官的作用虽在表面上一致，但实际上互异”。〔1〕历史上，普通法法官通过逐案推论，建立了一个庞大的判例法体系，其后的法官只能遵循先例，依据相同的判例审理类似的案件。对普通法系来说，普通法是由法官创造和建立起来的。〔2〕尽管自19世纪以来，制定法的数量日益增多，其地位不断提高，但判例法仍然具

〔1〕［美］约翰·亨利·梅利曼：《大陆法系》（第2版），顾培东、禄正平译，法律出版社2004年版，第37页。

〔2〕同上注。

有重要地位，它不仅是法律的重要渊源，而且制定法本身也要受到判例法解释的制约。[1]普通法法官在普通法形成、发展过程中的重要作用，使普通法法官在具体案件的裁判中可以更加从容地挥洒自如。不过，这一特点也使普通法的证明责任分配带有更多的实用主义色彩。格雷（Gray）曾在其《法律的性质和渊源》一书中直接说道："法律就是法官所宣布的东西；制定法、先例、博学专家的意见、习惯和道德都只是法律的渊源。"[2]虽然上述观点不免过于夸大司法的作用，但在许多普通法学者看来，普通法的法律哲学就是实用主义的哲学。[3]普通法的这一特征使其与严格、刻板的规范说拉开了距离。

尽管普通法的证明责任分配制度有着自己鲜明的特征，但不难发现，倘若从方法论的角度来看，大陆法系在规范说之外不断创造出新的判例和学说，用以弥补规范说不足的现象，与普通法法官在一般规则之外基于利益衡量分配证明责任的做法并无本质的差别，甚至两大法系的法官在脱离各自的一般规则后所采用的证明责任分配方法也存在一定的相似之处。两大法系在证明责任问题上所呈现的共性，以及其中反映的规律是值得进一步研究和思考的。

---

〔1〕 参见沈宗灵：《比较法研究》，北京大学出版社1998年版，第284页。

〔2〕 [美]本杰明·卡多佐：《司法过程的性质》，苏力译，商务印书馆1998年版，第78页。

〔3〕 同上注，第63页。

第四章　我国的证明责任立法和司法实践

虽然笔者对两大法系的证明责任理论和司法实践进行了梳理，但对外国法的研究毕竟受到语言和资料的限制，无法做到全面完整。而且，从法学研究的最终目的来说，借鉴域外经验是为了更好地为本国服务。为此，笔者着重对我国的证明责任立法和司法现状进行了系统和深入的整理和研究，为进一步探索证明责任理论创造更充分的条件。

一、我国的证明责任立法

立法和司法解释是我国各级法院从事民事审判活动的依据。根据立法和司法解释对证明责任问题的规范程度和内容，证明责任在我国先后经历了起步、觉醒和发展三个阶段。

(一)因袭"谁主张，谁举证"的起步阶段

1982年颁布的《民事诉讼法(试行)》第56条第1款规定："当事人对自己提出的主张，有责任提供证据。"这一规定在1991年民事诉讼法第64条第1款中被全文保留下来。此后，历经2007年、2012年、2017年三次修正，上述第64条规定始终没有任何变动。2021年12月24日，第十三届全国人民代表大会常务委员会第三十二次会议通过《全国人民代表大会常务委员会关于修改〈中华人民共和国民事诉讼法〉的决定》，对民事诉讼法作了一定幅度的修改，但上述条款除了因为法律修改导致其条文顺序从第64条第

1款变更为第67条第1款外，内容没有变化。实践中，这一经典立法表述经常被源自罗马法时代的更加脍炙人口的“谁主张，谁举证”所取代，以致人们也自然而然地把“谁主张，谁举证”当作我国民事诉讼的一个基本规则。[1]长期以来，这一集体认知为我国民事诉讼的运作提供了基本保障。然而，1991年《民事诉讼法》第64条规定并没有回答在具体案件中，当事人要对什么样的主张提供证据的问题，尤其是对于互为矛盾的主张，如不当得利纠纷中的获得利益是否具有合法依据，物权纠纷中的取得是否善意，合同纠纷中的行为效力、代理权有无等问题，仅凭该规定其实无法推导出明确的结论。在实际发生的诉讼中，“谁主张，谁举证”反倒容易让人们把“主张者”和“原告”的身份混同起来，造成原告一方经常负担过重的证明责任。[2]这种情况也迫使法学界开始对证明责任的分配问题进行更加深入的思考。基于相近的法律传统，作为大陆法系通说理论的规范说很快进入我国法学界的视野。而最终将规范说正式引入司法实践的任务，实际上是由最高人民法院通过司法解释完成的。

（二）初步接受法律要件分类说的觉醒期

2001年，最高人民法院公布了《民事诉讼证据规定》，其中第2条对1991年《民事诉讼法》第64条第1款规定作了具体的解释，即“当事人对自己提出的诉讼请求所依据的事实或者反驳对方诉讼请求所依据的事实有责任提供证据加以证明。没有证据或者证据不足以证明当事人的事实主张的，由负有举证责任的当事人承担不利后果”。该解释可以视为是对实务中将证明责任过多加之于原告的一种回应和矫正。根据最高人民法院的权威解释，其主要理论依据便是罗森贝克的规范说。[3]因此可以认为，在《民事诉

---

〔1〕 参见胡东海：《“谁主张谁举证”规则的历史变迁与现代运用》，载《法学研究》2017年第3期。陈刚：《证明责任理论中若干误区之反思》，载《中央政法管理干部学院学报》2000年第2期。

〔2〕 参见陈刚：《证明责任理论中若干误区之反思》，载《中央政法管理干部学院学报》2000年第2期。

〔3〕 参见最高人民法院民事审判第一庭：《民事诉讼证据司法解释的理解与适用》，中国法制出版社2002年版，第23-24页。

讼证据规定》第73条第2款“因证据的证明力无法判断导致争议事实难以认定的，人民法院应当依据举证责任分配的规则作出裁判”，以及第7条“在法律没有具体规定，依本规定及其他司法解释无法确定举证责任承担时，人民法院可以根据公平原则和诚实信用原则，综合当事人举证能力等因素确定举证责任的承担”中使用的“举证责任”一词，其实际含义与“证明责任”无异，只不过司法解释还是沿用此前习惯使用的“举证责任”的表述。

但是，仅泛泛地宣告被告也可能在诉讼中负担证明责任显然是不够的。《民事诉讼证据规定》还对侵权、合同、劳动争议等案件的证明责任问题作了更加具体的解释和规定。其中，《民事诉讼证据规定》第5条根据比较成熟的经验规定，“在合同纠纷案件中，主张合同关系成立并生效的一方当事人对合同订立和生效的事实承担举证责任；主张合同关系变更、解除、终止、撤销的一方当事人对引起合同关系变动的事实承担举证责任”。该规定系最高人民法院初步尝试用规范说理论来解决某一类型案件的证明责任分配问题。该规定把合同纠纷的证明责任分为主张合同成立并生效的证明责任，以及主张合同关系变更、解除、终止、撤销等关系变动的证明责任，基本上与规范说所使用的权利产生、权利排除、权利终止的法律规范分类法保持了一致，为规范说在我国司法领域的传播起到了重要的示范性作用。此外，为了解决有些案件可能出现证明责任分配缺乏具体依据的问题，《民事诉讼证据规定》第7条还特别规定“在法律没有具体规定，依本规定及其他司法解释无法确定举证责任承担时，人民法院可以根据公平原则和诚实信用原则，综合当事人举证能力等因素确定举证责任的承担”。该条规定借鉴了普通法法官通过法官造法和根据司法裁量原则分配证明责任的做法，[1]是对《民事诉讼证据规定》借鉴规范说之后的一种补充。

总体来说，《民事诉讼证据规定》对证明责任的规定还是相当原则的，

〔1〕 最高人民法院民事审判第一庭：《民事诉讼证据司法解释的理解与适用》，中国法制出版社2002年版，第63-64页。

并且还有较强的试验色彩，在概念上也没有对证明责任和举证责任进行严格区分。但是，以《民事诉讼证据规定》为标志，我国各级法院开始意识到证明责任问题的存在和意义。

（三）正式接受规范说后的发展期

伴随《民事诉讼法》的新一轮修订，2014年12月18日最高人民法院审判委员会第1636次会议通过了《民诉法司法解释》，并于2015年2月4日起施行。2015年《民诉法司法解释》第一次对证明责任问题作了系统的规定，其重要条款包括第90条、第91条。[1]

2015年《民诉法司法解释》第90条第一次出现了"举证证明责任"的概念，根据最高人民法院业务部门的解释，这一概念正是采纳了证明责任双重含义说的观点。更重要的是，2015年《民诉法司法解释》第91条对《民事诉讼证据规定》中的合同纠纷证明责任分配规则进一步改造，并扩大至几乎所有的民事诉讼案件，由此真正确立了规范说作为我国民事证明责任分配的一般性规则的地位。虽然最高人民法院在2015年《民诉法司法解释》中并未使用规范说的权利产生规范、权利妨碍规范、权利消灭规范、权利排除规范的概念，但是，2015年《民诉法司法解释》第91条所规定的"产生该法律关系的基本事实""法律关系变更、消灭或者权利受到妨害的基本事实"基本上与规范说的法律规范分类相对应。只不过，罗森贝

〔1〕《民诉法司法解释》第90条规定："当事人对自己提出的诉讼请求所依据的事实或者反驳对方诉讼请求所依据的事实，应当提供证据加以证明，但法律另有规定的除外。在作出判决前，当事人未能提供证据或者证据不足以证明其事实主张的，由负有举证证明责任的当事人承担不利的后果。"

第91条规定："人民法院应当依照下列原则确定举证证明责任的承担，但法律另有规定的除外：（一）主张法律关系存在的当事人，应当对产生该法律关系的基本事实承担举证证明责任；（二）主张法律关系变更、消灭或者权利受到妨害的当事人，应当对该法律关系变更、消灭或者权利受到妨害的基本事实承担举证证明责任。"

第108条规定："对负有举证证明责任的当事人提供的证据，人民法院经审查并结合相关事实，确信待证事实的存在具有高度可能性的，应当认定该事实存在。对一方当事人为反驳负有举证证明责任的当事人所主张事实而提供的证据，人民法院经审查并结合相关事实，认为待证事实真伪不明的，应当认定该事实不存在。"

克的规范说采用的是将全部法律规范分为权利产生规范、权利妨碍规范、权利消灭规范、权利排除规范的四分法，当事人分别针对其主张的那一类规范所包含的法律要件事实承担证明责任。而2015年《民诉法司法解释》第91条根据我国的习惯，使用了“法律关系的基本事实”的表述，但最高人民法院也承认，司法解释所说的“法律关系的基本事实”实则与规范说的法律要件事实同义。2015年《民诉法司法解释》关于举证证明责任的规定，经过2020年12月23日最高人民法院审判委员会第1823次会议通过的《最高人民法院关于修改〈最高人民法院关于人民法院民事调解工作若干问题的规定〉等十九件民事诉讼类司法解释的决定》第一次修正，以及2022年3月22日最高人民法院审判委员会第1866次会议通过的《最高人民法院关于修改〈最高人民法院关于适用《中华人民共和国民事诉讼法》的解释〉的决定》第二次修正，保持了连贯性和稳定性。但值得一提的是，2015年《民诉法司法解释》并没有继续沿用《民事诉讼证据规定》第7条关于法院可以根据抽象的公平、诚信等原则分配举证证明责任的规定。而且，2019年重新修订的《民事诉讼证据规定》，也将第7条予以删除。上述细节的变化表明，最高人民法院对依照规范说分配证明责任寄予了更高的期望，对法官依照自由裁量分配证明责任则采取了更为保守和谨慎的态度。以2015年《民诉法司法解释》的实施为标志，我国的证明责任制度进入了一个新的发展阶段。

除以上标志性的司法解释外，在《民法典》以及之前的民事法律及相关司法解释中也有不少关于证明责任分配的具体规定。对这些特别规定，笔者将结合实证案例进行具体分析，此处不赘述。

二、证明责任案例研究的样本范围和总体情况

尽管证明责任问题与审判实务密切相关，但由于证明责任所关联的事实真伪不明问题往往容易牵扯到对法官的工作态度、工作方法、工作能力

的评价等敏感话题，使许多法官出于顾虑，在裁判文书中尽量回避“事实真伪不明”的表述。同时，由于习惯问题，许多法官在裁判文书中不加区别地交替使用“举证责任”和“证明责任”的概念。上述情况给从事证明责任研究的人员带来很大的困扰，导致我国对证明责任的研究长期停留在纯理论演绎或个案分析层面，难以真正深入审判实践，这种局面对证明责任理论的发展是不利的。为此，笔者通过公开的案例平台，对我国法院近年来公布的涉及证明责任裁判的文书进行了一次较大范围的采样调查，主要目标在于：一则确认法官在审判实务中是否真的会遭遇事实真伪不明的问题，以及该问题对于司法裁判的影响；二则通过实证案例分析，调查包括规范说在内的各种证明责任理论在审判实务中的运用情况；三则通过大量的样本分析，尝试寻找证明责任裁判的共性和规律。

（一）案例平台的选择

自2013年7月1日最高人民法院正式开通“中国裁判文书网”后，该网作为我国最权威和全面的司法文书公开平台，已经成为检索和研究我国司法案例的重要工具。加之近年来，国内出现了一些新型的案例检索平台。这些平台通过“中国裁判文书网”和其他公开渠道收集法院发布的裁判文书，并加入更加全面的案例检索、分类以及数据保存等功能，为案例研究工作提供了更为实用化的平台。笔者选择“无讼案例”作为本书样本研究的平台。该平台收录的裁判文书主要源于“中国裁判文书网”和部分高级法院的公开网站，除少数早期的裁判文书外，其收录的绝大部分裁判文书均能通过“中国裁判文书网”进行验证，且更新较为及时，能够满足样本可靠性和完整性的要求。

（二）案例样本的确定

我国大批量的裁判文书上网始于2013年“中国裁判文书网”开通，此前只有少数法院通过公开网站发布少量该院的裁判文书。“无讼案例”也收集了部分法院在“中国裁判文书网”开通之前公布的裁判文书。从检索结果来看，在没有设置开始年份的情况下，能够从“无讼案例”检索到的符合笔者研究需要的裁判文书最早为2008年，且一直到2013年前，该平台每年收集的文书数量均不多。因此，笔者没有为收集案例设定起始日期。在样本的截止时间上，本书设定为2021年3月31日。如果把“中国裁判文书网”刚开通时候的过渡期，以及生效文书上网的滞后期考虑在内，该样本库可以较为完整地涵盖2014年至2020年七个年度的数据。尤其2015年是新《民诉法司法解释》正式实施的年份，该样本库还可以反映，2015年《民诉法司法解释》实施前后，我国法院证明责任裁判的变化情况。

确定样本筛选范围后，笔者通过多组关键字对“无讼案例”平台截至2021年3月31日的案例进行了检索，分别得到如下结果：第一步，以法院裁判理由中包含“证明责任”作为条件对“无讼案例”收录的全部民事案件进行搜索，共搜索到548,758个案例。第二步，以法院裁判理由中包含“举证证明责任”为条件，对前述搜索结果进一步搜索，共搜索到案例505,068篇。第三步，以法院裁判理由中包含“举证证明责任分配”为条件，共搜索到案例621篇。第四步，考虑第三步检索得到的案例数量偏少，且有些法官可能更加惯常使用2015年《民诉法司法解释》颁布前被广为使用的“证明责任”的概念，因此再次以法院观点中包含“证明责任分配”作为条件进行搜索，共搜索到案例2026篇。

上述搜索结果说明，在我国审判实务中，“证明责任”和“举证证明责任”的概念均有被使用。从数量上来看，尽管在裁判理由中包含“证明责任”用语的案件数量与包含“举证证明责任”用语的案件数量的比值为1.08∶1，但使用“证明责任分配”作为条件检索出的案件数量却要明显大于使用“举证证明责任分配”进行检索得到的案件数量，二者比值达到3.26∶1。这一现象说明，在2015年《民诉法司法解释》公布之前，已有部分法官对证明责任的理论有所了解并将之运用于司法判决，即便在2015年《民诉法司法解释》公布后，仍有不少法官坚持沿用理论界通行已久的证明责任概念。

通过对每一步的检索结果进行抽样检查还发现，有大量裁判文书中出现“证明责任”或“举证证明责任”的用语，仅是因为法官习惯性地将“证明责任”和“举证责任”的表述混用。同时，在2015年《民诉法司法解释》施行后，许多出现“举证证明责任”用语的裁判文书只是宣告式地引用了该司法解释第90条、第91条的条文，其中并无关于证明责任如何分配的具体分析。还有一部分裁判文书，尤其是在大量的发回重审裁定中，只有诸如“重审中，应对相关事实进一步查明，结合举证证明责任分配，依法裁判为宜”的提示，没有具体的说理。此类样本的研究意义不大，应属无效样本。

由于第一步和第二步的检索结果中包含无效样本的数量过于庞大，依其检索结果建立样本库显然不符合笔者研究的要求。第三步和第四步的检索结果同样也存在前述问题，但是由于在检索词“证明责任”和“举证证明责任”之后加入了“分配”两字，在很大程度上减少了无效样本的数量，显然比通过第一步和第二步检索得到的案例作为研究对象更为适合。从绝对数量来说，第四步检索得到的样本显然比第三步有更广泛的覆盖面。而且，通过抽样检查还发现，使用“证明责任分配”用语的法官通常也是更早接触证明责任理论的法官，其文书中关于证明责任分配的说理也更为详尽。综合以上原因，笔者把通过第四步检索建立的样本库作为研究的对象。

必须说明的是，从第一步到第四步的检索过程，都会遗漏掉一部分实际上有包含证明责任分配说理的裁判文书。因为，有的法官即便进行了证明责任分配和说理，但其在文书中完全没有用到“证明责任”或“举证证明责任”的表述，因而会出现漏检的情况。例如，同样在“无讼案例”中搜索到的汕头市澄海区人民医院与邓某康医疗损害责任纠纷再审审查与审判监督民事裁定书中，说理部分是这样表述的：

> 本案诉讼过程中，法院先后二次委托鉴定机构进行司法鉴定……两次鉴定都终止退回，本案无法通过鉴定查明损害造成原因系澄海区医院

提供的送检材料不全或无法确认完整性所致。且澄海区医院亦未能提交唐某芝分娩过程中出现异常情况是由于产妇的自身特殊体质所引起的充分证据，故在其自认因设备原因未能保存唐某芝入院后产前超声检查电子图像记录资料的情况下，应承担本案医疗损害责任无法鉴定的不利后果。二审法院据此推定澄海区医院应承担全部过错责任并无不当。〔1〕

在上述案件中，因医院无法提供完整病历，导致无法进行医疗责任鉴定，故本案实际上存在部分事实不明的情况。法院最后判决医院承担全部过错责任，其中也有基于证明责任分配的考虑。但是，该文书在说理部分自始至终没有出现"证明责任"或"举证证明责任"的用语，故而很难通过常规的方式检索到。在案例研究过程中，这种情况在所难免，但只要样本的数量足够多，能够有效地涵盖同类案件，就可以尽量避免这种误差对研究结果产生过多的影响。

通过第四步检索得到的案例有2026件，经过筛选，剔除无效样本后，剩下有效样本1100个。对1100个有效样本进行分析后发现，根据法官使用"证明责任分配"用语的不同情况，该部分案例还可以进一步分为以下几类：

第一类，法官在判决理由中明确宣告事实真伪不明，并按照证明责任分配结果作出裁判的案件。通过此类样本，可以对审判中造成事实真伪不明的原因、法官作出证明责任裁判的依据等问题进行研究。此类样本共有39个，占比3.55%。

第二类，法官在判决理由中虽然没有明确作出事实真伪不明的认定，但通过诸如"过错和因果关系要件在本案中无法认定""证据证明力未达到高度盖然性证明标准""本案依法应当根据举证证明责任分配规则判决"等包含事实无法认定评价的用语，表明该案应根据证明责任裁判的案件。该

〔1〕 广东省高级人民法院民事判决书，(2018)粤民申727号。根据我国案号编写规范，"2018"表示立案年份，"粤"是省级行政区划的简称，"民申"表示案件的审理程序，"727号"表示案件在立案年度的编号，除特别说明，本章引用的案例均源自"中国裁判文书网"。

类样本基本上具有第一类样本相等的研究价值，其数量有95个，占比8.64%。

第三类，虽然法官最终对案件事实作出认定，但在说理过程中也对证明责任的分配问题进行了较为具体的阐述，能够反映法官分配证明责任的理由和方法的案件。该类样本数量最多，达到698件，占比63.45%。该类样本说明，证明责任问题并不仅出现在事实真伪不明的案件中。在普通的民事诉讼案件中，证明责任对指引法院和双方当事人进行诉讼同样有重要价值。

第四类，法官在说理过程中虽然也使用了“证明责任分配”“举证证明责任分配”的用语，但法官实际上是从举证责任，或者说提供证据责任的角度使用这一概念。此类案件有210件，占比19.09%。例如，在北京鸿浩天元新技术开发有限公司、青岛鲁建冷暖设备工程有限公司不当得利纠纷一案中，再审判决书是这样分析的：

> 天元公司按照鲁建公司指示送货给烟台港动力公司的业务发生在前两次书面合同之间，按照交易习惯，天元公司与鲁建公司就该笔交易也应当签订书面合同……在鲁建公司未提交任何证据证明已经形成口头合同或者事实上合同的情况下，原判决认为天元公司的供货行为与双方合同约定的交易惯例一致，故而形成事实上的买卖合同关系，属于举证证明责任分配不当，导致认定事实错误。〔1〕

从该案的裁判理由来看，负责再审的最高人民法院根据交易习惯认定，如果天元公司和鲁建公司就案涉交易存在买卖合同关系，双方应当有书面合同，进而认为，应当由鲁建公司进一步提交证据证明双方订立合同；由于鲁建公司未能提交证据证明双方订立合同，应当承担举证不利的后果。因此，该判决书中所说的“举证证明责任分配不当”主要指的是，原审法院在鲁建公司主张合同成立的证据不足的情况下，错误地认定鲁建公司

〔1〕　最高人民法院民事判决书，(2017)最高法民再42号。

主张成立。据此，再审判决中“举证证明责任分配不当”的实际含义应为提供证据的责任，或者说举证责任。虽然，即使原审法院认为，案涉买卖合同是否成立的事实真伪不明，根据合同纠纷的证明责任分配规则，也是应当由主张合同成立的鲁建公司承担证明责任，故其裁判结果和该案判决并无二致。但在该案中，再审法院显然更多地是从举证责任的意义上去使用举证证明责任的概念。

第五类，法官在文书中仅对证明责任分配问题进行了提示，没有针对证明责任的分配问题进行具体分析。该类样本有58件，占比5.27%。例如，在叶某与周某明民间借贷纠纷案中，二审民事判决书是这样分析的：

> 本院认为，在民事诉讼中，当事人双方对各自主张在行为意义上均负有举证义务。人民法院审判组织依照法定程序，全面、客观地审核当事人双方提供的证据，依据法律规定，运用逻辑推理和日常经验法则，对证据有无证明力和证明力大小独立地进行综合性判断，并形成心证结论。只有在无法查明事实、无法根据高度盖然性规则形成对一方当事人有利心证的情况下，才应根据证明责任分配规则，判决负有结果意义上证明责任的一方当事人败诉……[1]

该判决虽然没有包含证明责任应如何分配的内容，但法官在说理中对在何种条件下应当作出证明责任裁判进行了详细的说明，反映出承办法官具有很强的证明责任意识。而且，该判决对证明责任和证明标准的关系进行了细致的阐述，均有较高的参考价值。此外，在许多发回重审的案件中，上级法院往往会在重审裁定中提示下级法院注意证明责任的分配问题。这种提示性用语往往意味着，上级法院认为本案在事实认定方面较为复杂，只有先明确证明责任的分配问题，才能更好地开展后续的审理工作，反映出上级法院对证明责任问题的重视。

---

〔1〕　苏州市中级人民法院民事判决书，(2015)苏中民终字第02379号。

虽然第四类、第五类样本对证明责任问题也有一定的研究价值，但显然法官对于证明责任裁判的说理更多集中在第一类至第三类样本中。因此，笔者将主要围绕第一类至第三类重点样本展开。

（三）重点样本的地域、审级、时间分布情况

经过重点筛选后，剩下的第一类至第三类样本的案例数分别为39件、95件、698件，合计832件。这些案例反映了2013年至2021年我国各级法院的证明责任裁判情况，是研究我国证明责任裁判的第一手资料。笔者首先结合数据对重点样本的基本情况进行说明。

1.重点样本的地域分布情况

笔者将重点样本中的案例，根据作出裁判的法院所在的省、自治区、直辖市进行分类统计。同时，对于重点样本中属于最高人民法院裁判的案例，本书也单独进行了统计，并将其与各省、自治区、直辖市的数据一起进行对比。这么做的原因有二：一则最高人民法院的案例样本无法归入任何一个省级区域，但其重要性并不亚于任何一个省级区域的数据，故而有将其列出的必要；二则通过对比最高人民法院和其他省级区域的样本数量，可以进一步考察证明责任问题在我国最高审级机关受到重视的程度。通过对重点样本案例在最高人民法院和各省级区域分布的情况进行排序，可以得出如下分布图（见图4-1）。

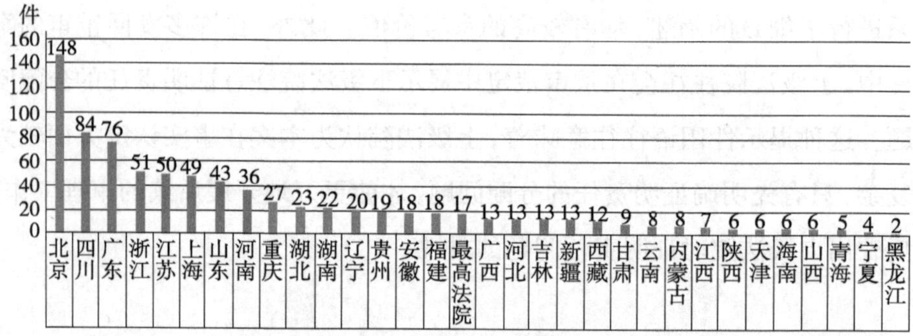

图4-1　证明责任实证案例样本分布

从图4-1的分布情况来看，除最高人民法院外，重点案例分布在我国31个省、自治区、直辖市，说明此次的采样具有足够的覆盖面和广泛的代表性。同时，就样本的绝对数量来说，属于最高人民法院作出裁判的样本数量甚至超过了其中16个省和自治区的样本数量。由此可见，在最高人民法院审理的案件中，证明责任问题也是一个受到重点关注的问题。

2.重点样本在不同审判年度的分布情况

为了分析证明责任在我国司法实践中的普及和发展情况，笔者将重点样本的案例根据裁判年份进行分类和统计，得出下图（见图4-2）。

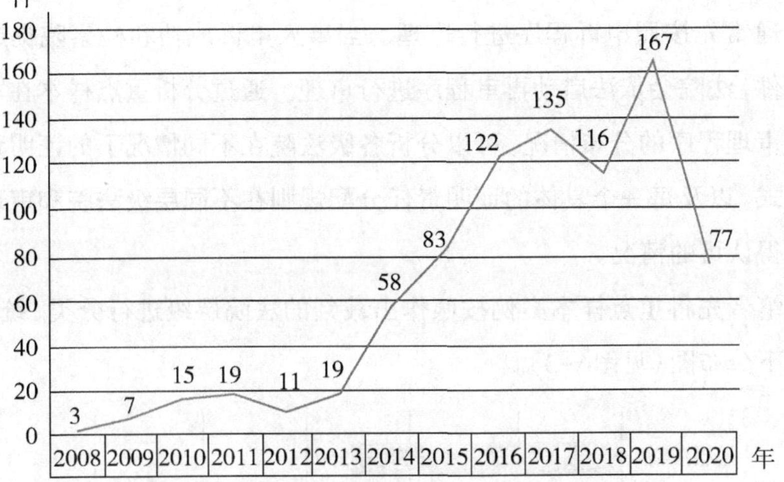

图4-2　证明责任实证案例样本年度分布

“中国裁判文书网”的大规模文书上网在2013年7月以后，在此之前，“无讼案例”能够收集到的只有部分法院自行公开的少量文书，不能完全反映当时的情况。但上述数据说明，在2015年《民诉法司法解释》实施前，部分法官已经认识到证明责任问题，并在裁判文书中对证明责任分配问题进行了分析。2013年以后的数据，尤其是2016年至2019年的数据表明，随着2015年《民诉法司法解释》的实施，各级法院的证明责任裁判意识得到显著增强。

3.重点样本的审级和审理程序分布情况

我国民事诉讼采用四级两审终审制，四级法院从上到下依次为最高人民法院，各省、自治区、直辖市高级人民法院，在省级区划内设置的中级人民法院以及知识产权法院、海事法院等专门人民法院，在县或市辖区内设置的基层人民法院。除了最高人民法院直接受理的一审民事诉讼外，当事人对其他层级法院受理的一审案件不服，均可以向上一级法院提起上诉。第二审法院作出的裁判具有终审效力。此外，作为补救措施，对于已经生效的裁判，当事人可以向原审法院或者原审法院的上级法院申请再审，如检察院认为生效裁判确有错误也可以提出抗诉。当事人申请再审的案件，法院通常先按照申诉程序进行审理。当事人申诉成功和检察院提起抗诉的案件，法院会依法启动再审程序进行审理。通过分析重点样本在不同审级和审理程序的分布情况，可以分析各级法院在不同情况下的证明责任裁判方式，以及每一个具体的证明责任分配规则在不同层级法院和审理程序中获得认可的情况。

笔者先将重点样本案例按照作出裁判的法院层级进行分类、统计，得出如下分布图（见图4-3）。

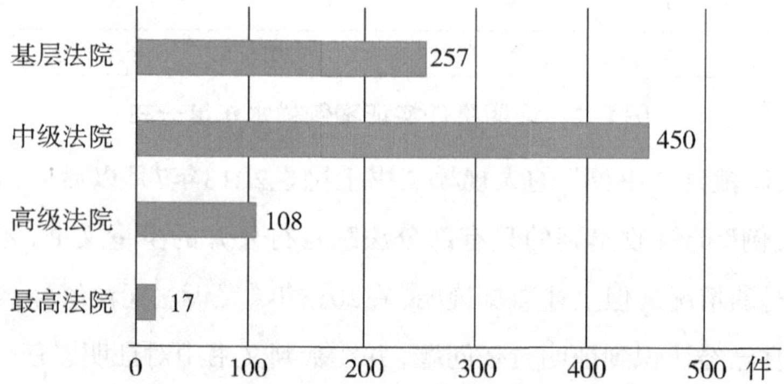

图4-3　证明责任实证案例样本审级分布

从图4-3情况看，重点案例覆盖了各个层级的法院。值得注意的是，虽然基层法院的收案数通常占全国法院收案数的90%以上，但样本中属于中级法院审理的案件数量却是最多的，而分布在高级法院和最高法院层级的样本数量相对于该层级法院的收案数也相对较高。以上数据结合我国民事诉讼实行两审终审制的特点可以说明，涉及证明责任分配问题的案件往往更容易引发上诉，而且层级相对较高的法院对证明责任分配问题也会更加敏感。

接下来，笔者根据重点样本案例所对应的审理程序进行分类、统计，得出如下分布图（见图4-4）。

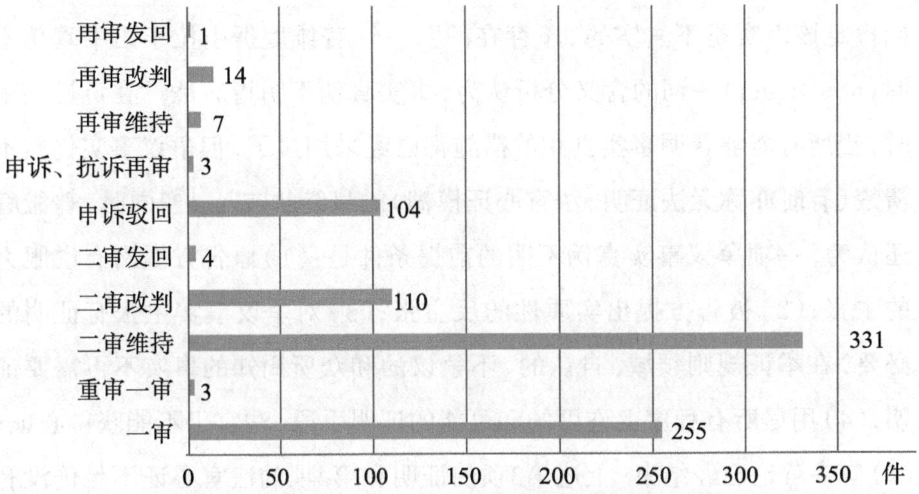

图4-4　证明责任实证案例样本审理程序分布

图4-4表明，证明责任问题在二审以及二审以上审理程序中受到关注的程度要显著高于一审。同时，该分布图中，二审以上程序的数量明显占据更高的比重，其中还有相当一部分案件进入了申诉程序。由此说明，涉及证明责任分配问题的案件在诉讼中的对抗性较强。而且，如果从二审程序来看，二审发回、改判的案件数量占全部二审案件数量的比例高达25.61%；从再审结果来看，再审发回、改判的案件数量占到全部进入再审案件数量的65.21%。该现象进一步表明，证明责任分配问题在不同审级的法院之间也存在较大争议。因此，法官在证明责任裁判问题上所面临的风险总体上也是比较高的。

三、重点样本中的事实真伪不明现象

证明责任的前提是诉讼中存在“事实真伪不明”的现象。但直到如今，还有部分学者认为事实真伪不明是一个伪命题。〔1〕不过，大多数的学者是认可审判实务中存在事实真伪不明现象的，并且也对这一问题进行了一些研究。李浩教授认为，“所谓真伪不明，是指法官在诉讼中对待证事实的一种认识状态、判断状态，也即心证状态。具体而言，是指法官在作出裁判前既不能肯定该事实是真实的、是确实存在的，同时也不能肯定该事实是不真实的、不存在的”。〔2〕普维庭援引拉丁语中真伪不明(non liquet)一词的含义分析认为，事实真伪不明指的是，“在诉讼结束时，当所有能够释明事实真相的措施都已经采用过了，但争议事实仍然不清楚(有时亦称无法证明、法官心证模糊)的最终状态”。〔3〕同时，普维庭还认为，一项争议事实真伪不明的前提条件是：(1)原告方提出有说服力的主张；(2)被告方提出实质性的反主张；(3)对争议事实主张有证明的必要，在举证规则领域，自认的、不争议的和众所周知的事实不再需要证明；(4)用尽所有程序上许可的和可能的证明手段，法官仍不能获得心证；(5)口头辩论已经结束，上述第3项的证明和第4项的法官心证不足仍没有改变。〔4〕

为了在理论的基础上进一步验证法官在办案过程中是否真的会出现事实真伪不明的情况，笔者在整理案例样本的过程中，特别注意收集法官在裁判文书中有明确宣告事实真伪不明，或者明确表示无法对案件事实是否成立作出认定的案例。通过这些案例，可以对诉讼中的事实真伪不明现

〔1〕 参见胡学军：《为“事实真伪不明”命题辩护》，载《法商研究》2018年第2期。曹志勋：《“真伪不明”在我国民事证明制度中真的存在么？》，载《法学家》2013年第2期。

〔2〕 李浩：《证明责任的概念——实务与理论的背离》，载《当代法学》2017年第5期。

〔3〕 [德]普维庭：《现代证明责任问题》，吴越译，法律出版社2006年版，第21页。

〔4〕 同上注，第22页。

象有更加深刻的认识。

（一）事实真伪不明的类型

在笔者采集的重点样本中，法官在文书中表明事实真伪不明或无法对事实是否成立作出认定的案例有134件，占全部重点样本数的比例为16.11%。在以往的研究中，有的学者曾经提出，真伪不明的原因可大致分为两类情形：一是因主观原因造成的案件事实未能证明；二是因客观原因造成的事实本身的不可解释性，主要是指因某种事实本身的性质及当时科技发展水平与人类认识能力的时代局限性导致事实呈现不可解释性。前者可通过程序上设置归责与制裁机制来促进主体积极行动以使证据信息尽可能呈现，从而最大化对案件事实真相的接近；只有因客观原因造成的真伪不明才真正应当通过证明责任这种风险分配机制来加以解决。〔1〕这种观点有一定的启发性，但是仅从主客观方面对事实真伪不明进行分类，并不足以说明真伪不明现象的复杂性。而且，把证明责任的适用范围局限在因客观原因造成的真伪不明也显得过于狭窄。笔者根据裁判文书对案情的描述，将134个案例中出现事实真伪不明的原因分为以下几种类型：

第一类：真相灭失。在案件事实发生的同时，据以查明事实的线索也同时丢失或中断，导致案件事实无法查明。在日常审判中，比较常见的真相灭失案件有火灾事故引发的赔偿诉讼。在一些火灾事故中，火场中心的温度非常高，导致能够证明起火原因的证据在大火中付之一炬，使事后的责任认定难以进行。例如，在中国太平洋财产保险股份有限公司东莞分公司、东莞市邦泽电子有限公司保险人代位求偿权纠纷一案中，法院经过审查后只能得出“导致起火线路故障的原因不明，无法确定哪一方违约造成

〔1〕 参见胡学军：《证明责任倒置理论批判》，载《法制与社会发展》2013年第1期。

火灾损害”的结论。[1]此外，在某些医疗纠纷案件中，也存在真相丢失的情况。例如，在一起医疗损害案件中，虽然医院的误诊行为延误了患者鼻咽癌的治疗，但由于医院一开始就没有对患者的鼻咽癌进行诊断和分期，所以即便经过鉴定也无法确定患者的鼻咽癌是否会由于误诊行为发生改变，因此也就无法确定具体的损害结果。[2]真相丢失还有一种情况就是，意外事故发生得过于突然，以至于当事人的意识根本来不及反应，形成了一瞬间的记忆空白。如前言关于何家弘教授的太太和自行车骑手发生碰撞的事例就属于此种类型。

第二类：事实还原成本过高。有的案件尽管从表面上看还存在继续举证或调查的可能性，但由于相关的成本明显高过争议的金额，使进一步的调查和举证没有意义和价值，故而法院只能依据有限的事实条件进行裁判。例如，在样本案例中，有的建筑施工合同涉及隐蔽工程的数量、质量纠纷，要想真正查明事实，就要对已完工的项目进行大量破拆，使该种调查缺乏经济上的价值；[3]有的案件要进行鉴定所需花费的成本巨大，超过当事人的承受能力；[4]有的产品质量争议和人身损害争议在通常技术条件下，难以进行有效鉴定。[5]

第三类：调查渠道受限。有一些案件，由于法律关系或者其他因素的特殊性，使与案件有关的主要证据因位于境外，或涉及商业秘密、个人隐

[1] 参见广东省东莞市中级人民法院民事判决书，(2017)粤19民终1838号。

[2] 参见北京市某医院与中国人民解放军空军航空医学研究所附属医院等医疗损害责任纠纷案，北京市第一中级人民法院民事判决书，(2019)京01民终4254号。

[3] 参见肖某珠与肖某川承揽合同纠纷二审案，江西省吉安市中级人民法院民事判决书，(2018)赣08民终795号。

[4] 参见王某竹与山东黄河工程集团有限公司财产损害赔偿纠纷二审案，湖南省张家界市中级人民法院民事判决书，(2017)湘08民终449号。

[5] 参见上海三枪实业有限公司与上海百钧玮贸易有限公司买卖合同纠纷案，上海市第一中级人民法院民事判决书，(2008)沪一中民四(商)终字第1726号；何某利与浙江省中医院医疗损害责任纠纷再审复查与审判监督案，浙江省高级人民法院民事判决书，(2015)浙民申字第2330号；潘某兰与绥宁县中医医院医疗损害责任纠纷案，湖南省邵阳市绥宁县人民法院民事判决书，(2016)湘0527民初792号。

私，或涉及未破获刑事案件等情形，一时无法取得。在这些情形下，进一步调查事实的可能性，要么受到更高的价值取向限制，如保护个人隐私和商业秘密；要么受到更加上位的原则，如国家主权的限制；要么受到其他客观条件的阻却，使法院无法继续调查，只能在真相无法彻底查清的情况下进行裁判。例如，在有些涉及伪造银行卡或者盗刷银行卡交易的纠纷中，当受害人对发卡银行提起民事诉讼时，相关的刑事案件尚未侦破。这时，刷卡人是如何获得真卡的卡号、密码、持卡人姓名等信息，持卡人对此是否也存在过错等情况往往是难以查清的。由于刑事案件能否最终侦破存在不确定性，在这种情况下，民事法官只能根据证明责任作出判决。〔1〕

第四类：证据丢失。在法律事实发生之后，与该法律事实有关的重要证据因为各种原因被人为抛弃或者破坏，导致诉讼中无法对该事实进行查证和判断。在现实生活中，由于当事人对将来可能发生纠纷的警惕性不足，或证据意识薄弱，抑或出于各种动机主动丢弃损毁证据，造成大量人为丢弃、破坏证据的情况。例如，在热水表漏水造成财产损害的案件中，漏水的热水表被拆下来后即被丢弃，导致热水表为何会漏水的原因无法查明；〔2〕在合同案件中，由于关键书证经过涂改后无法辨明涂改人、涂改时间，导致合同事实无法查明；〔3〕在涉及工程款的纠纷中，施工现场被破坏，

〔1〕参见中国工商银行股份有限公司呼和浩特明珠支行与王某信用卡纠纷二审案，内蒙古自治区呼和浩特市中级人民法院民事判决书，(2018)内01民终37号；中国工商银行股份有限公司呼和浩特锡林路南口支行与朱某利信用卡纠纷二审案，内蒙古自治区呼和浩特市中级人民法院民事判决书，(2018)内01民终1219号。

〔2〕参见何某上诉北京市热力集团有限责任公司等恢复原状纠纷案，北京市第一中级人民法院民事判决书，(2014)一中民终字第00288号；蔡某卿与宁波龙康智能仪表有限公司、北京市热力集团有限责任公司财产损害赔偿纠纷案，北京市第一中级人民法院民事判决书，(2016)京0102民初5074号。

〔3〕参见阜宁县利民禾谷合作社与吴某民间借贷纠纷二审案，江苏省盐城市中级人民法院民事判决书，(2017)苏09民终1972号；朱某伟与青岛汇海大宗商品现货交易市场有限公司等期货交易纠纷二审案，北京市高级人民法院民事判决书，(2018)京民终192号；梁某华与欧某英买卖合同纠纷二审案，广东省高级人民法院民事判决书，(2019)粤53民终676号。

导致无法查明原始施工状况或工程量;〔1〕在涉及人身损害的纠纷中,受害人尸体被火化,导致无法查明死亡原因;〔2〕在物品损害赔偿纠纷中,受损的物品被修复,造成原有的损害程度无法查明,〔3〕等等。

需要说明的是,区别证据丢失和真相灭失的意义在于,真相灭失是从事实发生的那一刻起,事实无法查明的局面便随之出现;而在证据灭失的情况下,事实原本并非不可证明,只不过由于各种人为的原因,导致能够证明事实的证据被丢弃或遭到破坏。对于真相灭失的真伪不明来说,通常不存在从主观上可以归责的责任人;而在证据丢失的情况下,通常都可以找到导致证据丢失的责任人。

第五类:隐瞒事实。据以查明事实的主要方法有赖于当事人对事实作出客观准确的描述,但当事人中至少有一方未能对事实作出客观完整的陈述,导致法院无法对事实进行准确认定。典型的例子是前些年在网络上被大量报道的"南京彭宇案"。在该案中,老太太是否被彭宇撞倒并因此受伤,只有双方当事人最清楚,但双方对此各执一词。承办该案的法官根据自己对常理的分析推断出彭宇撞到了老太太,结果在网络上引起了激烈的批评。从该案也可以看出,在客观真相难以真正查明的情况下,如果法官仅依靠自己的推理作出事实判断,有可能比根据证明责任作出裁判的风险更大。在日常审判中,属于隐瞒事实最典型的情况当属不当得利案件。在此类诉讼中,对于某一笔争议款项的付款原因,双方当事人各执一词,往

---

〔1〕 参见孝义市信凯耐火材料有限公司与山西飞宇达机械工程有限公司合同纠纷申请再审案,最高人民法院民事判决书,(2015)民申字第743号;孙某英与姚某理装饰装修合同纠纷二审案,北京市第二中级人民法院民事判决书,(2019)京02民终196号。

〔2〕 参见卢某与四川大学华西第二医院医疗损害责任纠纷二审案,四川省成都市中级人民法院民事判决书,(2016)川01民终10765号。

〔3〕 参见北京润德源商贸有限公司与北京首钢机电有限公司等定作合同纠纷二审案,北京市第一中级人民法院民事判决书,(2016)京01民终3549号;王某华与浙商财产保险股份有限公司丽水中心支公司保险人代位求偿权纠纷二审案,浙江省丽水市中级人民法院民事判决书,(2018)浙11民终1244号;邱某明与重庆德佳林汽车有限公司产品销售者责任纠纷二审案,重庆市第一中级人民法院民事判决书,(2019)渝01民终5172号。

往导致法院无从辨别真伪。[1]

第六类：消极证明。案件进入诉讼后，因为当事人不积极举证，甚至拒绝提供其掌握的证据，或者拒不配合司法鉴定等调查活动，造成关键事实无法查明的情形。例如，在一起物业服务合同纠纷中，物业公司请求判决开发商对业主和物业使用人欠缴的物业费承担连带责任。最高人民法院对申诉进行复查时认为，该案真伪不明的具体情形主要有各业主的缴费时间、应交费面积及交费标准及欠费数额、已交房面积和免除费用面积等，对该部分事实，物业公司应当掌握相关证据，但其并未向法院提供相应证据，故原审法院认定物业公司主张的事实真伪不明并驳回其相应诉求并无不当。[2]此外，在一些涉及专业性问题需要委托鉴定或财务审计的侵权案件、合同纠纷案件中，如果当事人拒绝配合司法鉴定，也会导致损害原因、损害后果无法确定的情况出现。[3]

通过上述研究，可以得出以下阶段性的结论。首先，在审判实务中，待证事实真伪不明是一种客观存在的现象。虽然法官们出于各种顾虑，通常不愿在判决书中对此予以明确承认，导致该方面的案例在样本中的占比不高，但事实真伪不明并非一个主观臆断出来的伪命题，而是真实地存在于民事诉讼中。

其次，有些事实真伪不明的案件可能同时存在两种或两种以上导致事

---

〔1〕 参见廖某某与姚某某不当得利纠纷案，浙江省衢州市中级人民法院民事判决书，(2012)浙衢民终字第150号；黄某胜与王某运不当得利纠纷案，湖北省武汉市江岸区人民法院民事判决书，(2015)鄂江岸民初字第00426号；朱某家、李某虹与黄某菊不当得利纠纷二审案，辽宁省抚顺市中级人民法院民事判决书，(2016)辽04民终1693号；石某与阙某和、张某凡不当得利纠纷案，福建省龙岩市中级人民法院民事判决书，(2017)闽08民初92号。

〔2〕 参见青岛新天物业发展有限责任公司与环宇(青岛)发展有限公司物业服务合同纠纷再审审查与审判监督案，最高人民法院民事判决书，(2017)最高法民申2518号。

〔3〕 参见张某梅与成都市中西医结合医院医疗损害责任纠纷二审案，四川省成都市中级人民法院民事判决书，(2017)川01民终11578号；四川华喆建设工程有限公司与胡某生合伙协议纠纷二审案，四川省成都市中级人民法院民事判决书，(2018)川01民终2793号；刘某军与成都红墙理想酒店管理有限公司违反安全保障义务责任纠纷再审案，四川省高级人民法院民事判决书，(2019)川民申5075号。

实真伪不明的原因。例如，在交通事故案件中，可能同时存在现场监控损坏和当事人互相推诿责任的情况。[1]对于此种情形，笔者在分类过程中侧重于以造成法院无法认定事实的最后原因作为分类依据。假如根据初步调查的情况，双方当事人对事故发生的经过以及现场的情况应当是有所了解的，只不过出于胜诉目的互相推诿责任，那么缺乏监控录像等证据就不是导致无法认定事故责任的最终原因，故而应认定导致事实真伪不明的原因是当事人隐瞒事实。[2]但是，假如一起事故发生得十分突然，双方当事人在突如其来的事故前均处于无意识或暂时失忆的状态，以至于无法回忆起事故发生时的具体情节，且事故现场又没有第三方证据可以帮助还原事实，那么该案就属于真相灭失的情形。[3]

最后，虽然造成事实真伪不明的局面既有人为主观方面的原因，也有客观方面的原因，但二者之间并没有绝对排他的分界线。即便是主观因素介入最浅的真相灭失也不能说就100%地排除了人为意志的因素。但如果从主观因素的介入程进行定量分析，从真相灭失、事实还原成本过高、调查渠道受限、证据丢失、隐瞒事实到消极证明，主观因素对形成事实真伪不明局面的介入程度是不断加深的。

（二）不同类型事实真伪不明的发生概率

通过统计分析还可以发现，不同类型的事实真伪不明出现的频率是不一样的。在134件样本案例中，各种类型的事实真伪不明呈现出如下分布情况（见图4-5）。

---

〔1〕 参见乐某敏、乐某娣等与天安财产保险股份有限公司温岭支公司、谢某夫机动车交通事故责任纠纷案，上海市虹口区人民法院民事判决书，(2012)虹民四(民)初字第292号。

〔2〕 参见沈某与冯某机动车交通事故责任纠纷案，上海市虹口区人民法院民事判决书，(2012)虹民一(民)初字第1550号。

〔3〕 参见杨某高与董某伟、徐某光、孙某采、中国人民财产保险股份有限公司成都市分公司机动车交通事故责任纠纷案，四川省成都市金堂县人民法院民事判决书，(2015)金堂民初字第3176号；徐某光与董某伟、杨某高、中国人民财产保险股份有限公司成都市分公司机动车交通事故责任纠纷案，四川省成都市金堂县人民法院民事判决书，(2015)金堂民初字第3436号。

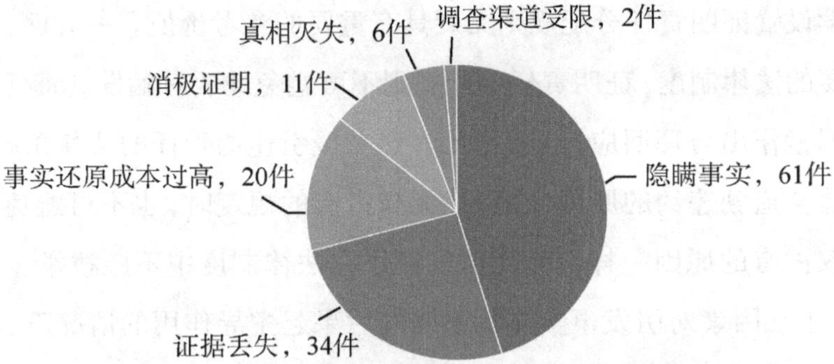

图4-5　证明责任实证案例真伪不明原因分布

图4-5表明，每一种类型的真伪不明在发生的概率上是不尽相同的。倘若把各种类型的真伪不明按照主观因素的介入程度从浅到深依次排列，可以得到如下数据（见表4-1）。

表4-1　证明责任实证案例事实真伪不明原因统计分析

序号	主导原因	事实真伪不明的类型	数量/件	占比/%	
1	客观主导	真相灭失	6	4.48	20.90
2		事实还原成本过高	20	14.93	
3		调查渠道受限	2	1.49	
4	主观主导	证据丢失	34	25.37	79.10
5		隐瞒事实	61	45.52	
6		消极证明	11	8.21	
合计			134		

表4-1中，如果把序号1至3的样本视为客观因素占主导地位的真伪不明，把序号4至6的样本视为主观因素占主导地位的真伪不明，前者在样本中的合计占比为20.90%，后者在样本中的合计占比为79.10%。这表明，在实际的审判过程中，客观因素占主导地位的待证事实真伪不明在全部待证事实真伪不明的案件中大约占比为1/5，而主观因素占主导地位的待证事实真伪不明在全部待证事实真伪不明的案件中占比达4/5。该现象对于如

何科学设置证明责任分配规则无疑具有重要的参考价值。一方面，作为一项重要的法律制度，证明责任分配规则不可避免地要对触发其责任后果的关键因素作出合理回应，这就好比人们在援引违约责任的法律条款时，很自然地会追溯违约的原因，在引述无权占有的规定时，也不可避免地会论及无权占有的原因一样。而类似的例子在法律制度中不胜枚举。另一方面，在主观因素对引发事实真伪不明的后果起主导作用的情况下，科学设置证明责任分配规则可以充分发挥法律的引导功能，最大限度地降低事实真伪不明发生的概率。

（三）案件事实真伪不明案件的裁判特点

通过对134个事实真伪不明的案例样本进行分析发现，涉及的案件类型包括各类侵权纠纷、合同纠纷、劳动争议、不当得利纠纷、分家析产纠纷、法定继承纠纷、期货交易纠纷、土地承包经营权纠纷、追偿权纠纷、知识产权纠纷等43种。由此可见，事实真伪不明的案件并不限于某些特定类型的纠纷，而是有广泛的分布范围。通过对这些样本进行深入研究，可以发现以下几个现象：

第一，相同类型的案件，出现事实真伪不明的原因未必相同。以合同类纠纷为例，在134个样本中，合同纠纷有35件，其中导致事实真伪不明的原因包括：事实还原成本过高、消极证明、隐瞒事实、真相灭失、证据丢失五种。又如侵权纠纷，在134个样本中有42件，其中导致事实真伪不明的原因还是上述五种。至于其他类型的案件，因为样本本身的数量不多，有很多类型的案件只有1个至2个样本，故而没有太多的分析价值。唯一算作例外的是不当得利案件，在全部134个样本中，该类案件有25件，且出现事实真伪不明的原因均为隐瞒事实，这应该是不当得利纠纷的一大特点。

第二，对于相同原因造成的事实真伪不明，法院适用的裁判规则往往大相径庭。以消极证明为例，在此类情况的事实真伪不明案件中，造成事实真伪不明的原因、责任主体都相对明确。即便如此，法院所适用的证明责任分配规则还是存在较大差异的。在11个存在消极证明的案件中，法院采用的证明责任分配规则包括“谁主张，谁举证”、规范说、接近证据、举证能力、不配合法庭调查、公平原则五种。由此可见，当案件缺乏统一的裁判规则或裁判方法的时候，法官往往只能根据自己掌握的案情，经由司法裁量作出裁判。由于不同法官在司法裁量过程中的思考角度、价值观不同，就容易出现不同的裁判理由。

第三，即便案件类型和导致事实真伪不明原因相同的案件，法院的裁判方法也存在一定的差异。以不当得利案件为例，在25个法院宣告事实真伪不明的案件中，造成事实真伪不明的原因均为隐瞒事实，但法院适用的证明责任分配规则包括了“谁主张，谁举证”、规范说、财产变动控制人证明、举证能力四种不同的规则。这一现象说明，即便案件类型和导致待证事实真伪不明的原因相同，只要法官的思维角度无法统一，仍然会出现裁判结果不一致的情况。

四、重点样本中的证明责任裁判规则

在仔细阅读了重点样本的案例后，笔者根据每份裁判文书对证明责任分配的说理和论述，将重点样本的案例分为以下四个类型：一是依“谁主张，谁举证”分配证明责任；二是依规范说分配证明责任；三是依法定规则分配证明责任；四是依法官根据自行拟定的特定规则分配证明责任。除上述四种类型外，在依“谁主张，谁举证”分配证明责任和依规范说分配证明责任的情况下，有的法官还会额外附加一个甚至多个自行拟定特定规则来加强其裁判说理，使证明责任裁判呈现更加复杂的样态。

（一）各类证明责任裁判规则在重点样本中的分布情况

为了更加直观地呈现各类证明责任裁判规则在我国法院的适用情况，笔者将第一类至第三类重点样本中的案例依照适用“谁主张，谁举证”“‘谁主张，谁举证’+特定规则”“规范说”“规范说+特定规则”“法定规则”“特定规则”的情形进行分类、统计，可以得出下图（见图4-6）。

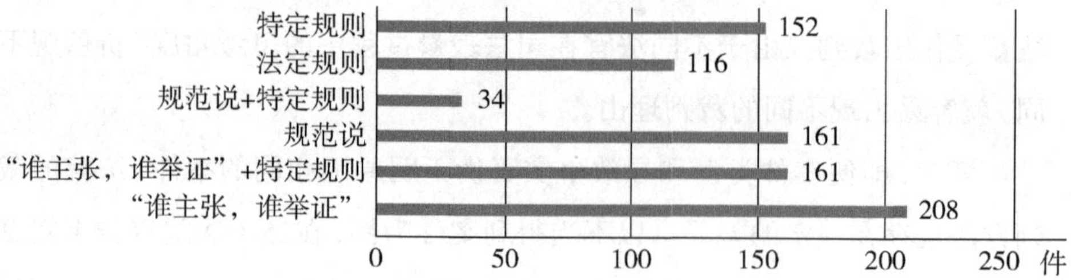

图4-6　证明责任实证案例裁判规则类型分布

图4-6数据反映了以下几个问题：首先，“谁主张，谁举证”在我国司法实践中仍然得到普遍的认可。重点样本中按照“谁主张，谁举证”分配证明责任的案例有208件，在832个样本总数中占比为25%。同时，按“‘谁主张，谁举证’+特定规则”分配证明责任的案例有161件，占样本总数19.35%，二者合计占到样本总数的44.35%。这说明，一方面，即便我国引进了规范说，“谁主张，谁举证”对我国法官审判理念的影响依然没有明显消退；另一方面，法官在实践中已经日益感觉到单纯依照“谁主张，谁举证”并不能完全解决现代民事诉讼中证明责任分配问题，故而经常用附加特定规则的方式来对“谁主张，谁举证”的说理进行补强，以增加裁判的说服力。

其次，规范说虽然已经被我国司法实践所接纳，但总体适用比例仍然不高。在重点样本中，法院单独适用规范说分配证明责任的案例只有161个，占比19.35%。按“规范说+特定规则”分配证明责任的案例有34件，占样本总数的4.08%，二者合计占到样本总数的23.43%。如果考虑该类样本中，有部分法官实际上并未深入研究过规范说，而只是单纯地将《民事诉讼证据规定》和2015年《民诉法司法解释》中有关证明责任分配的一般性规定当作某种“法定规则”来使用的话，真正了解并有意识地按规范说进行裁判的比例应当更低。

最后，必须给予特定规则应有的重视。在重点样本中，法官完全按照自行拟制的特定规则分配证明责任的案例达到152个，如果再加上法官在适用“谁主张，谁举证”和规范说基础上附加适用特定规则的案例，三者合计数量将达到347件，占全部重点样本的比例为41.71%。这一现实情况是必须重视的。

（二）依“谁主张，谁举证”分配证明责任

在重点样本中，适用“谁主张，谁举证”的法院涵盖了包括最高人民法院在内的各级法院。涉及的纠纷类型包括婚姻、继承、侵权、合同、物权、不当得利和知识产权等各类民商事纠纷，足见其适用范围之广和影响之深。同时，我国法官在适用“谁主张，谁举证”的过程中，还存在多种表现形式，具体包括：（1）法官引用《民事诉讼法》第64条第1款“当事人对自己提出的主张，有责任提供证据”的规定作为证明责任分配的依据；（2）法官直接援引“谁主张，谁举证”这一法谚来分配证明责任；（3）法官在没有作其他说明的情况下，直接强调由提出具体主张的一方来承担证明责任；（4）法官混合使用以上三种类型的理由来分配证明责任。对此，笔者将结合具体案例进行说明。

1.以法律规定为依托的“谁主张，谁举证”

自1991年《民事诉讼法》施行以来，尽管经过历次修订，该法第64条第1款的表述始终不变，表现出极高的稳定性。作为民事诉讼法中唯一直接规定“举证责任/证明责任”的条文，第64条第1款规定已经成为许多法院依据“谁主张，谁举证”分配证明责任的依据，经常被各级法院的裁判文

书援用。例如，在林某强与洪某买卖合同纠纷二审民事判决书中，二审法院在判决书中援引《民事诉讼法》第64条进行了如下说理：

本案中，双方当事人自2008年8月14日阶段性结算之日后仍有进行交易，但未就货款进行结算。洪某称其共向林某强购买了价款为176,062.38元的彩盒，并向林某强预付了198,380元货款。林某强对洪某预付的款项总额没有异议，但对于洪某购进彩盒的价款总额有异议，认为洪某尚欠其货款。根据《中华人民共和国民事诉讼法》第六十四条第一款"当事人对自己提出的主张，有责任提供证据"的规定，洪某对于其主张的购进彩盒价款为176,062.38元负有证明责任，但其未能提供证据予以佐证，应承担举证不能的法律后果，本院对其主张的购进彩盒价款总额不予采信，对其提出的林某强返还其多付货款22,317.62元的请求不予支持。林某强称洪某尚欠其货款，但其在本案中并未就此提起反诉，不承担证明购进彩盒价款额的举证责任。〔1〕

在该案中，双方当事人对买方已经支付的款项金额并无异议，只不过，双方对该批货物的总金额应该是多少存在争议。买方认为自己多付了货款，卖方则认为买方的付款还不足。从判决书的描述来看，双方都没有向法庭提供足够的证据证明案涉货物的价款应该是多少。造成这种现象的原因可能是，双方在交易之前没有签订书面合同或者合同对此约定不明，同时双方也没有向法庭提供相同货物的交易价格应该是多少的证据。由于该案是买方提起诉讼，请求卖方退回多收取的货款，二审法院直接引用《民事诉讼法》第64条第1款规定认定，买方作为提出主张的一方，应当承担举证不能的后果。虽然二审法院也认为，卖方并没有对自己声称的买方未足额支付货款的事实提供证据，但并未对此进行深究。从该案证据的角度看，无论买方还是卖方，对于案件的核心事实——货款总额的举证都是

〔1〕 广东省潮州市中级人民法院民事判决书，(2015)潮中法民二终字第26号。

不足的。但由于二审法院认为，买方才是在本案中提出主张的人，所以便根据《民事诉讼法》第64条第1款的规定，判决驳回买方的诉讼请求。按照这一裁判逻辑，倘若本案是卖方提起诉讼要求买方支付剩余货款，其诉讼请求也有可能会被驳回。因为，此时卖方就会因为主动发动诉讼而成为主张者。通过该案可以发现，仅依靠“谁主张，谁举证”来分配证明责任，往往容易让主动发动诉讼的当事人承担更重的证明责任。

2.法院直接引用“谁主张，谁举证”来分配证明责任

自罗马法以来，“谁主张，谁举证”作为一条古老的法谚流传甚广。实践中，《民事诉讼法》第64条第1款规定经常被更加简洁和通俗的“谁主张，谁举证”所代替。同时，该表述也被许多普法宣传读物采用，具有深厚的社会基础，法院在判决中也经常直接引用这一表述。[1]例如，在王某华与浙商财产保险股份有限公司丽水中心支公司保险人代位求偿权纠纷二审民事判决书中，法院是这样说理的：

> 根据谁主张谁举证的证明责任分配规则，当事人对自己的主张有责任提供证据。现上诉人王某军主张本案存在两种可能性，即浙×××××号车辆投保人将以前事故造成的损害混在本次事故中一并要求赔偿，以及其与被上诉人浙商财产保险股份有限公司丽水中心支公司恶意串通损害上诉人合法权益。上诉人应对该主张提供相应证据予以证明。上诉人认为应由被上诉人提供证据证明车辆修理的部位全部系本次事故造成，该观点于法不符，本院不予支持。[2]

在审判实务中，“谁主张，谁举证”和《民事诉讼法》第64条第1款的含义基本相同，在适用方法上也大同小异，都需要法院先把提出主张的人找出来。对此前文第1点已经进行过分析，在此就不再赘述。

---

〔1〕 参见胡东海：《“谁主张谁举证”规则的历史变迁与现代运用》，载《法学研究》2017年第3期。

〔2〕 浙江省丽水市中级人民法院民事判决书，(2018)浙11民终1244号。

3.法院直接强调由提出具体主张的一方承担证明责任

在有的案件中，法院没有援引任何法律、司法解释，也没有引用“谁主张，谁举证”的法谚，而是直接表明，应当由提出某项主张的人对其主张承担证明责任。这种情况可以称为简化式的“谁主张，谁举证”。例如，在郑某华与叶某兰提供劳务者受害责任纠纷案一审民事判决书中，法院是这样论述的：

本院认为，本案的主要争议为原被告之间存有何种法律关系。原告郑某华认为原告受雇于被告，在为其搬运花卉过程中受伤，被告理应承担赔偿责任；被告叶某兰认为原被告之间不存在雇用关系，本次搬运系应顾客要求，受顾客委托代为通知原告运送花卉，该次运送花卉的费用也是由顾客方提供的，故被告无须为原告受伤承担责任。根据庭审查明的事实，无法确定本次运送的报酬具体由谁支付，在不能排除该报酬可能系采购花卉的顾客支付的情况下，不能直接推定该报酬系被告支付。原告主张原被告之间存在雇佣关系，根据证明责任分配的原则，该举证责任应当由原告承担。〔1〕

甚至，有的文书在分配证明责任时，连“主张”的用词都没有，但通过联系上下文可以得出，法官是将证明责任分配给提出具体主张的当事人，这种情况也可称为隐藏式的“谁主张，谁举证”。例如，在王某鸥与天津一汽丰田汽车有限公司产品责任纠纷再审审查与审判监督案民事裁定书中，法官在裁定书中写道：“对申请人提出的举证证明责任问题，本院认为，本案系产品责任纠纷案件，相关法律未规定产品责任的过错要件，但申请人仍需就产品存在缺陷、有损害事实发生、产品缺陷与损害事实之间存在因果关系进行举证，原审法院在本案举证证明责任分配方面并无不当。”〔2〕

在依照“谁主张，谁举证”分配证明责任的案件中，之所以会在裁判

〔1〕浙江省衢州市柯城区人民法院民事判决书，(2012)衢柯民初字第463号。

〔2〕天津市高级人民法院民事判决书，(2019)津民申1016号。

文书中存在简化的和隐藏的说理方式，一方面固然有文书说理过于简单，乃至于说理不足和不充分的情况，但另一方面也反映了，在“谁主张，谁举证”已经被社会普遍接受的情况下，法官亦将其视为当然的裁判规则，以至于认为无须对此多费笔墨。

（三）按规范说分配证明责任

规范说传入我国后，很快就被我国学术界所接纳，[1]有的法官也深受规范说的影响，将其用于案件的裁判。与“谁主张，谁举证”一样，我国法官在运用规范说的过程中也存在不同的方式，具体可分为以下几个类型：一是法官直接把规范说的经典理论作为证明责任分配的依据；二是法官根据采纳了规范说理论的司法解释来分配证明责任；三是法官混合使用以上两种方法来分配证明责任。这些不同的裁判方式反映了不同法官对规范说的理解和接受程度。

需要说明的是，规范说毕竟仍属于抽象的法学理论，要求从事具体民事审判工作的法官在裁判文书中大量引述规范说的经典理论和研究文献并不现实，因而样本中属于第一种类型的案例并不多。但是，2001年《民事诉讼证据规定》第2条、第5条、第7条、第73条第2款规定，以及2015年《民诉法司法解释》第91条关于证明责任分配的一般性规定，均已参考和吸收了规范说的基本原理，法官在裁判过程中如果依据上述两个司法解释的一般性规定对证明责任分配问题进行分析，基本上已经能够体现规范说的要求。而且，客观上也难以从适用上述司法解释的裁判文书中再进一步探究法官对“原版”的规范说理论到底掌握到何种程度。因此，在承认司法解释和规范说理论存在一定区别的前提下，将依据有关司法解释分配证

---

〔1〕 参见毕玉谦：《民事证明责任研究》，法律出版社2007年版，第243页；陈刚：《证明责任法研究》，中国人民大学出版社2000年版，第261页；霍海红：《证明责任的法理与技术》，北京大学出版社2018年版，第15页。

明责任的案例作为适用规范说的样本大体上是可以接受的。

1.直接依据规范说分配证明责任

笔者通过研究案例发现,虽然在裁判文书中能够完整引述规范说理论的案例并不多见,但还是有些法官为此进行了尝试和努力。例如,在杨某斌与徐某房屋租赁合同纠纷案一审的民事判决书中,法官在裁判理由中进行了如下论述:

> 我国民诉法对于举证责任分配持法律规范分类说,即实体法规范本身已具备举证证明责任的分配原则,法官在举证证明责任分配问题上是适用实体法规范的过程,而非根据证据的占有情况或者证据存在的实际状况,创造举证证明责任的分配规则。因此,案涉举证证明责任的分配,必须从原、被告主张所依据的规范中找寻方能确定。原告主张增加违约金的规范依据是,《中华人民共和国合同法》第一百一十四条"约定的违约金低于造成的损失的,当事人可以请求人民法院或者仲裁机构予以增加";被告主张减少违约金的规范依据同该条文,即"约定的违约金过分高于造成损失的,当事人可以请求人民法院或者仲裁机构予以适当减少"。因此,原告对其损失高于违约金的事实具有举证证明责任,被告对因违约给原告造成的损失低于违约金的事实具有举证证明责任。〔1〕

上述判决能够从规范说的基本原理出发,通过对当事人主张所依据的实体法规范进行分析,从而得出原、被告应当各自对"损失高于违约金"和"损失低于违约金"的要件事实承担证明责任,是实务中不可多得的能够熟练运用规范说理论的案例。还有些案件,法官没有对规范说理论进行完整的引用,只是根据裁判需要,截取规范说的部分片段作为说理依据,也能起到一定的说理效果。例如,在张某某与吴某继承权确认纠纷再审案民

---

〔1〕 新疆维吾尔自治区乌鲁木齐市新市区人民法院民事判决书,(2019)新0104民初7750号。

事判决书中，法官是这样论述权利产生规范及其证明责任的：

> 本院认为，收养是一种变更亲属身份的民事法律行为，收养关系是否成立，应由当事人提供证据证明。凡主张权利存在的人，应就权利发生的法律要件存在的事实承担证明责任。本案中，张某某主张其与吴某已形成收养关系而享有继承权，则应就权利发生的法律要件事实即收养成立的事实承担证明责任。吴某作为否认张某某权利存在的一方，对权利没有发生的事实并不承担证明责任。如果张某某提供的证据不能证明其主张，或者双方提供的证据证明力难以判断因而导致本案权利是否发生的法律要件事实真伪不明时，本案应当由张某某承担不利的诉讼后果。检察机关以“吴某某等人未能证明吴某已与张某某解除收养关系”应承担败诉后果作为重要抗诉理由之一，本院不予采信。[1]

另外，根据权利妨碍规范理论分配证明责任的判决，可参阅最高人民法院厦门精卫模具有限公司与福建七建集团有限公司建设工程施工合同纠纷申请再审案民事裁定书，其分析部分认为：“精卫公司主张按约定标准支付违约金，已有《补充协议书》证明，七建公司主张调整违约金，应对妨碍《补充协议书》约定的违约责任发生法律效力的事由承担证明责任，提供证据证明约定的违约金过分高于实际损失。”[2]类似典型案例还可见于龚某慧与王某珠不当得利纠纷案一审民事判决书[3]、莫某平与高某川不当得利纠纷案一审民事判决书[4]、李某与谢某蕾民间借贷纠纷案一审民事判决书[5]、金某富、吴某斌与赵某云合同纠纷案一审民事判决书[6]等裁判

〔1〕 浙江省高级人民法院民事判决书，(2009)浙民再字第13号。

〔2〕 最高人民法院民事判决书，(2015)民申字第2082号。

〔3〕 参见湖南省花垣县人民法院民事判决书，(2018)湘3124民初631号。

〔4〕 参见四川省攀枝花市东区人民法院民事判决书，(2017)川0402民初226号。

〔5〕 参见重庆市云阳县人民法院民事判决书，(2016)渝0235民初5862号。

〔6〕 参见浙江省杭州市西湖区人民法院民事判决书，(2012)杭西商初字第1624号。

文书。

2.援引吸收规范说理论制定的司法解释分配证明责任

在审判实务中，法官直接将抽象的规范说理论运用于裁判说理的案件毕竟属于少数。因为这种裁判方式需要承办法官对规范说理论有较为深入的研究，并且这种说理方式还要承担当事人不理解的风险。因此，援引参照规范说制定的司法解释分配证明责任，便成为更容易被法官接受的裁判方式。例如，在上海杰酷网络科技有限公司与百度时代网络技术（北京）有限公司技术合同纠纷上诉案中，法官在判决中分析道：

> 《最高人民法院关于民事诉讼证据的若干规定》第五条第二款明确规定，对合同是否履行发生争议的，由负有履行义务的当事人承担举证责任。由上述法律、司法解释的规定可知，合同案件中，在对方就合同是否履行提出抗辩时，对于履行情况负有举证证明责任的是履行义务一方。百度公司起诉要求杰酷公司支付技术服务费，所依据的事实是百度公司依约履行了合同义务。基于此，应当由百度公司就其已经全面、适当履行了合同义务承担证明责任。在杰酷公司抗辩百度公司未能全面、适当履行合同义务的情况下，一审法院将该事实的证明责任分配给杰酷公司，属于适用法律错误，本院对此予以纠正。[1]

《民事诉讼证据规定》第5条是最高人民法院初步尝试根据规范说制定证明责任分配规则的司法解释条款，其适用范围也仅限于合同类案件，但其对于推广规范说，解决合同类纠纷的证明责任分配问题，具有重要的意义。类似案例还可参阅刘某伟与尚某成建设工程施工合同纠纷案一审民事判决书[2]等文书。

经过《民事诉讼证据规定》的初步尝试后，2015年《民诉法司法解释》进一步加大了吸收规范说的力度，该解释第91条将规范说中抽象的法律

---

〔1〕 北京知识产权法院民事判决书，(2019)京73民终1011号。

〔2〕 参见河南省郑州市中原区人民法院民事判决书，(2012)中民二初字第105号。

规范分类理论转化为更加容易理解的事实分类，即产生法律关系的基本事实，法律关系变更、消灭事实，权利受到妨害的事实，并据此分配证明责任。这一进步使规范说在实务中具有更为广泛的适用性。例如，在裘某仙与章某华民间借贷纠纷再审案民事判决书中，法院的再审理由是这样论述的：

> 主张法律关系存在的当事人，应当对产生该法律关系的基本事实承担举证证明责任；如果证据不足以证明其事实主张的，应由负有举证证明责任的当事人承担不利诉讼后果。本案中，章某华主张其与裘某仙成立了45万元的民间借贷关系，则应对借贷合同订立和生效的基本事实承担举证证明责任，其在诉讼中虽然提供了2005年4月15日借款协议等证据材料，但存在诸多难以合理解释的疑点，并不足以证明其基本事实主张，本案依法应当根据举证证明责任分配规则判决，由章某华承担不利的诉讼后果。裘某仙提供的证据尽管也不足以证明“章某华盗盖印章伪造借款协议”的事实主张，但其在本案诉讼中对借贷事实本身并不承担客观意义的证明责任，二审判决主要以公安机关“无法证明章某华有盗盖公章伪造借款事实存在，难以追究刑事责任”的调查结论为据，判决由裘某仙承担败诉后果，实际上将证明责任分配由裘某仙承担，缺乏法律依据，本院予以纠正。〔1〕

不同于《民事诉讼证据规定》第5条仅适用于合同类案件的限制，2015年《民诉法司法解释》第91条适用于所有的民事案件，是一条不折不扣的“一般性规定”。因此，2015年《民诉法司法解释》第91条得到了广泛的援引。类似案件还可见于江西萍钢实业股份有限公司与合肥东方节能科技股份有限公司、江西联博物资有限公司案外人执行异议之诉案一审民事判

〔1〕 参见浙江省高级人民法院民事判决书，(2015)浙民再字第42号。

决书[1]，李某与李某霞承揽合同纠纷案二审民事判决书[2]，黄某宝与莫某力民间借贷纠纷案二审民事判决书[3]等裁判文书。

3.规范说和“谁主张，谁举证”相结合的证明责任分配方式

由于规范说在我国传播的时间相对较晚，在此之前，“谁主张，谁举证”已经拥有了深厚的社会基础，有的法官在适用规范说的同时，依照自己的理解，将规范说和“谁主张，谁举证”结合起来，形成了两者并行不悖的效果。例如，在朱某与滕州市中心人民医院医疗损害责任纠纷案一审民事判决书中，法院的裁判理由是这样论述的：

> 法律规定对诊疗活动引起的医疗技术损害责任纠纷，适用过错责任的归责原则。医疗机构及其医务人员有过错的，医疗机构才承担赔偿责任，原则上由患者承担举证责任。在举证证明责任分配上应当依据举证责任分配的一般规则，“谁主张，谁举证”的规则，适用《最高人民法院关于适用〈中华人民共和国民事诉讼法〉的解释》第九十一条“人民法院应当依照下列原则确定举证证明责任的承担，但法律另有规定的除外：（一）主张法律关系存在的当事人，应当对产生该法律关系的基本事实承担举证证明责任；（二）主张法律关系变更、消灭或者权利受到妨害的当事人，应当对该法律关系变更、消灭或者权利受到妨害的基本事实承担举证证明责任”之规定。患者应当对医疗损害责任构成的四个要件事实包括：医疗机构和医务人员的诊疗行为、患者的损害、诊疗行为与损害后果之间的因果关系、医务人员的过错承担适当的举证责任。[4]

此外，还有一种情况是，有的法官根据自己的理解，将吸收了规范说

---

〔1〕 参见江西省南昌市中级人民法院民事判决书，(2019)赣01民初15号。

〔2〕 参见江西省南昌市中级人民法院民事判决书，(2019)冀06民终6216号。

〔3〕 参见广西壮族自治区百色市中级人民法院民事判决书，(2019)桂10民终2299号。

〔4〕 山东省枣庄市滕州市人民法院民事判决书，(2019)鲁0481民初3827号。

的2015年《民诉法司法解释》第91条作为《民事诉讼法》第64条第1款的司法解释，在说理中进行并列引用。例如，在中十冶集团有限公司与中天建设集团有限公司大连分公司不当得利纠纷案二审民事判决书中，法院在说理中分析认为：根据《民事诉讼法》第64条，2015年《民诉法司法解释》第90条、第91条规定，按照证明责任分配的一般原则，主张成立不当得利的上诉人应当对构成不当得利的要件事实负举证责任，即上诉人不仅应当证明被上诉人获得利益并使自己遭受损失，还应当证明被上诉人获得利益没有法律上的根据；被上诉人对获得利益也有责任提供证据证明。〔1〕

以上案例说明，一方面，倘若法官能够掌握规范说的基本原理，对于其正确处理证明责任分配的问题有很大帮助。另一方面，尽管“谁主张，谁举证”和规范说各有其渊源，甚至有学者曾提出，在证明责任领域，应当将《民事诉讼法》第64条规定予以删除，〔2〕但司法实践表明，法官在裁判说理中将此二者结合起来并无明显的违和感。反倒是法官通过规范说弥补了“谁主张，谁举证”有时难以区分谁要对什么样的主张承担证明责任的问题。这种情况也可以进一步印证，规范说和“谁主张，谁举证”均源于主张者的证明义务，前者实际上是后者在抽象法典时代的演进和升华。

（四）按特定规则分配证明责任

鉴于依照“谁主张，谁举证”或规范说分配证明责任分别有牢固的社会基础和理论依据作为支撑，且法院在裁判过程中通常也会优先适用该两种规则，因而不妨将二者称为证明责任分配的一般规则。但是，在有些情况下，法院发现依照一般规则无法使案件实现公平裁判，便会依照一个或者数个表面合理的理由拟定针对该特定案件的证明责任分配规则，并依此

〔1〕 参见辽宁省大连市中级人民法院民事判决书，(2019)辽02民终9194号。

〔2〕 参见陈刚：《证明责任理论中若干误区之反思》，载《中央政法管理干部学院学报》2000年第2期。

规则裁判。在通常情况下，诸如举证能力、证明难易、不配合法庭调查、消极证明等，都是法院经常拟制的规则。这些由我国法院拟制的特定规则与各种挑战规范说的学说之间有不少共通之处，甚至在有些普通法判例中也可以看到相似的身影，故非常有研究的必要。为了便于表述，笔者将此类情形统称为“按特定规则分配证明责任”。

1.法院按特定规则分配证明责任的总体情况

在按特定规则分配证明责任的情况下，法官有时会单独适用一个或适用数个特定规则分配证明责任，有时则在适用“谁主张，谁举证”或规范说的基础上附加适用特定规则，用于加强裁判说理。为了更好地说明法院是如何运用特定规则分配证明责任的，笔者将重点样本中适用特定规则的案件根据其适用场景、裁判规则、最高审级、最终程序[1]，以及同类案件的数量制成如下三张表格（见表4-2、表4-3、表4-4）。

表4-2　证明责任实证案例直接适用特定规则分配证明责任

单位：件

序号	特定规则	最高审级	最终程序	数量
1	不配合法庭调查	高级法院	二审	38
2	公平原则	中级法院	二审	15
3	证明难易	中级法院	二审	10
4	证明难易+不配合法庭调查	中级法院	二审	1
5	保护受害人	中级法院	二审	8
6	举证能力	高级法院	申诉	9
7	举证能力+诚实信用+不配合法庭调查	中级法院	再审	3
8	法定规则（反）证明难易+风险防范	基层法院	一审	6
9	潜在危险性更高	基层法院	一审	7
10	证明责任缓和	中级法院	二审	5
11	违约方证明	中级法院	二审	3

〔1〕　根据《民事诉讼法》的规定，我国民事诉讼的审理程序按照启动的先后次序依次为：一审、二审、申诉（抗诉）、再审。

续表

序号	特定规则	最高审级	最终程序	数量
12	主张积极事实的当事人承担证明责任	高级法院	二审	5
13	主张事实违背常理者证明	高级法院	申诉	1
14	对证据灭失有责任	最高法院	申诉	8
15	证据持有责任人证明	中级法院	二审	7
16	概然性	中级法院	二审	2
17	财产变动控制人证明	中级法院	二审	5
18	对证据灭失有责任+不配合法庭调查	基层法院	一审	1
19	公共利益+举证能力	基层法院	一审	1
20	公平原则+诚实信用+举证能力	中级法院	二审	2
21	接近证据	中级法院	二审	4
22	接近证据+举证能力+证明难易	高级法院	再审	1
23	接近证据+证明难易	中级法院	二审	1
24	雇主证明	中级法院	二审	2
25	经营者证明	中级法院	二审	1
26	专业机构证明	中级法院	二审	6
合　计				152

表4-3　证明责任实证案例同时适用“谁主张，谁举证”和特定规则分配证明责任

单位：件

序号	附加适用特定规则的情形	最高审级	最后程序	数量
1	“谁主张，谁举证”+接近证据	中级法院	二审	1
2	“谁主张，谁举证”+不配合法庭调查	高级法院	申诉	16
3	“谁主张，谁举证”+财产变动控制人证明	高级法院	再审	12
4	“谁主张，谁举证”+对证据灭失有责任	最高法院	申诉	2
5	“谁主张，谁举证”+格式合同提供方证明	中级法院	二审	1
6	“谁主张，谁举证”+公平原则+诚实信用	中级法院	二审	1
7	“谁主张，谁举证”+接近证据	最高法院	申诉	1
8	“谁主张，谁举证”+举证能力	最高法院	申诉	8
9	“谁主张，谁举证”+诉讼经济+公共利益	基层法院	一审	1
10	“谁主张，谁举证”+证据持有责任人证明	高级法院	再审	116

续表

序号	附加适用特定规则的情形	最高审级	最后程序	数量
11	“谁主张，谁举证”+主张积极事实的当事人承担证明责任	中级法院	二审	1
12	“谁主张，谁举证”+主张事实与法律推定相反者证明	中级法院	二审	1
合 计				161

表4-4 证明责任实证案例同时适用规范说与特定规则分配证明责任

单位：件

序号	附加适用特定规则的情形	最高审级	最后程序	数量
1	规范说+不配合法庭调查	高级法院	申诉	9
2	规范说+财产变动控制人证明	高级法院	申诉	13
3	规范说+财产变动控制人证明+接近证据	中级法院	二审	1
4	规范说+风险防范	高级法院	再审	2
5	规范说+举证能力	中级法院	二审	5
6	规范说+诉讼经济+诚实信用	高级法院	二审	2
7	规范说+证据持有责任人证明	基层法院	一审	1
8	规范说+主张积极事实的当事人承担证明责任	高级法院	再审	1
合 计				34

上述三张表格概括反映了各类特定规则在重点样本中的适用情况。通过上述表格，可以说明如下问题：

第一，我国法院适用特定规则分配证明责任是一种普遍现象。三张表格中各种适用特定规则的案例数量达到347件，占全部重点样本832件的比例为41.71%。不仅数量众多，而且规则种类十分丰富，使用方式多样灵活。法院既可以单独适用某个特定规则，也可以将特定规则作为一般规则的补充，必要时还可以把不同的特定规则结合起来使用。

第二，特定规则的广泛适用得到了上级法院的认可。通过表格可以发现，绝大多数特定规则在适用过程中都得到二审以上审级法院的认可，有的甚至得到最高人民法院的认可。这种情况进一步证明，在当前情况下仅依靠一般规则是无法完全满足裁判需要的现实问题。

第三，规范说在统一证明责任裁判标准方面较之传统的主张责任更有优势。通过对比可以发现，从绝对数量上看，法院适用"规范说+特定规则"的情况要明显少于适用"'谁主张，谁举证'+特定规则"的情况。不仅如此，"规范说+特定规则"在全部适用了规范说的样本中，占比仅为34÷（34+161）=17.43%。该比例与"'谁主张，谁举证'+特定规则"在全部适用"谁主张，谁举证"中的占比161÷（161+208）=43.63%相较而言，也要低得多。这种情况表明，规范说较之"谁主张，谁举证"对证明责任分配具有更好的解释力。在适用规范说的情况下，法官对裁判的信心相对更为充足，相对来说就减少了适用特定规则的必要性。当然，考虑《民事诉讼证据规定》第5条、2015年《民诉法司法解释》第91条规定以司法解释的方式引进了规范说，不少适用规范说的裁判文书实际上是引用了上述司法解释的规定，所以，司法解释对于推动和普及规范说功不可没。不过，从一部分案件同时适用了规范说和特定规则的情况来看，尽管规范说较之"谁主张，谁举证"能给法官提供更多的信心，但在实务中仍不免存在需要补强说理的情况，这与理论界对规范说持续不断地批判和修正现象正好可以相互印证。

2.法院根据特定规则分配证明责任的变化趋势

研究表明，在司法实践中，客观上大量存在法官依照自己拟制的特定规则分配证明责任的现象。值得注意的是，《民事诉讼证据规定》第7条规定："在法律没有具体规定，依本规定及其他司法解释无法确定举证责任承担时，人民法院可以根据公平原则和诚实信用原则，综合当事人举证能力等因素确定举证责任的承担。"然而，该规定在2015年《民诉法司法解释》进一步完善证明责任分配制度的背景下，却没有被新司法解释所提及。这一变化似乎反映了，最高人民法院对法官依自行拟定的特定规则分配证明责任仍然存在顾虑。同时，我国学界亦不乏反对法官频繁行使自由裁量权分配证明责任的声音。[1]那么司法解释对法官依照特定规则分配证明责任的态度变化，以及部分学者对此的态度是否有影响特定规则在审判实践中的适用情况呢？笔者将重点样本中单独适用特定规则分配证明责任、附加适用特定规则分配证明责任的案例，以及二者的合计数量，按照年份分别进行统计，得出下图（见图4-7）。

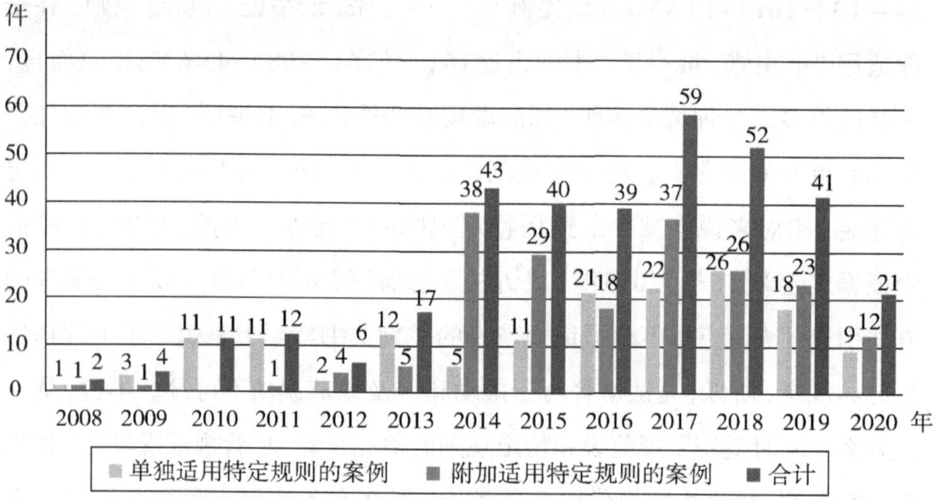

图4-7　证明责任实证案例适用特定规则分配证明责任年度数据

从图4-7的数据来看，无论单独适用还是附加适用特定规则分配证明责任的案件数量，还是二者的总和，在2015年之后并没有因为《民诉法司法解释》不再鼓励法官依职权分配证明规责而消失或大幅下降，甚至在有些年份还略有上升。

考虑重点样本每年的采样数量并不相同，仅统计每年适用特定规则案例的绝对数量可能不足以全面反映特定规则在审判实务中的情况，笔者分

---

〔1〕 参见胡学军：《法官分配证明责任——一个法学迷思概念的分析》，载《清华法学》2010年第4期。霍海红：《证明责任配置裁量权之反思》，载《法学研究》2010年第1期。

别将单独适用特定规则、附加适用特定规则，以及全部适用过特定规则的案件数量与重点样本总数的比值进行了统计，形成了下图（见图4-8）。

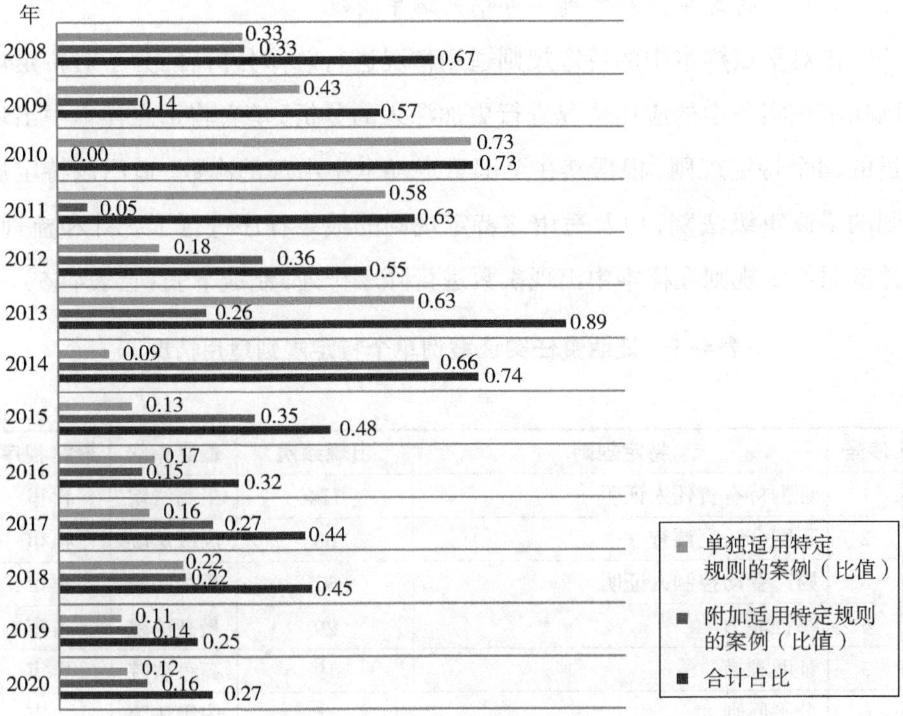

图4-8　证明责任实证案例适用特定规则样本逐年占比

从图4-8反映的数据来看，无论是单独适用、附加适用特定规则的案件数量，还是二者总和与重点样本数量的比值，在2014年以后呈现略有下降的状态，但仍然维持了一定的数量水平，其中在2017年、2018年甚至还略有上升。这种现象说明，在2015年《民诉法司法解释》进一步接受并推广规范说之后，法官适用特定规则分配证明责任的情形在民事审判中的适用比例总体上略有下降，但其客观需求仍然是大量存在的。这种情况说明，对于实务中存在的适用特定规则分配证明责任的现象，简单予以肯定或否定均非正确的做法。这种现象是由社会生活的复杂性、现有裁判规则不足以满足实务需求、证明责任基础理论研究不足三种原因合力作用的结果。事实上，即便像德国这样典型的大陆法系国家，同样存在法官拟制证明责任分配规则的现象。例如，大陆法系的危险领域说，就是德国学者普勒尔斯通过对德国法院的判例进行系统性研究和整合创造出来的学说。〔1〕

3.单个特定规则在审判实务中的运用情况

在对重点样本中的特定规则适用情况进行总体分析后，为了对特定规则在审判实务中的应用情况进行更加深入的分析，笔者将重点样本中出现过的24个特定规则，根据其在全部重点样本中出现的次数、适用该特定规则的最高审级法院，以及适用该特定规则的最终程序进行了统计和梳理，并按照特定规则在样本中出现次数进行降序排列，制成下表（见表4-5）。

表4-5 证明责任实证案例单个特定规则适用情况

单位：次

序号	特定规则	出现频次	最高审级	最终程序
1	证据持有责任人证明	124	最高法院	再审
2	不配合法庭调查	68	高级法院	再审
3	财产变动控制人证明	31	高级法院	再审
4	举证能力	29	最高法院	再审
5	证明难易	19	高级法院	再审
6	公平原则	18	中级法院	二审
7	对证据灭失有责任	11	最高法院	申诉
8	接近证据	9	最高法院	再审
9	保护受害人	8	中级法院	二审
10	诚实信用	8	高级法院	再审
11	风险防范	8	高级法院	再审
12	潜在危险性更高	7	基层法院	一审
13	主张积极事实的当事人承担证明责任	7	高级法院	再审
14	专业机构证明	6	中级法院	二审
15	证明责任缓和	5	中级法院	二审
16	违约方证明	3	中级法院	二审

〔1〕 毕玉谦：《民事证明责任研究》，法律出版社2007年版，第328页。

续表

序号	特定规则	出现频次	最高审级	最终程序
17	诉讼经济	3	高级法院	二审
18	概然性	2	中级法院	二审
19	公共利益	2	基层法院	一审
20	雇主证明	2	中级法院	二审
21	主张事实违背常理者证明	1	高级法院	申诉
22	经营者证明	1	中级法院	二审
23	格式合同提供方证明	1	中级法院	二审
24	主张事实与法律推定相反者证明	1	中级法院	二审
总计		374		

表4-5反映了单个特定规则在法院裁判过程中受到重视的程度。通过上述表格并结合具体案例，可以发现以下几个问题：

第一，大多数的特定规则均受到高层级法院的肯定。从表4-5可以看出，大部分特定规则均得到中级以上法院的认可，尤其适用数量位居前五的特定规则均得到高级法院和最高人民法院裁判的认可。有些规则在申诉、再审程序中得以适用，并产生了推翻原审裁判的效果。这种现象说明，包括最高人民法院在内的各级法院都意识到，单纯依靠规范说或者一般规则，无法完全解决实务中的证明责任裁判问题。因此，无论司法解释是否有明确授权，各级法院对于法官在一般规则之外根据自行拟制的规则分配证明责任的做法采取了默许的态度。

第二，大多数的案件都对证明责任分配的理由进行了说明，但说理的详细程度存在差别。笔者通过阅读案例发现，大部分法官在分配证明责任的过程中均进行了说理。虽然，有的文书说理过程比较简单，但在适用特定规则分配证明责任的情况下，法官通常会对拟制该规则的理由进行说明。例如，在中国工商银行股份有限公司奉新支行与中铁现代物流科技股份有限公司鹰潭分公司合同纠纷再审审查与审判监督案民事裁定书中，法官是这样分析的："工行奉新支行作为质权人，在处置质物过程中，对质物品种不符合约定的情形并未及时提出异议。工行奉新支行再审主张应由中铁物流鹰潭分公司对质物数量变动负举证证明责任，缺乏事实和法律依据，不能成立。"[1]在该案中，法院对工行奉新支行未及时对质物品种不符合约定的情形提出异议的过错进行了分析，为该案适用"对证据灭失有责任"的证明责任分配规则提供了依据。在另外一起同样适用了"对证据灭失有责任"规则的买卖合同案件中，法官在分配证明责任时也进行了如下说理："虽然从举证证明责任分配上看，应由被告对于其向原告供应价值75,000元砖的事实承担举证证明责任，被告仅提交了证人证言等证据，未提交直接证据予以证实，但涉案专款争议发生在2005年，原告12年后向法院提起诉讼，从证据保存时间、证据保存的必要性等角度，不宜对被告苛以严厉的证明标准。"[2]

第三，抽象原则在实务中的运用比例不高。通过表4-5可以发现，被援引使用的次数位居前五名的特定规则都有具体的裁判理由，如证据持有责任、不配合法庭调查、财产变动控制人证明等。这些有具体裁判理由的特定规则无论是占全部特定规则的比例，还是在样本中被援引使用的绝对次数，均占据了很高的比例。相比之下，运用了抽象性原则的特定规则，即公平原则、诚实信用、公共利益规则，在所有特定规则中属于明显的少数派，且在样本中被援引的次数也仅有28次，在总出现频次中占比为7.49%。这种现象说明，我国法官在裁判的过程中更倾向于适用具体明确的规则。只有在少数情况下，法官才会考虑使用抽象性的规则来分配证明责任。

例如，在一起供用热力合同的案件中，法院在证明责任分配过程中援引了公共利益原则。该判决认为："《最高人民法院关于民事诉讼证据的若

---

[1] 最高人民法院民事判决书，(2017)最高法民申1224号。

[2] 参见杨某春与于某海买卖合同纠纷案，山东省威海市中级人民法院民事判决书，(2017)鲁10民终1967号。

干规定》第五条第二款规定，对合同是否履行发生争议的，由负有履行义务的一方当事人承担举证责任。根据上述规定，在供用热力合同关系中，即应由供热单位举证证明其供热温度是否达到规定标准。但和一般合同法律关系的重要区别是，供热涉及不特定多数人的公共利益，供热单位亦承担了部分社会性及公益性功能，按照上述法律规定由供热单位承担证明责任不但加大了供热单位的证明难度，亦会影响供热单位的正常运营，进而影响到不特定多数人的公共利益……"[1]因此，法院认定，该案应由用户承担供热不足的证明责任。

第四，部分证明责任问题具有偶发性，给证明责任裁判带来困扰。证明责任问题的复杂性有部分原因在于，实务中有时会出现难以预测的问题。如在特殊情况下，证明责任的分配涉及第三方当事人的利益；此时，法院不得不将如何避免第三方当事人的利益受损作为分配证明责任的考量因素。例如，在部分被转让机动车肇事的赔偿案件中，有的法院认为，为充分保护受害人权益，应当基于证明责任分配的角度，适当提高转让人以机动车已转让交付来主张免责的证明标准。在仅有机动车转让协议，转让人、受让人陈述等证据的情况下，应视为转让事实真伪不明。转让人必须进一步承担机动车已经转让交付，自己确实不支配机动车，也不享有运行利益的证明责任；否则，转让人作为机动车的所有人仍应承担赔偿责任。这方面的具体案例可见于黎某楷与郑某英机动车交通事故责任纠纷案二审民事判决书[2]、王某州与丰县宏鑫运输有限公司、中国太平洋财产保险股份有限公司徐州中心支公司等机动车交通事故责任纠纷案二审民事判决书[3]等。

---

〔1〕 白某龙与新疆天北能源有限责任公司供用热力合同纠纷案，新疆维吾尔自治区克拉玛依市独山子区人民法院民事判决书，(2017)新0202民初181号。

〔2〕 参见江苏省常州市中级人民法院民事判决书，(2018)苏04民终551号。

〔3〕 参见浙江省嘉兴市中级人民法院民事判决书，(2013)浙嘉民终字第613号。

第五，理论研究对审判实务产生直接的影响。通过表4-5可以发现，只要是理论界出现过的证明责任理论，在审判实务中均能得到体现。不仅像举证能力、证明难易、证据距离这些颇具影响力的理论在样本中均有相关的代表性案例，而且即便是已经被理论界所淘汰或否定的证明责任分配理论，如消极事实理论、概然性说、证明责任缓和，在实务中也仍然具有一定的影响。例如，在钟某洪与佛山康达空调设备有限公司专利申请权纠纷案中，法院的裁判理由是："康达公司主张申请号为02248683.6专利申请权属康达公司所有，主张的是积极事实即主张存在某种事实；钟某洪主张没有侵犯康达公司的专利申请权，主张的是消极事实即不存在某种事实。根据证明责任的分配原则：提出主张的一方有证明责任，否定的一方没有证明责任。因此，本案主要证明责任分配于康达公司。"〔1〕类似案例还可见于"曹某宝与张某房屋买卖合同纠纷案"〔2〕，浙江玉环农村合作银行与台州贝迪霖仪表科技有限公司、陈某等金融借款合同纠纷案〔3〕等判决中。这种现象说明，法学研究对审判实务领域有着重要的"牵引"作用。无论理论研究的成果如何，其对实务的影响都不容忽视。如何让证明责任的研究成果更能真实反映司法规律，是理论研究的重要使命和任务。

（五）按法定规则分配证明责任

按法定规则分配证明责任指的是，法官直接依据法律、司法解释的特别规定分配证明责任，而无须经过额外分析和推理的情形。需要指出的是，《民事诉讼法》第64条第1款、2001年《民事诉讼证据规定》第2条，2015年《民诉法司法解释》第90条、第91条等规定，均属法律、司法解释对一般规则的规定，具有普遍适用性，故不属笔者在此定义的法定规则。此

〔1〕 参见广东省高级人民法院民事判决书，(2004)粤高法民三终字第101号。
〔2〕 参见云南省普洱市中级人民法院民事判决书，(2018)云08民终425号。
〔3〕 参见浙江省玉环县人民法院民事判决书，(2014)台玉港商初字118号。

外，《民事诉讼证据规定》第5条虽然表面上是针对合同纠纷的证明责任分配条款，但该条实际上是最高人民法院借鉴规范说理论拟定的，针对合同类案件证明责任分配的一般性条款。因此，笔者已将按《民事诉讼证据规定》第5条分配证明责任的情形归入按规范说分配证明责任的类型。

通过对重点样本进行分析，笔者将重点样本中引用的具有法律、司法解释来源的证明责任分配规则列成如下表格（见表4-6）。

表4-6　证明责任实证案例引用法律、司法解释分配证明责任

单位：件

序号	案由	法定依据	涉及证明责任分配的问题	数量
1	民间借贷纠纷	《最高人民法院关于适用〈中华人民共和国婚姻法〉若干问题的解释（二）》（已失效）第二十四条	夫妻共同债务的认定	11
2	民间借贷纠纷	《最高人民法院关于审理涉及夫妻债务纠纷案件适用法律有关问题的解释》（已失效，以下简称《夫妻债务纠纷司法解释》）第二条、第三条	夫妻共同债务的认定	11
3	民间借贷纠纷	2015年《最高人民法院关于审理民间借贷案件适用法律若干问题的规定》第十七条	依据转账凭证主张借贷关系	14
4	民间借贷纠纷	2015年《最高人民法院关于审理民间借贷案件适用法律若干问题的规定》第二十一条	借据上签名但未表明身份	1
5	买卖合同纠纷、侵害商标权纠纷	《中华人民共和国公司法》第六十三条	一人有限公司股东对公司财产独立性的证明	4
6	执行异议之诉	《最高人民法院关于适用〈中华人民共和国公司法〉若干问题的规定（三）》第二十条	当事人之间对是否已履行出资义务发生争议，原告提供对股东履行出资义务产生合理怀疑证据的，被告股东应当就其已履行出资义务承担举证责任	1

续表

序号	案由	法定依据	涉及证明责任分配的问题	数量
7	劳动争议	《最高人民法院关于审理劳动争议案件适用法律若干问题的解释（一）》（已失效）第十三条《民事诉讼证据规定》第六条	用人单位作出的开除、除名、辞退、解除劳动合同、减少劳动报酬、计算劳动者工作年限等决定而发生的劳动争议	8
8	劳动争议	《最高人民法院关于审理劳动争议案件适用法律若干问题的解释（三）》（已失效）第九条	加班费的证明	40
9	医疗损害责任纠纷	《民事诉讼证据规定》第四条第一款第八项	医疗过错	2
10	生命权、健康权、身体权纠纷	《侵权责任法》第四十二条第二款	证明缺陷产品生产者、供货者	1
11	医疗损害责任纠纷	《侵权责任法》第五十八条①	病历不全的医疗损害责任	2
12	执行异议之诉纠纷	2015年《民诉法司法解释》第三百一十一条	案外人对执行标的享有排除执行的权益	6
13	财产保险合同纠纷	《最高人民法院关于适用〈中华人民共和国保险法〉若干问题的解释（二）》第十三条第一款	保险人说明义务	1
14	买卖合同纠纷、共有物分割纠纷	《物权法司法解释》（已失效）第二条	真实权利与不动产登记簿不符	9
15	产品销售者责任纠纷	《中华人民共和国消费者权益保护法》第二十三条第三款	商品瑕疵的证明	2
16	机动车交通事故责任纠纷	《中华人民共和国道路交通安全法》第七十六条第一款第二项	非机动车、行人对事故有责任	1
17	建设工程施工合同纠纷	2015年《民诉法司法解释》第九十三条	生效判决认定事实	1
合计				116

① 现为《民法典》第1222条。

通过对重点样本分析可见，在有法定规则的情况下，法官通常会按照法定规则分配证明责任。但在特殊情况下，法官也会根据实际案情作出与法定规则不同的证明责任判决。例如，2004年4月1日起施行的《最高人民法院关于适用〈中华人民共和国婚姻法〉若干问题的解释（二）》第24条规定："债权人就婚姻关系存续期间夫妻一方以个人名义所负债务主张权利的，应当按夫妻共同债务处理。但夫妻一方能够证明债权人与债务人明确约定为个人债务，或者能够证明属于婚姻法第十九条第三款规定情形的除外。"《中华人民共和国婚姻法》第19条第3款规定："夫妻对婚姻关系存续期间所得的财产约定归各自所有的，夫或妻一方对外所负的债务，第三人知道该约定的，以夫或妻一方所有的财产清偿。"[1]根据上述规定，夫妻一方如要主张另一方对外的借款不属于夫妻共同债务，必须要证明借款一方与债权人明确约定借款为个人债务，或者证明债权人知道夫妻财产分别制的约定。由于该两个事项的证明都较为困难，有的法官在审判中对夫妻共同债务的证明责任分配作了与法律、司法解释不同的解读。例如，在林某与杨某杰、王某英民间借贷纠纷案中，法院在说理部分分析认为：

> 《最高人民法院关于适用婚姻法若干问题的解释（二）》第二十四条规定，债权人就婚姻关系存续期间夫妻一方以个人名义所负债务主张权利的，应当按夫妻共同债务处理。但夫妻一方能够证明债权人与债务人明确约定为个人债务，或者能够证明属于《婚姻法》第十九条第三款规定情形的除外。夫妻关系存续期间，夫妻一方以个人名义举债，不能简单推定为夫妻共同债务。判断是否属于夫妻共同债务的标准是夫妻是否有共同举债的合意以及债务是否用于夫妻共同生活。对于夫妻一方超出日常生活需要范围举债的情形，具体实施借贷民事法律行为的是出借人及夫妻一方中的举债人，而夫妻另一方在借款行为

〔1〕现为《民法典》第1065条第3款。

发生时根本不知情，根据证明责任分配的理论，并综合考虑举证责任的难易程度、风险防范成本等因素，由具体实施借贷民事法律行为的行为人进行举证是否用于夫妻共同生活。因原告未举证证明上述借款已由两被告用于共同生活，也没有证据能够证明王某英已分享了借款带来的利益。因此，本案中债务应认定为被告杨某杰个人债务，由其个人负责偿还。[1]

在上述案件中，法官并没有直接照搬当时的司法解释规定，将讼争借款是否属于夫妻共同债务的证明责任分配给配偶一方，而是援引证明难易、风险防范成本等理由，将证明责任分配给实施借贷行为的当事人。而且，在司法实践中，此类做法并非个例。[2]

严格来说，在2016年《最高人民法院关于适用〈中华人民共和国婚姻法〉若干问题的解释（二）》第24条规定仍然有效的情况下，个别法官自行以证明难易、风险防范成本等理由，作出与司法解释相反的证明责任裁判，未必是妥当的。但是，这种在当时明显属于"有问题"的做法却在不久以后得到新的司法解释的部分肯定。2018年1月18日起施行的《夫妻债务纠纷司法解释》第1条和第3条分别规定，"夫妻双方共同签字或者夫妻一方事后追认等共同意思表示所负的债务，应当认定为夫妻共同债务"；"夫妻一方在婚姻关系存续期间以个人名义超出家庭日常生活需要所负的债务，债权人以属于夫妻共同债务为由主张权利的，人民法院不予支持，但债权人能够证明该债务用于夫妻共同生活、共同生产经营或者基于夫妻双方共同意思表示的除外"。该司法解释实际上确立了夫妻债务"共债共签"的

[1] 上海市奉贤区人民法院民事判决书，(2016)沪0120民初7000号。

[2] 同类案件可参见高某与朱某某民间借贷纠纷案，上海市嘉定区人民法院民事判决书，(2013)嘉民一（民）初字第5010号；马某与朱某南、周某民间借贷纠纷案，上海市嘉定区人民法院民事判决书，(2013)嘉民一（民）初字第5001号；陶某锋与张某斌等民间借贷纠纷案，上海市嘉定区人民法院民事判决书，(2014)嘉民一（民）初字第1340号；麻某礼与杨某杰、王某英民间借贷纠纷案，上海市奉贤区人民法院民事判决书，(2016)沪0120民初4675号。

原则，在没有明确证据证明夫妻出于共同意思借款的情况下，应由出借人承担债务性质的证明责任。

随着新的司法解释的出台，原来的问题似乎得到了解决。但是，新的问题又出现了。在《夫妻债务纠纷司法解释》出台不久后，在李某军、方某华民间借贷纠纷案二审民事判决书中，受诉法院认为：

> 被上诉人方某华据以向上诉人李某军主张债权的主要证据形成于李某军与被上诉人方某夫妻感情不和期间。方某华主张的借款发生于岳父与女婿、女儿等密切关系主体之间。虽《最高人民法院关于审理涉及夫妻债务纠纷案件适用法律有关问题的解释》第一条规定夫妻共同举债合意证明责任分配在债权人，但本案特殊性在于债权人方某华与方某系父女关系，故在李某军主张该借款为夫妻共同债务情形下，举证责任应作合理分配。对债务是否属夫妻共同所负的审查应严于一般主体，故应由方某证明其在案涉借款中无明确共同举债合意，即借条的非举债配偶主张案涉债务不属夫妻共同债务，需举证证明李某军所负债务并非用于家庭日常生活。[1]

在这个案例中，出借人方某华和借款人李某军是岳父和女婿的关系，而主张该债务为李某军个人债务的是方某华的女儿方某。如果按照《夫妻债务纠纷司法解释》来分配证明责任将使本案陷入一种尴尬的局面。因为，作为债权人的方某华主观上并没有足够的积极性去举证证明案涉债务属于女儿方某和女婿李某军的夫妻共同债务。因此，法院在分配证明的时候并未按照《夫妻债务纠纷司法解释》规定将夫妻共同举债合意的证明责任分配给方某华，而是判决方某应对其在案涉借款中无共同举债合意，以及案涉债务并非用于家庭日常生活承担证明责任。

以上案例说明，由于社会生活和日常交易背景的复杂性，即便法律或

---

〔1〕 云南省丽江市中级人民法院民事判决书，(2019)云07民终489号。

司法解释针对某些特殊法律关系或特定情形专门制定了证明责任规则，也无法保证该规则在所有案件中的适用结果都是正当和合理的。由于法官在审理具体案件中接触的是鲜活的案件事实，其在选择裁判规则的时候，往往会不由自主地把具体案情和对公正裁判的理解作为参考因素。因此，过于绝对化的证明责任分配规则在面对个案纠纷的时候难免会出现水土不服的情况。这种现象是证明责任理论必须重视的问题。

五、我国证明责任制度的特点

本章的研究基本反映了证明责任在我国立法和司法中的现状。通过对事实真伪不明现象的考察，反映了基于不同原因发生的待证事实真伪不明给统一证明责任裁判规则带来的困扰。总体来说，我国在证明责任问题上接受并认可大陆法系的规范说，但在审判实务中也普遍存在法官根据案件裁判需要自行拟定证明责任分配规则的现象。从某种意义上可以说，我国证明责任的理论研究和审判实务呈现两种风格：理论研究遵从于大陆法系的规范说，司法实践则采取了类似普通法风格的实用主义路线。造成这种局面的原因大致有以下几个：

首先，我国的民法法典化进程比较缓慢。从历史的角度来分析，规范说的建立和流行和当时大陆法系国家对民法典的崇拜有一定的关系。但我国民事立法长期实行的是"小步快走""边试边行"的策略，包括《中华人民共和国民法通则》《民事诉讼法》都有过试行的过程。与此同时，许多重要的民事法律实施后还必须辅之以司法解释来进一步解决法律的适用问题。在这种情况下，以成文法的权威为后盾的规范说在推行上便存在障碍。

其次，两大法系本身也存在相互融合、借鉴的需求和趋势。大陆法系的法官也在不断通过审判实践发展和扩充证明责任的理论。大陆法系在规范说之后也发展出许多关于证明责任的修正学说，像表见证明、证明责任减轻和倒置、危险领域说等学说就是由大陆法系法官在审判实务中创造的判例演变而来。

再次，改革开放以后，普通法系的司法理念对我国也产生了一定程度的影响。尤其是当我国民事立法尚未完全成熟的时候，理论界也曾在不同时期强调过司法能动性的重要性，[1]这也促使法官在裁判过程中更多地去思考如何通过发挥司法能动性去实现更好的社会效果。当司法能动的理念与证明责任问题相互交织的时候，法官的司法裁量在证明责任裁判过程中的作用就显得更为突出。

最后，基于证明责任问题本身的复杂性，学者也承认证明责任问题难以用单一的理论和方法去解决。[2]当立法和理论研究均不足以为证明责任裁判提供足够底气和支持的情况时，法官就容易根据自己对证明责任理论的掌握情况和对公平正义的理解创制各种用于具体案件的特定规则。

---

〔1〕 参见孔祥俊：《司法理念与裁判方法》，法律出版社2005年版，第54-55页。

〔2〕 参见胡东海：《民事证明责任分配的实质性原则》，载《中国法学》2016年第4期。

第五章　司法实践对证明责任理论发展的启示

通过实证案例研究可以发现，两大法系的证明责任理论在我国的司法审判中均有大量的实践例证。同时，我国的司法实践也为进一步验证不同证明责任理论的效果提供了丰富的经验。对法学研究的方法，霍姆斯曾在1897年作出过预言，他在一次演讲中说道："对理性的法律研究来说，在法律的故纸堆里皓首穷经之人或许眼下大行其道，但统计学和经济学的行家里手则引领未来。"〔1〕时至今日，传统的法教义学对法学研究仍然具有重要价值，但随着法律实践的发展和研究工具的改善，实证研究正越来越成为法学研究中不可或缺的组成部分。通过对我国的证明责任裁判案例进行系统性的分析，将有助于我们更好地了解各种证明责任分配规则及相关理论的特点及存在的问题。

一、"谁主张，谁举证"的困境与变通

实证研究表明，源自罗马法时代的"谁主张，谁举证"在我国的民事诉讼中一直发挥重要的作用。尽管规范说传入我国后，"谁主张，谁举证"在我国理论界一度受到批判，但此类批判并未完全传导至实务领域，故而"谁主张，谁举证"在审判实践中仍然得以大行其道。正如此前所分析的，

〔1〕［美］霍姆斯：《法学论文集》，姚远译，商务印书馆2020年版，第166页。

和罗马法时代相比，现代的民事立法和诉讼制度已经发生了重大变化，“谁主张，谁举证”已经无法完全满足当前的司法需求。但由于现代的民事诉讼模式和罗马法时代相比并没有发生根本性的变化，二者都具有相似的“两造对抗，法官居中裁判”的等腰三角形结构，“谁主张，谁举证”仍然可以起到激励双方当事人积极举证的作用。加上“谁主张，谁举证”作为耳熟能详的法谚广为流传，俨然具有不证自明的“合法性”，故而许多法官仍然对“谁主张，谁举证”心存偏好。不过，现代民法典的抽象程度和民事诉讼的复杂程度已远非当年罗马法时代可比，“谁主张，谁举证”在实务中日渐呈现“廉颇老矣”的态势，这就需要法官采取额外的方法去填平两个时代之间的鸿沟。

（一）“谁主张，谁举证”在现代司法环境中的困境

置身于现代司法环境中的民事法官，虽然未必完全了解从罗马法到现代民法典的历史变迁，但往往也能感受到，单纯运用“谁主张，谁举证”规则难以完全解决在原、被告之间均衡分配证明责任的问题。因此，有些法官试图通过为抗辩概念注入新内容的方法，来解决证明责任的均衡分配问题。

抗辩原本是罗马裁判官创设的制度，虽然古今背景早已大相径庭，但抗辩所具有的“提出对抗性主张”的基本含义在经过改造后，仍然可以在现代民事诉讼中发挥一定的作用。对于抗辩在现代民事诉讼中的改造和运用，我国学者进行过大量的研究。例如，有学者曾指出，“规范说重塑了罗马法传统中的谁主张谁举证规则，而规范说对谁主张谁举证规则进行重塑的原因在于，诉—抗辩结构中的诉的概念和抗辩概念，在近现代民法的主观权利体系中，均发生了根本变化，诉的概念被改造为请求权概念，抗辩概念被改造为抗辩权概念”。[1]还有学者对现代民事诉讼

〔1〕 胡东海：《“谁主张谁举证”规则的历史变迁与现代运用》，载《法学研究》2017年第3期。

中的抗辩进行了分类，并提出"民事诉讼中的抗辩是针对请求权提出的一种防御方法，是指当事人通过主张与相对方的主张事实不同的事实或法律关系以排斥相对方的主张。抗辩又可分为实体法的抗辩和诉讼法的抗辩。实体法的抗辩是指当事人主张实体法上的要件以排斥相对方的请求。诉讼法的抗辩是指当事人主张与实体法上的事项没有关系的事实或事项以排斥相对方的请求，其又可包括妨诉抗辩和证据抗辩等"。[1]从学者的研究情况来看，主张者能否提出"与相对方的主张事实不同的事实或法律关系"，是现代民事诉讼中区分抗辩与普通答辩、反驳或否认的主要标准。

尽管随着民法典抽象化程度的提高，要依据前述标准将"主张"和"抗辩"完全区分开来并非易事，但在个别案件中，法官通过运用"抗辩"的概念有时也能起到缓解燃眉之急的作用。例如，在安徽瑞讯交通开发有限公司与中铁二十二局集团第四工程有限公司建设工程施工合同纠纷案二审民事判决书中，法官说理时分析认为：

> 一审中，对28万元和6200元两笔款项，瑞迅公司举证有委托付款书及实际支付的凭证，中铁公司如抗辩该两笔款项已计算在(2011)皖民四初字第00008号民事判决书确认的中铁公司认可收款8,989,899.49元中，则应当由中铁公司承担举证责任。原审法院将该两笔代付款为8,989,899.49元之外另发生的费用的证明责任归于瑞讯公司，不符合最高人民法院《关于民事诉讼证据的若干规定》第二条的规定。[2]

在该案中，法官将中铁公司关于讼争的两笔款项已经包含在另案判决确认的收款范围内的抗辩，视为中铁公司提出一个新的事实主张，因而将该新的事实主张的证明责任分配给中铁公司。从实际效果来看，中铁公司关于讼争款项去向的事实主张的确已经超出简单的反驳或否认的范围。

---

〔1〕 陈刚:《抗辩与否认在证明责任法学领域中的意义》，载《政法论坛》2001年第3期。

〔2〕 参见安徽省高级人民法院民事判决书，(2016)皖民终276号。

法官把中铁公司的这一主张称为抗辩，并指定由中铁公司来对该主张事实承担证明责任也符合学者对抗辩概念的解释。

不过，在离开罗马法体系支持的情况下，现代民事诉讼中的抗辩很容易和普通的否认、反驳发生混淆。对此，只能由法官依靠个人对法学理论的理解来把握，难免产生分歧。例如，在黄某东与庄某军、张某文房屋买卖合同纠纷再审案中，再审法院法官对何为“反驳”的分析是：

本案争议焦点是：双方当事人之间是否成立了真实的房屋买卖合同关系？该项争议首先与本案举证证明责任的分配相关。本案中，黄某东的起诉行为发动了民事诉讼程序，其主张与庄某军、张某文成立了真实有效的房屋买卖合同关系，依法应当对产生该项买卖关系的基本事实承担举证证明责任；如果其未能提供证据或者证据不足以证明事实主张的，则应依法承担不利的诉讼后果。就庄某军、张某文而言，在本案中并不承担客观意义的举证证明责任，其在诉讼中虽曾主张讼争房屋系其弟庄某立从郭某龄处抵债取得，并为此提供了相应证据材料，但实质上这是不负有举证证明责任的当事人反驳本证的证明活动，其目的在于动摇黄某东的本证证明效果；即使庄某军、张某文提供的证据不足以证明其相反主张，也不能免除黄某东应当承担的客观意义举证证明责任。检察机关以庄某军、张某文提出的相反证据不足以反驳黄某东主张的事实为由，而对原判举证证明责任分配质疑缺乏依据，本院不予支持。[1]

在这个案件中，庄某军、张某文主张讼争房屋系其弟庄某立从郭某龄处抵债取得。从表面上看，庄某军、张某文也是在原告主张的事实之外提出了一个新的事实主张，但此时法院并没有把这个新的事实主张视为抗辩，而仅将其作为反驳看待。把这个案件和前述安徽瑞讯交通开发有限公

〔1〕 参见浙江省高级人民法院民事判决书，(2016)浙民再183号。

司与中铁二十二局集团第四工程有限公司建设工程施工合同纠纷案进行比较，很难说在这两个案件中，被告围绕案件的事实问题所提出的新主张在本质上有多大的区别；但是由于被告主张的事实在一个案件中被当作抗辩，在另一个案件中被当作反驳，导致在最终的证明责任分配上，两案的结果大相径庭。

由于抗辩在现代民事诉讼中究竟要如何与答辩、反驳、否认进行区分很难有统一的标准，且不同案件的情况千差万别，在不同法院之间难以形成统一认识，针对一些常见的问题就只能由最高人民法院作出权威性的认定。例如，2015年《最高人民法院关于审理民间借贷案件适用法律若干问题的规定》第17条规定："原告仅依据金融机构的转账凭证提起民间借贷诉讼，被告抗辩转账系偿还双方之前借款或其他债务，被告应当对其主张提供证据证明。被告提供相应证据证明其主张后，原告仍应就借贷关系的成立承担举证证明责任。"在该司法解释中，最高人民法院明确把被告关于转账凭证用途的辩解界定为被告的"抗辩"，并规定被告要对其主张的转账凭证用途承担证明责任。

除司法解释外，最高人民法院也曾经在裁判文书中对"违约金过高"主张的性质进行过分析。在济南市历下区燕山工业小区开发建设总公司与山东万城佳业房地产开发有限公司建设用地使用权转让合同纠纷再审审查与审判监督案民事裁定书中，最高人民法院就作出如下认定：

> 二审法院举证证明责任分配正确。一般而言，当事人约定违约金的目的之一在于事先对损失赔偿金额进行锁定，以防将来就损失赔偿具体金额大小产生争议。换言之，一旦发生违约行为，守约方只需依约向违约方提出承担违约责任的具体请求即可，而无须就损失大小，再行举证证明。万城公司以燕山公司为被告主张后者承担给付违约金责任只需举证证明燕山公司存在违约行为，并就违约金数额主张提交计算依据《转让合同》。而燕山公司作为被告提出违约金过高的抗

辩主张应根据谁主张谁举证原则，提供证据证明违约金相对于损失过高。[1]

在该案中，最高人民法院明确把被告关于“违约金过高”的主张界定为抗辩，并指出被告应对“违约金过高的抗辩主张”承担证明责任。基于最高人民法院判决的权威性，该判决对主张“违约金过高”的证明责任应如何分配具有普遍的指导作用。但是，在审判实务中，各种事实争议数不胜数，能够经由最高人民法院通过司法解释或者判决确定证明责任具体应如何分配的毕竟是少数。而且，除了“违约金过高是否属于抗辩”这样的普遍性问题外，类似前述案例中关于“中铁公司主张案涉两笔款项已计算在生效判决书确认的中铁公司认可收款中”，以及“庄某军、张某文主张讼争房屋系其弟庄某立从郭某龄处抵债取得”的问题是否属于抗辩，以及有关当事人应否为此承担证明责任的问题，就很难上升为一个普遍性的问题并通过示范性判决将其中的证明责任分配问题彻底说清楚。

通过上述案例可以看出，要想在现代民事诉讼中准确区分主张和抗辩，不仅在理论上而且在实务中都有相当大的难度，仅仅依靠将抗辩的概念古为今用，并不足以完全解决“谁主张，谁举证”在现代民事诉讼的适用困境。

（二）规范说与“谁主张，谁举证”的共处

从图4-6重点样本的实证研究数据来看，其中适用“谁主张，谁举证”（包括单独适用“谁主张，谁举证”和在附加特定规则情况下适用“谁主张，谁举证”）的情况合计为369件，大约占样本总数832件的44.35%，适用规范说（包括单独适用规范说和在附加特定规则情况下适用规范说）的样本数为195件，占总样本数的比例大约为23.43%。由此可见，我国法院在

---

〔1〕 参见最高人民法院民事判决书，(2018)最高法民申125号。

接受规范说的同时，并未放弃"谁主张，谁举证"规则。不仅如此，研究过程中还发现，有的法官在裁判过程中还借用规范说的理论，对"谁主张，谁举证"的适用问题进行了论证，将二者很好地结合起来。

例如，在中国铁建港航局集团有限公司与广东省航运规划设计院有限公司不当得利纠纷案二审民事判决书中，法官在判决理由中分析认为："《中华人民共和国民法通则》第九十二条规定：'没有合法根据，取得不当利益，造成他人损失的，应当将取得的不当利益返还受损失的人。'根据上述规定，不当得利的构成要件有三：有一方获利；致他方受损；一方获利与他方受损之间有因果关系且无法律上的原因。根据谁主张谁举证的证明责任分配一般规则，主张权利的一方对自己主张的事实负证明义务。铁建公司认为航运公司不当得利，须对不当得利的三个构成要件均负证明义务。"〔1〕类似的判决还可见于林某静与李某均不当得利纠纷案二审民事判决书〔2〕、梁某堂与钟某欢不当得利纠纷案二审民事判决书〔3〕、朱某与滕州市中心人民医院医疗损害责任纠纷案一审民事判决书〔4〕等。在这些案件中，虽然法官还是把"谁主张，谁举证"作为证明责任分配的一般规则，但为了确定当事人要对什么样的主张承担证明责任，法官同时也援引规范说的分析方法进行了说理。依据这种裁判方式所得出的结论和适用规范说并无实质差别。

如果查阅适用规范说的裁判文书也可以发现，我国法官在运用规范说进行裁判说理的过程中，也经常把规范说和主张者的证明义务结合起来论述。例如，在林某德与林某不当得利纠纷申请再审案民事裁定书中，法官是这样论述的：

---

〔1〕广东省广州市中级人民法院民事判决书，(2014)穗中法民一终字第6535号。

〔2〕参见浙江省丽水市中级人民法院民事判决书，(2014)浙丽民终字第311号。

〔3〕参见广东省广州市中级人民法院民事判决书，(2016)粤01民终7187号。

〔4〕参见山东省枣庄市滕州市人民法院民事判决书，(2019)鲁0481民初3827号。

本案中，因双方均无充分证据证明所争议的案涉款项性质，根据《最高人民法院关于民事诉讼证据的若干规定》第七十三条第二款“因证据的证明力无法判断导致争议事实难以认定的，人民法院应当依据举证责任分配的规则作出裁判”的规定，本案是否构成不当得利，关键在于举证责任的分配。我国现行法律基本确认了以法律要件分类说为基础的证明责任分配体系，即主张权利的人应就权利产生的法律要件事实举证。通说认为，不当得利的基本要件有四：一方获得利益，一方受到损失，获利与受损之间具有因果关系，获得利益及利益受损均无法律上的原因。林某德主张其享有不当得利请求权，应当对本案是否符合不当得利的构成要件负举证责任。[1]

对于未曾了解过规范说的人来说，上述说理方式与适用“谁主张，谁举证”的效果几乎难以分辨。由此也可以进一步证明，规范说与“谁主张，谁举证”本质上都是主张者承担证明义务的表现形式。

二、规范说在审判实务中的适用问题

规范说的出现暂时缓解了抽象法典时代的证明责任危机，成为大陆法系的通说。作为传统的成文法国家，我国接纳规范说顺应了历史发展的潮流。从笔者收集的案例来看，我国已有不少法官在裁判过程中自觉运用了规范说的理论和方法。虽然其中有不少案例还仅停留在对现有司法解释进行简单演绎的层次，但这种情况随着法学教育水平的提高和实践经验的积累会逐渐好转，故而不是笔者研究的重点。但是，有不少案例也暴露了规范说的缺陷，这些通过实践反馈的问题无疑更加值得研究和总结。

〔1〕 最高人民法院民事判决书，(2013)民申字第2332号。

(一)规范说与立法的衔接问题

尽管罗森贝克在创立规范说时特别强调民法规范对于证明责任分配的重要意义,并坚定地认为"唯有经过数百年的努力由立法者塑造的公正,唯有法律本身才是法官裁判的准绳和指南",[1]但现实的问题是,《民法典》的立法者很难在拟定具体条文的同时,对每一条法律规范可能出现的证明责任分配问题进行完备的考虑,并据此对立法语言和立法表述进行调整。例如,《物权法》第106条的善意取得制度规定:"无处分权人将不动产或者动产转让给受让人的,所有权人有权追回;除法律另有规定外,符合下列情形的,受让人取得该不动产或者动产的所有权:(一)受让人受让该不动产或者动产时是善意的;(二)以合理的价格转让;(三)转让的不动产或者动产依照法律规定应当登记的已经登记,不需要登记的已经交付给受让人。受让人依照前款规定取得不动产或者动产的所有权的,原所有权人有权向无处分权人请求赔偿损失。当事人善意取得其他物权的,参照前两款规定。"围绕该法律规范中关于"善意"这一要件究竟应当作为权利形成要件还是权利妨碍要件,我国学者产生了严重的认识分歧和争议。有的学者主张,按照法律规范的文义应当将善意作为权利形成要件由受让人承担举证证明责任;有的学者从立法论的角度对《物权法》第106条的规定提出批评,主张应当由所有权人对受让人存在恶意承担证明责任;还有的民法学者主张通过推定来解决这一问题,即应当作出受让人善意的推定,然后让原权利人就其主张的受让人存在恶意或者重大过失承担证明责任表见代理的问题。[2]根据规范说,在《物权法》第106条在明确将"受让人受让该不动产或者动产时是善意的"规定为受让人取得所有权条件的情况下,"善意"对受让人来说应属权利产生规范中的要件事实,应由受让人来

---

〔1〕[德]莱奥·罗森贝克:《证明责任论》(第5版),庄敬华译,中国法制出版社2018年版,第114页。

〔2〕参见李浩:《规范说视野下法律要件分类研究》,载《法律适用》2017年第15期。

承担证明责任。但从实际情况出发，由于法律规定的“善意”通常是指受让人不知道转让人无权处分的情况，而让一个人来证明自己不知道某事，的确也是一件较为尴尬的事情。

如果按照《德国民法典》的规定，就不会有这个问题。《德国民法典》第929条、第932条[1]组合起来后，规定了完整的动产物权善意取得制度，其具体条文为：

第929条　合意和交付

为转让动产的所有权，所有人必须将该物交付给取得人，并且所有人和取得人必须达成关于所有权应转移的合意。取得人正在占有该物的，只需要关于所有权转移的合意即为足够。

第932条　从无权利人处善意取得制度

(1)即使物不属于让与人，取得人也因依照第929条所为的让与而称为所有人，但取得人在依照该条的规定本来会取得所有权时非为善意的除外。但在第929条第2句的情形，仅在取得人已从让与人处取得占有时，才适用前句的规定。

(2)取得人知道或因重大过失而不知道该物不属于让与人的，非为善意。

比较我国和德国的动产善意取得制度就会发现，由于立法的表述不同，按照规范说对《德国民法典》第929条、第932条进行解读，受让人非为善意的情形属于但书规定，从分类上讲应属于权利妨碍规范，此时就应当由反对善意取得的真实权利人来承担证明责任。因此，有学者就提出，对比我国《物权法》，《德国民法典》相关条款的规范构造更契合保护交易安全的法规范目的，而《物权法》条文的规范构造，则有规范目的落空之虞，

〔1〕 参见陈卫佐译注：《德国民法典》(第2版)，法律出版社2006年版，第336-338页。

故而应借鉴德国民法典的相关规定修改完善《物权法》条文的表述。〔1〕

2016年2月22日，最高人民法院发布《关于适用〈中华人民共和国物权法〉若干问题的解释（一）》（以下简称《物权法司法解释》），其中第15条规定："受让人受让不动产或者动产时，不知道转让人无处分权，且无重大过失的，应当认定受让人为善意。真实权利人主张受让人不构成善意的，应当承担举证证明责任。"《物权法司法解释》从实务层面统一了《物权法》第106条所涉"善意"问题的证明责任，从举证角度缓解了由本人来证明自己不知情的尴尬局面。但从另一方面来说，该司法解释与按规范说分配证明责任得出的结论是相互冲突的。倘若按照2015年《民诉法司法解释》第91条"主张法律关系存在的当事人，应当对产生该法律关系的基本事实承担举证证明责任"的规定，本应得出"主张善意取得的受让人应当对善意的事实承担举证证明责任"的结论。

2020年颁布的《民法典》第311条继续沿用了《物权法》第106条的立法表述。〔2〕《最高人民法院关于适用〈中华人民共和国民法典〉物权编的解释（一）》第14条也同样沿用了《物权法司法解释》第15条规定的表述。〔3〕因此，在善意取得问题上，依照司法解释得出不同结论的现象在民法典实施后还将继续存在。

---

〔1〕 参见徐涤宇：《民事证明责任分配之解释基准——以物权法第106条为分析文本》，载《法学研究》2016年第2期。

〔2〕 《民法典》第311条规定："无处分权人将不动产或者动产转让给受让人的，所有权人有权追回；除法律另有规定外，符合下列情形的，受让人取得该不动产或者动产的所有权：（一）受让人受让该不动产或者动产时是善意；（二）以合理的价格转让；（三）转让的不动产或者动产依照法律规定应当登记的已经登记，不需要登记的已经交付给受让人。受让人依据前款规定取得不动产或者动产的所有权的，原所有权人有权向无处分权人请求损害赔偿。当事人善意取得其他物权的，参照适用前两款规定。"

〔3〕 《最高人民法院关于适用〈中华人民共和国民法典〉物权编的解释（一）》第14条规定："受让人受让不动产或者动产时，不知道转让人无处分权，且无重大过失的，应当认定受让人为善意。真实权利人主张受让人不构成善意的，应当承担举证证明责任。"

（二）规范说与实务的碰撞

假如我们不去考虑规范说与立法的关系，而是如普维庭所说的，不管立法者有没意识到证明责任问题，只要承认规范说的有效性，从立法者规定权利形成要件的逻辑必然性出发，请求权人就必须对权利形成要件承担证明责任；与此同时，不属于权利形成要件的权利阻碍、权利消灭要件必须由请求权人的对方承担证明责任，那么证明责任问题是否就能够得到解决呢？

现实表明，上述设想依然是难以实现的。以不当得利纠纷为例，《中华人民共和国民法通则》第92条规定："没有合法根据，取得不当利益，造成他人损失的，应当将取得的不当利益返还受损失的人。"《民法典》第985条对不当得利的构成条件也作了基本相同的规定。[1]《德国民法典》第812条对不当得利的基本规定是："无法律上的原因，因他人的给付或以其他方式使他人蒙受损失而自己取得利益的人，对该他人负有返还的义务。"[2]从中德两国对不当得利的规定来看，不当得利的构成要件基本是相同的。以规范说的角度视之，法律对不当得利构成要件所作规定显然属于权利产生规范，应由主张不当得利的人对其中的要件事实承担证明责任，获益人无须承担证明责任。即便如此，在不当得利案件的审理过程中，围绕应由谁来证明获益"没有法律根据"的问题，也还是存在很大争议。[3]

笔者将重点样本中涉及不当得利纠纷的案例单独列表进行分析，得出以下统计数据（见表5-1）。

---

〔1〕《民法典》第985条规定："得利人没有法律根据取得不当利益的，受损失的人可以请求得利人返还取得的利益，但是有下列情形之一的除外：（一）为履行道德义务进行的给付；（二）债务到期之前的清偿；（三）明知无给付义务而进行的债务清偿。"

〔2〕陈卫佐译注：《德国民法典》（第2版），法律出版社2006年版，第303页。

〔3〕参见张心恬、王文军、陈蔚如：《不当得利"没有合法根据"要件的证明责任分配》，载《政治与法律》2011年第6期。

表5-1 证明责任实证案例不当得利纠纷裁判情况统计

单位：件

<table>
<tr><th>裁判结果</th><th colspan="2">裁判理由</th><th>数量</th><th>数量</th><th>总计</th></tr>
<tr><td rowspan="5">有利于主张者</td><td>“谁主张，谁举证”</td><td>“谁主张，谁举证”+区分抗辩</td><td>1</td><td rowspan="5">15</td><td rowspan="14">114</td></tr>
<tr><td rowspan="4">特定规则</td><td>举证能力</td><td>1</td></tr>
<tr><td>证明难易+不配合法庭调查</td><td>11</td></tr>
<tr><td>证明难易</td><td>1</td></tr>
<tr><td>财产变动控制人证明</td><td>1</td></tr>
<tr><td rowspan="9">有利于获益人</td><td rowspan="3">“谁主张，谁举证”</td><td>“谁主张，谁举证”</td><td>27</td><td rowspan="9">96</td></tr>
<tr><td>“谁主张，谁举证”+财产变动控制人证明</td><td>10</td></tr>
<tr><td>“谁主张，谁举证”+举证能力</td><td>4</td></tr>
<tr><td rowspan="3">规范说</td><td>规范说</td><td>34</td></tr>
<tr><td>规范说+财产变动控制人证明</td><td>14</td></tr>
<tr><td>规范说+举证能力</td><td>1</td></tr>
<tr><td rowspan="3">特定规则</td><td>财产变动控制人证明</td><td>4</td></tr>
<tr><td>不配合法庭调查</td><td>1</td></tr>
<tr><td>主张积极事实者证明</td><td>1</td></tr>
</table>

从表5-1中可以看出，在重点样本收录的114个不当得利案件样本中，完全适用规范说分配证明责任的有34件，占比仅为29.82%。即使认为在不当得利案件中，适用“谁主张，谁举证”和规范说的实际效果几乎没有什么差别，把二者进行合并统计，也只有61件，占比为53.51%。更值得关注的是，在114个不当得利案件样本中，有15件非但没有适用规范说，反而作出了与规范说适用结果截然相反的裁判。虽然从绝对数量上看，此类裁判属于少数，但也是一个不容忽视的问题。尤其是，在《民法总则》(已失效)颁布后，最高人民法院出版的《〈中华人民共和国民法总则〉条文理解与适用》也倾向认为，由被告来承担“没有法律根据”的证明责任更为妥当，并

详述了如下理由：首先，不当得利中“没有法律根据”不是一般诉讼中特定的待证事实，而是一系列不特定的民事法律行为、事实行为乃至事件的集合。对于原告而言，让其证明“没有法律根据”是一项不可能完成的任务。其次，按照2015年《民诉法司法解释》第91条的规定，主张法律关系存在的当事人，应当对产生该法律关系的基本事实承担举证证明责任、此亦为谁主张谁举证的例外情形。故被告如主张存在一定法律关系构成“法律根据”的，应由被告承担举证证明责任。虽然上述观点并非正式的司法解释，只能代表部分编者的意见，但至少也反映了实务部门对于规范说的理解和适用是存在一定争议的。由此可见，也不能简单地把不按规范说分配证明责任的情况归咎于少数法官任意行使裁量权。

上述情况在我国台湾地区也同样存在。我国台湾地区曾经有一个不当得利的案件引起了学界的关注，其基本案情如下：原告先以借贷为由对被告提起诉讼，请求返还150余万元台币，之后，原告因无法证明存在借贷合意，遂变更诉由为不当得利之诉。被告的答辩理由是，原告所支付的150万元台币系向被告清偿过去的欠款。一审法院以原告无法证明被告受领讼争款项无法律上原因为由，判决驳回原告的诉讼请求。二审期间，双方继续围绕事实争议进行诉辩。二审法院改判原告胜诉，理由是，被告无法证明其过去有借款给原告的事实。该案上诉到第三审后，三审法院以2010年度台上字第2019号判决将二审判决废弃发回，理由是证明责任分配错误，应该由原告对没有法律上的原因承担证明责任。然而，二审法院经过重审后，仍然判决原告胜诉，其理由是：由于没有法律上的原因属消极事实，为达公平，可以用转换待证事实的方式来减轻原告的证明责任，也就是说，此时应由被告就双方此前已有借贷关系存在的积极事实承担证明责任。该案经再次上诉后，三审法院作出2011年度台上字第1911号裁定，以裁定驳回的方式维持了重审判决。在驳回裁定中，三审法院虽然形式上表示其赞同台上字第2019号判决关于没有法律上原因的证明责任应由原告负担的观点，但并未深究重审判决所采取的转换待证事实的操作方式是否妥当的问题。[1]从该案的审理情况来看，我国台湾地区对于不当得利的证明责任问题，也还是没有明确的结论。

对于传统证明责任理论在不当得利证明责任分配过程中的困境，有的学者开始尝试从其他角度来论证不当得利的证明责任问题。例如，王泽鉴教授认为，“给付不当请求权人乃使财产发生变动的主体，控制财产资源的变动，由其承担举证责任困难的危险，实属合理”。[2]这一观点便完全抛开了规范说，直接从举证主体的行为责任出发，对证明责任分配的合理性问题进行论证。学术界这种抛开规范说，从另外一种合理角度分配证明责任的思维方式，也对审判实务产生了深刻的影响。

（三）对规范说适用情况的评价

在“谁主张，谁举证”已经难以为继的情况下，规范说对于以成文法典为主体的大陆法系国家来说，确有其突出的价值和理论贡献。第一，规范说将证明责任的归属问题归结为法律规范之间存在的对立关系，并将这种法律规范之间的对立关系视为立法者预先设定好的规则，从源头上解决了抽象化的法典时代证明责任分配的合法性问题。第二，规范说通过对法律规范之间的逻辑关系进行梳理和区分，大体上实现了在当事人之间均衡分配证明责任的目标。第三，在抽象法典时代主张和抗辩越来越难以区分的情况下，规范说为法官解决了“谁要为什么样的主张承担证明责任”的问题。

但是，规范说在实践中也暴露出两大自身难以解决的问题：一方面，规范说无法解决立法者在拟制法律规范时无法兼顾规范说的问题。规范说属于法律适用的理论，而非立法原理或立法规范。很难强求立法者按照

〔1〕 参见黄国昌等：《民事诉讼上证明概念之再考——以两个“既矛盾又一致”的高等法院判决为例》，载《民事诉讼法之研讨（廿）》，台北，元照出版有限公司2014年版，第303-305页。

〔2〕 王泽鉴：《债法原理》（第2册·不当得利），中国政法大学出版社2002年版，第54页。

规范说的理论来拟制法律条文。对于立法者来说，其需要考虑的重要问题有很多，要求立法者在制定法律规范时兼顾证明责任的分配要求，势必极大地加重立法工作的负担。以善意取得、不当得利为例便可以说明，立法者在拟定法律文本时，未必能兼顾行文简洁流畅和规范说的要求。但倘若立法者在拟制法律规范时并没有按照规范说对立法表述进行统筹考虑，而判决时却一定要按规范说来分配证明责任，就容易使规范说陷入尴尬局面。另一方面，规范说无法解决事实真伪不明原因与诉讼标的彼此独立的问题。事实真伪不明原因的相对独立性，使立法者即便有意识地想要依据规范说对立法条文进行审慎的表述，也面临重重困难。以不当得利为例，假如立法者考虑受损人要对"获得利益没有法律根据"这一消极事实进行举证存在客观困难，将不当得利的法律条文表述为"得利人取得利益造成他人利益受损，受损失的人可以请求得利人返还取得的利益，除非得利人能证明其获取该利益具有法律根据"，围绕不当得利的证明责任争论也未必能画上圆满的句号。因为，得利人获得利益的具体情况千差万别，导致财产流转原因真伪不明的情况也千差万别，无论法律将"获得利益具有合法原因"的证明责任固定地分配给哪一方，都有可能出现难以和个案相匹配的情况。

基于此，无论理论界还是实务界，都不得不承担起填补规范说与实务之间鸿沟的责任。对此，学者亦曾客观评价认为，规范说的确为法的安定性作出了贡献，但只要不承认对法的形成有其例外，就是一种没有任何希望的学说。[1]

---

〔1〕 参见陈刚：《现代证明责任理论的研究现状》，载陈刚主编：《比较民事诉讼法》，中国人民大学出版社2001年版，第192页。

三、特定规则中的司法裁量

大量案例表明，无论“谁主张，谁举证”还是规范说，均无法完全解决证明责任分配的问题。对于证明责任这样的难题，无论普通法系还是大陆法系，都有必要通过发挥法官的司法能动性来弥补一般规则的不足。前文述及，就方法论而言，我国法官通过特定规则分配证明责任的方式，与两大法系的实际做法并无本质差别。理论上应当关注的是，法官在证明责任裁判过程中的司法裁量是如何进行的，其对于公正审判又将产生何种影响。

（一）特定规则和一般规则的关系

通过案例研究可以发现，法院在证明责任裁判过程中，有时候会将特定规则和一般规则叠加适用，使特定规则对一般规则起到补强的作用；有的时候则单独适用特定规则，并借此排除一般规则的适用。对此，有必要进一步了解法官这么做的依据或目的究竟是什么？以实务中常见的不当得利案件为例。通过表5-1，可以反映以下问题：

第一，特定规则可以对一般规则起到补强、替代的作用。通过表5-1可以发现，法院在一部分适用“谁主张，谁举证”和规范说分配证明责任的案件中，附加适用了财产变动控制人证明和举证能力两种特定规则。而现实中也确实存在“让主张者来证明获益者取得利益没有法律根据较为困难”的质疑。从司法审判的角度来说，法官本来就有回应社会关切的责任。当一部分公众的质疑通过当事人的诉讼行为传导至法庭上，负责具体审判工作的法官为了维护裁判的正当性，就必须给予一定的回应。由此可见，法官有时会用特定规则补强一般规则的根本原因在于，法官认为一般规则不足以满足社会公众对公正审判的需求和期待。

第二，特定规则成为反对和限制一般规则的法律论证工具。从不当得利案件的裁判来看，按一般规则分配证明责任通常更有利于获益人。在少数有利于主张者的判决中，法院均进行了说理。而且，大部分的说理均是通过适用特定规则进行的。特定规则之所以能够成为反对和限制一般规则的论证工具的根本原因在于：在部分案件中，法官根据实际案情判断，适用特定规则较之一般规则更能体现公平正义的要求。例如，在依据证明难易分配证明责任的案件中，法院通常强调，“基于证明责任分配的难易程度及公平原则，应由得利方就其获利有法定或者意定的理由承担举证责任”。[1]暂且抛开此种论证是否科学合理的问题，现实中也确实存在有些案件的得利人更加容易获得证据，甚至得利人对证据灭失有重大责任的情况。作为审理案件的法官，很可能也在审理过程中发现了这一问题。因此，法官为了实现其认可的公正裁判，只好借用证明难易规则来排除一般规则的适用。

第三，特定规则的稳定性虽然不如一般规则，但其灵活性和适应性更强。在不当得利案件中，倘若适用一般规则，主张不当得利的一方通常就是该类案件的证明责任承担方。但如果适用特定规则裁判，哪怕适用同一个特定规则，也有可能出现由不同角色当事人负担证明责任的情况。

例如，通过表5-1中可以发现，在不当得利案件的证明责任分配过程中加入财产变动控制人证明规则后，有28个案件得出对获益人有利的判决，但有1个案件适用相同规则却得出了对主张者有利的判决。这起案件的基本案情是：原、被告彼此相识。2015年前后，被告持有原告在中国民生银行开设的账户网银U盾，并操作其账户转账。根据法院查明的事实，从2015年2月9日起至2016年2月4日止，被告利用原告的网银U盾从原告的账户转出款项25笔，共计343，796元。同时，被告在2015年1月20日至9月

---

〔1〕 参见韩某某与俞某某返还原物纠纷案，上海市卢湾区人民法院民事判决书，(2007)卢民二(商)初字第863号；贺某与雷某不当得利纠纷案，湖南省岳阳市中级人民法院民事判决书，(2014)岳中民一终字第452号；陈某霞与曾某端、何某生不当得利纠纷案，广东省肇庆市中级人民法院民事判决书，(2016)粤12民终1061号；林某与梁某清、翟某霖不当得利纠纷案，广东省肇庆市端州区人民法院民事判决书，(2017)粤1202民初3428号。

22日向原告的中国银行、中国民生银行的银行账户转款7笔，共计11.7万元。二审法院对该案证明责任应分配作出如下说明："根据已查明的事实，被告利用网银U盾从原告账户中转账金额远远大于其向原告账户的转账金额，两者差异巨大，原告受损与被告收益之间具有直接因果关系。本案系不当得利纠纷，在证明责任分配方面，被告作为获得利益的一方，应举证证明其获得利益有合法根据。"〔1〕这起案件的特殊之处在于，原告的银行账号实际上曾被被告控制，资金的转入转出也是被告在操作。探究法官的裁判意图不难发现，法官判决被告负担证明责任的原因并非单纯因为被告获得了利益，而是被告实际控制过原告的账户。该案件说明，相比于固化的一般规则，根据财产变动控制人证明来分配不当得利纠纷的证明责任，不仅可以适用于一般的财产流转情况，也可以适用于偶发性的、特殊的财产流转情况。特定规则的这种灵活性是一般规则所无法比拟的。

（二）特定规则与两大法系相关理论和司法实践的比较

如果将我国证明责任裁判中的特定规则与两大法系的证明责任学说和司法实践进行比较，可以发现三者之间存在诸多共通之处（见表5-2）。

表5-2 证明责任实证案例中的特定规则与两大法系相关理论和司法实践比较

我国证明责任裁判中的特定规则	大陆法系修正学说	普通法系的司法实践
主张积极事实的当事人承担证明责任	消极事实理论	主张积极事实的当事人承担证明责任；要求改变现状的人证明
证明责任缓和	证明责任减轻	
保护受害人、风险防范、潜在危险性更高、经营管理单位证明	危险领域说	

〔1〕 陈某鑫与聂某庆不当得利纠纷二审案，湖南省长沙市中级人民法院民事判决书，(2019)湘01民终1368号。

续表

我国证明责任裁判中的特定规则	大陆法系修正学说	普通法系的司法实践
概然性、主张事实违背常理者证明、主张事实与法律推定相反者证明	概然性说	在表面事实较为明显的情况下，证明责任由反驳该事实的人承担
证据持有责任人证明、举证能力、证明难易、财产变动控制人证明、接近证据、专业机构证明、公共利益、雇主证明、格式合同提供方证明	利益衡量说、武器平等原则	谁更容易了解真相；证明难易程度
公平原则、诚实信用、违约方证明、诉讼经济	损害归属说	受害人对是否减轻损失的争议不承担证明责任、避免大量增加诉讼的风险、根据当事人的经济承受能力分配证明责任
不配合法庭调查、对证据灭失有责任	证明妨碍理论①	所有的事物应被推定为不利于过错人

①　证明妨碍虽然是大陆法系学者为了克服规范说的不足而提出的理论，但严格来说，其并不属于大陆法系的证明责任学说。笔者在本书第六章对证明妨碍和证明责任的关系进行了说明。此处把证明妨碍理论列入表格是为了方便比较研究。

虽然上述表格无法涵盖所有的学说、理论和判决，有的项目由于笔者缺少资料还存在空白，且有些分类也未必完全准确，但表5-2至少可以反映三个问题：第一，各个国家都存在大量的不按照一般规则分配证明责任的司法判例和学说；第二，每一个被创造出来的特定规则、司法判例或学说，至少在某一方面反映了社会生活的合理性要求，只不过相同或相似的考量因素在不同法系、不同国家乃至不同法官笔下会有不同的表达方式；第三，从横向上看，不同国家之间在某些特定价值和目标上的追求是一致的，但是从纵向上看，这些特定价值和目标之间又有可能会发生冲突。这些问题说明了证明责任问题的普遍性和复杂性。

对于我国来说，证明责任问题的复杂性还有自己的特点。首先，我国传统上接近于大陆法系国家，总体制度、思维、方法也都偏向大陆法系；但

《民法典》的制定过程历时较长，使我国对规范说的研究较为滞后。其次，普通法的思维方式也对我国法官产生了较大的影响。法官在司法过程中也经常借鉴普通法的思维和方法来解决司法难题。最后，由于理论和实践脱节，我国法官在证明责任裁判过程中的各种创造性思维，缺乏系统归纳和理论升华，在某种程度上呈现“各自为政”的现象。

（三）特定规则之间的价值冲突

前文所述，在证明责任裁判时，法官唯有站在公平正义的制高点，把具体案件的特殊情境作为重点强调的变量，才能公开地将特定规则凌驾于一般规则之上。然而，公平正义是一组极为抽象的概念，不同的人可能有不同的解读方式。对于特定的案件来说，完全有可能出现不同价值取向导致不同裁判结果的情况。

以卢某和某第二医院医疗损害责任纠纷二审案件为例，该案同时存在几个重要的情节：（1）在卢某的孩子因医治无效死亡后，某第二医院向卢某告知了进行尸检的必要性和不进行尸检的法律后果，卢某明确表示不同意尸检。（2）在一审诉讼过程中，卢某申请对医疗行为是否存在过错进行鉴定，但随后又在一审法院出具对鉴定资料的认证意见后，无正当理由拒绝鉴定，导致鉴定程序终止。（3）在二审期间，虽然二审法院积极联系鉴定机构就医院的诊疗行为是否存在过错，以及医院的诊疗行为与患儿死亡的后果之间是否存在因果关系进行司法鉴定，都被鉴定机构以本案缺少尸体解剖报告为由退鉴。最后，二审法院判决认为：

> 本案中，在患儿死亡后，某第二医院向卢某告知了进行尸检的必要性和不进行尸检的法律后果，上诉人卢某明确表示不同意尸检，故应承担不同意尸检的法律后果。卢某关于医院存在诊疗过错的主张，属于专门性问题，应当通过鉴定予以明确，在无鉴定意见的情况下，法官不能依据日常经验法则对专门性问题进行评判，直接认定医院存在

诊疗过错。本案中，医患双方冲突激烈、矛盾较深，涉及患儿死亡的专业性判断极为复杂，故可以有条件地适用举证证明责任缓和规则认定诊疗过错及因果关系。卢某提交的初步证据可以证实不排除华西第二医院存在误诊、漏诊的可能，本案已经无法通过鉴定认定过错责任，故应适用举证责任缓和规则，推定医院存在诊疗过错。就因果关系的判断问题，导致患儿死亡的原因既可能是误诊、漏诊，也可能存在其自身误吸、脑部器质××变等因素，故应通过尸检明确死亡原因，明晰责任。鉴于导致患儿死亡的原因具有不确定性，未进行尸检的责任在卢某一方，从举证责任缓和规则及有利于平衡医疗机构与患者利益的角度考虑，确定由某第二医院承担50%的赔偿责任。[1]

在裁判说理中，二审法院明确提到了该案存在过错无法查明和证明责任要如何分配的问题。根据理论和实践中的做法，该案同时存在四种不同的证明责任分配方法：

第一种方法是，依据一般规则分配证明责任。根据《侵权责任法》第54条，"患者在诊疗活动中受到损害，医疗机构及其医务人员有过错的，由医疗机构承担赔偿责任"。[2]按此规定，无论是从"谁主张，谁举证"还是规范说的角度进行解读，证明责任均应由主张医疗损害赔偿的当事人来承担。

第二种方法是，依据特定规则中的不配合法庭调查来分配证明责任。在一审审理过程中，由于卢某的行为造成法院无法委托鉴定，从而无法完成调查，如果要追究该行为的责任，证明责任应当分配给卢某。

第三种方法是，依据特定规则中的对证据灭失有责任来分配证明责任。根据《医疗纠纷预防和处理条例》第26条第1款"患者死亡，医患双方对死因有异议的，应当在患者死亡后48小时内进行尸检；具备尸体冻存条件的，可以延长至7日。尸检应当经死者近亲属同意并签字，拒绝签字的，

---

〔1〕 四川省成都市中级人民法院民事判决书，(2016)川01民终10765号。
〔2〕 现为《民法典》第1218条。

视为死者近亲属不同意进行尸检。不同意或者拖延尸检，超过规定时间，影响对死因判定的，由不同意或者拖延的一方承担责任”的规定，在患儿死亡后，医院向卢某告知了进行尸检的必要性和不进行尸检的法律后果，卢某明确表示不同意尸检，而该案无法进行责任鉴定的原因正是缺少尸检报告所致。结合上述法规，由拒绝尸检的当事人承担证明责任也有合理的依据。

第四种方法是，该案二审法院所适用的证明责任缓和理论。但通过法院的裁判理由可以发现，二审法院选择证明责任缓和的依据是“为了保护弱势一方当事人的合法权益”。因而也可以说，二审法院在确定证明责任的过程中，实际上混合了证明责任缓和理论和保护弱势群体的价值判断因素。

上述四种裁判方法，在审判实务中都有存在。而且，在二审判决书中，法院对每一种裁判方法可依据的事实都有明确提及。虽然二审法院最后选择依据证明责任缓和理论来分配证明责任，但根据二审判决书的描述，二审法院显然也考虑过采用其他裁判结果的可能性。只不过到了最后，保护弱势群体权益这一价值判断促使二审法院最终选择了依据证明责任缓和理论进行判决。

在相似的案情下，其他法院有可能作出不同的选择。在案情类似的张某梅与成都市中西医结合医院医疗损害责任纠纷二审案件中，法院便作出了完全不同的裁判。该案的二审法院在对证明责任进行分析时认为：“谁主张谁举证是民事诉讼举证证明责任的一般原则，除法律另有规定外，不适用举证责任倒置。在医疗损害责任中，采用一般过错归责原则和特殊情形的过错推定，侵权责任法第五十八条确定了过错推定的法定情形，发生过错要件的举证证明责任转移……在本案中，张某梅未提交证据证明案件存在举证证明责任转移的事实依据，仍应由张某梅对医疗损害责任侵权构成要件齐备承担举证证明责任。张某梅对专业性问题不申请鉴定，致使过错和因果关系要件在本案中无法认定，未完成基本的举证证明义务，应由承担不利后果。"[1]这一裁判结合了"谁主张，谁举证"和不配合法定调查两种理由，仍将证明责任分配给患方。类似的裁判还可见于刘某红与珠海市平沙医院医疗损害责任纠纷二审民事判决书[2]、程某孝与程某玉医疗损害责任纠纷二审民事判决书[3]、刘某民与中国医学科学院肿瘤医院医疗损害责任纠纷二审民事判决书[4]等裁判文书。

除非有一个预设的评价标准，否则很难对上述不同的裁判结果进行评判。因为，大体上每一个事实真伪不明案件的背后都有一些特殊的情况让法官不得不犹豫；每一个特定规则背后，都有一张代表公平正义的面孔。因此，只要现实生活中存在多个特定规则，就难以避免彼此之间产生价值冲突。而最终的结果很可能是谁也不能真正说服谁。这也正是在规范说之后，各种修正理论始终无法真正取代规范说的根本原因。

（四）特定规则中的逻辑缺陷

作为裁判规则，逻辑自洽是最为重要的条件。不能满足逻辑自洽的裁判规则很容易不攻自破，无法据此得出具有普遍说服力的裁判。在法学发展史上，就有不少证明责任理论或学说，因为缺乏逻辑自洽的原因而被放弃。例如，笔者在第二章、第三章曾介绍过的消极事实理论、证明责任减轻和证明责任倒置理论，都是因为自身无法从语言逻辑上解决"消极"与"积极"、"正置"与"倒置"的定义问题受到批判。对于法官创制的特定规则来说，有些只是法官为了解决特定案件的证明责任困境而为的"应景之作"，并不一定有经过严密的逻辑论证，因而更加容易产生逻辑是否自洽的问题。例如，在上文引用的卢某和某第二医院医疗损害责任纠纷二审案件中，法院适用的证明责任缓和规则与已经被德国法学界放弃的证明责

---

〔1〕 四川省成都市中级人民法院民事判决书，(2017)川01民终11578号。

〔2〕 参见广东省珠海市中级人民法院民事判决书，(2018)粤04民终3256号。

〔3〕 参见四川省成都市中级人民法院民事判决书，(2018)川01民终1290号。

〔4〕 参见北京市第三中级人民法院民事判决书，(2019)京03民终13198号。

任减轻理论同样存在证明标准无法量化的逻辑自洽问题。即使有些特定规则在实践中被反复被使用过，也不能说就完全解决了逻辑是否自洽的问题。以不当得利案件为例，通常而言，让原告对被告获利没有合法理由提供证明似乎更为困难一些，故有些判决基于证明难易的分析，认为应当由被告来对自己获利具有合法依据承担证明责任。但是，也有判决对证明难易的区分逻辑质疑，并指出“在不当得利诉讼中，经常发生的情况恰恰是，原告所为之给付行为有法律上的原因（如借贷、赠与、合伙、投资、加工）等，相关的证据就在原告手中，但原告出于诉讼策略甚至是诉讼欺诈的考虑，谎称无合法根据。如果没有任何实证的依据就主观臆测被告离‘没有合法依据’的证据更近，不但难以服人，而且会给被告带来巨大的也是不公平的风险”。〔1〕除去上述争议，在实务中，证明难易规则也曾导致出现大量案件从借贷纠纷转为不当得利诉讼的情况，〔2〕给当事人和法院都带来了极大的困扰。

总体而言，特定规则的逻辑缺陷具有两面性：一方面，特定规则通常都是承办法官在各自办理的案件中拟制和适用的规则，具有较为浓厚的便宜从事的色彩。由于不同法官的专业背景、理论水平、业务能力存在一定的差别，这些规则在适用过程中呈现鲜明的个性化特征。另一方面，由于特定规则具有灵活性和更好的个案适应性，这些经过法官拟制的特定规则往往在疑难案件的审判中发挥了重要作用。

四、法定规则与其他规则的关系

在对我国证明责任裁判中的一般规则和特定规则进行分析后，笔者还

〔1〕 参见上海市奉贤区人民法院民事判决书，(2010)奉民二(商)初字第1581号。

〔2〕 参见李浩：《不当得利与民间借贷的交集——诉讼实务中一个值得关注的问题》，载《清华法学》2015年第1期。

发现，倘若将表4-6出现过的涉及证明责任分配的法律、司法解释与前述一般规则、特定规则进行对照分析，可以看出几乎每一条有关证明责任的法律或司法解释都可以从一般规则和特定规则中找到其对应的依据。为便于说明问题，笔者将对照分析的结果列表如表5-3所示。

表5-3　证明责任实证案例所引用法律、司法解释对应的一般规则和特定规则分析对照

序号	实证案例引用的法律、司法解释条文	一般规则和特定规则
1	《夫妻债务纠纷司法解释》第二条　夫妻一方在婚姻关系存续期间以个人名义为家庭日常生活需要所负的债务，债权人以属于夫妻共同债务为由主张权利的，人民法院应予支持。 第三条　夫妻一方在婚姻关系存续期间以个人名义超出家庭日常生活需要所负的债务，债权人以属于夫妻共同债务为由主张权利的，人民法院不予支持，但债权人能够证明该债务用于夫妻共同生活、共同生产经营或者基于夫妻双方共同意思表示的除外	"谁主张，谁举证"
2	2015年《最高人民法院关于审理民间借贷案件适用法律若干问题的规定》第二十一条　他人在借据、收据、欠条等债权凭证或者借款合同上签字或者盖章，但未表明其保证人身份或者承担保证责任，或者通过其他事实不能推定其为保证人，出借人请求其承担保证责任的，人民法院不予支持	"谁主张，谁举证"
3	2015年《最高人民法院关于审理民间借贷案件适用法律若干问题的规定》第十七条　原告仅依据金融机构的转账凭证提起民间借贷诉讼，被告抗辩转账系偿还双方之前借款或其他债务，被告应当对其主张提供证据证明。被告提供相应证据证明其主张后，原告仍应就借贷关系的成立承担举证证明责任	"谁主张，谁举证"（区分抗辩）
4	《中华人民共和国消费者权益保护法》第二十三条第三款　经营者提供的机动车、计算机、电视机、电冰箱、空调器、洗衣机等耐用商品或者装饰装修等服务，消费者自接受商品或服务之日起六个月内发现瑕疵，发生争议的，由经营者承担有关瑕疵的举证责任	"谁主张，谁举证"+经营管理单位证明
5	《最高人民法院关于审理劳动争议案件适用法律若干问题的解释（三）》第九条　劳动者主张加班费的，应当就加班事实的存在承担举证责任。但劳动者有证据证明用人单位掌握加班事实存在的证据，用人单位不提供的，由用人单位承担不利后果	"谁主张，谁举证"+不配合法庭调查
6	《中华人民共和国公司法》第六十三条　一人有限责任公司的股东不能证明公司财产独立于股东自己的财产的，应当对公司债务承担连带责任	证据持有责任人证明

续表

序号	实证案例引用的法律、司法解释条文	一般规则和特定规则
7	《最高人民法院关于适用〈中华人民共和国公司法〉若干问题的规定(三)》第二十条　当事人之间对是否已履行出资义务发生争议,原告提供对股东履行出资义务产生合理怀疑证据的,被告股东应当就其已履行出资义务承担举证责任	证据持有责任人证明
8	《侵权责任法》第五十八条　患者有损害,因下列情形之一的,推定医疗机构有过错:(一)违反法律、行政法规、规章以及其他有关诊疗规范的规定;(二)隐匿或者拒绝提供与纠纷有关的病历资料;(三)伪造、篡改或者销毁病历资料	不配合法庭调查+对证据灭失有责任
9	2015年《民诉法司法解释》第三百一十一条　案外人或者申请执行人提起执行异议之诉的,案外人应当就其对执行标的享有足以排除强制执行的民事权益承担举证证明责任	接近证据
10	《侵权责任法》第四十二条第二款　销售者不能指明缺陷产品的生产者也不能指明缺陷产品的供货者的,销售者应当承担侵权责任	接近证据
11	《中华人民共和国道路交通安全法》第七十六条第一款第二项　机动车与非机动车驾驶人、行人之间发生交通事故,非机动车驾驶人、行人没有过错的,由机动车一方承担赔偿责任;有证据证明非机动车驾驶人、行人有过错的,根据过错程度适当减轻机动车一方的赔偿责任;机动车一方没有过错的,承担不超过百分之十的赔偿责任	潜在危险性更高
12	《最高人民法院关于适用〈中华人民共和国保险法〉若干问题的解释(二)》第十三条第一款　保险人对其履行了明确说明义务负举证责任	专业机构证明
13	《民事诉讼证据规定》第四条第一款第八项　因医疗行为引起的侵权诉讼,由医疗机构就医疗行为与损害结果之间不存在因果关系及不存在医疗过错承担举证责任	专业机构证明
14	《最高人民法院关于审理劳动争议案件适用法律若干问题的解释(一)》第十三条　因用人单位作出的开除、除名、辞退、解除劳动合同、减少劳动报酬、计算劳动者工作年限等决定而发生的劳动争议,用人单位负举证责任 《民事诉讼证据规定》第六条　在劳动争议纠纷案件中,因用人单位作出开除、除名、辞退、解除劳动合同、减少劳动报酬、计算劳动者工作年限等决定而发生劳动争议的,由用人单位负举证责任	雇主证明

续表

序号	实证案例引用的法律、司法解释条文	一般规则和特定规则
15	《物权法司法解释》第二条　当事人有证据证明不动产登记簿的记载与真实权利状态不符、其为该不动产物权的真实权利人，请求确认其享有物权的，应予支持	主张事实与法律推定相反者证明
16	《最高人民法院关于适用〈中华人民共和国婚姻法〉若干问题的解释（二）》第二十四条　债权人就婚姻关系存续期间夫妻一方以个人名义所负债务主张权利的，应当按夫妻共同债务处理。但夫妻一方能够证明债权人与债务人明确约定为个人债务，或者能够证明属于婚姻法第十九条第三款规定情形的除外	主张事实与法律推定相反者证明
17	2015年《民诉法司法解释》第九十三条　下列事实，当事人无须举证证明：（一）自然规律以及定理、定律；（二）众所周知的事实；（三）根据法律规定推定的事实；（四）根据已知的事实和日常生活经验法则推定出的另一事实；（五）已为人民法院发生法律效力的裁判所确认的事实；（六）已为仲裁机构生效裁决所确认的事实；（七）已为有效公证文书所证明的事实。前款第二项至第四项规定的事实，当事人有相反证据足以反驳的除外；第五项至第七项规定的事实，当事人有相反证据足以推翻的除外	主张事实与法律推定相反者证明

通过表5-3的分析可以发现以下几种现象：

第一，有的法定规则就是对如何适用一般规则的解释。例如，《夫妻债务纠纷司法解释》第2条、第3条要解决的问题是：谁要对借款属于夫妻共同债务承担证明责任。司法解释之所以专门对该问题进行规定，是因为合同的相对性原理和《婚姻法》规定的夫妻共同财产制在此类纠纷中存在一定的冲突。债权人和配偶可以分别引用不同种类的法律规范对债务属性提出截然相反的主张，给证明责任分配带来困扰。司法解释以借款是否“超出家庭日常生活需要”作为分界线，对两种情况的证明责任进行了规定。

第二，有的法定规则与某些特定规则的内涵完全相同。例如，《最高人民法院关于审理劳动争议案件适用法律若干问题的解释（三）》第9条规定的“劳动者有证据证明用人单位掌握加班事实存在的证据，用人单位不提供的，由用人单位承担不利后果”，明显与特定规则中的不配合法庭调查完全一致。此外，《最高人民法院关于审理劳动争议案件适用法律若干问题的解释》第13条规定用人单位承担证明责任的范围，与特定规则中的雇主证明在含义上也是一致的。

第三，有的法定规则是两个或两个以上的证明责任规则相结合形成的规则。例如，《侵权责任法》第58条规定的，医疗机构如存在“（二）隐匿或者拒绝提供与纠纷有关的病历资料；（三）伪造、篡改或者销毁病历资料”[1]的，推定医疗机构存在过错，就是根据医疗机构存在不配合法庭调查、对证据灭失有责任的行为来确定医疗机构的证明责任。再如，《消费者权益保护法》第23条第3款规定的经营者提供的机动车等耐用商品，消费者自接受商品之日起6个月内发现瑕疵，发生争议的，由经营者承担有关瑕疵的举证责任。该规定将耐用商品不明瑕疵的证明责任分为6个月内和6个月后两个阶段，并分别适用了不同的规则。其中，对于消费者接受商品6个月之后出现不明瑕疵的证明责任，实际上还是采用了“谁主张，谁举证”的规则，由主张商品瑕疵的消费者来承担证明责任；但对于消费者接受耐用商品6个月内出现的不明瑕疵，法律将证明责任分配给经营者，体现了对经营的严格要求，其目的是保护消费者的权利。

第四，法定规则也会随着政策的变化而调整。尽管法律或司法解释规定的证明责任分配原则通常比法官在审判过程中自行拟定的规则更加稳定，但法定规则有时也会随着政策的调整发生改变。例如，关于夫妻共同债务的问题，《最高人民法院关于适用〈中华人民共和国婚姻法〉若干问题的解释（二）》第24条让配偶一方对婚内债务的性质承担了较重的证明责任，而《夫妻债务纠纷司法解释》第2条、第3条对这一立场进行了调整。虽然，两次司法解释对婚内债务属性的证明责任分配问题存在政策差别，

---

〔1〕 现为《民法典》第1222条第2项、第3项。

但前者是从保护债权人利益和交易安全的角度出发，后者是从保护婚姻关系中的受害人角度出发，两种立场很难绝对地分清孰优孰劣，更多地还是一种法律政策的选择。

尽管笔者在表5-3中收录的法律和司法解释未必全面，且随着民法典的实施，有些法律和司法解释甚至可能已经失效，同时，不同的研究人员对立法本意的理解可能会有所不同，故表格中对法律、司法解释的整理难免存在偏差。但是，这种分析方法可以说明，法定规则其实是针对特定类型案件如何适用一般规则和特定规则的具体规定，其本质上仍然是一般规则和特定规则的适用问题。

五、证明责任裁判的类型化分析

通过案例研究可以发现，证明责任是各国立法中相对薄弱的环节，因而也是法官发挥主观能动性和司法创造力最为活跃的领域。对实证案例进行系统性研究的意义在于，当相当数量的案例汇聚在一起就有可能通过这些案例发现，作为群体的法官在事实真伪不明这一公认难题的逼迫和压力下，总体上会作出何种选择，以及此种选择之后所隐含的总体倾向或处世哲学。

为了进一步探究证明责任裁判的规律，笔者在对重点样本案例进行初步研究的基础上，对“谁主张，谁举证”、规范说以及24个特定规则在重点样本中的出现频次进行统计，以便更直观地反映不同裁判规则在审判实务中的地位和重要性，以及法官的整体思维倾向。需要说明的是，虽然法定规则也反映了最高人民法院对特定类型案件如何适用一般规则和特定规则的立场和态度，但法定规则在样本中出现的频率主要与对应案件类型的数量有关，与法官是否主动选择适用的关联性不大，故笔者未将法定规则的适用情况纳入该项统计范围。按上述方法统计，可以形成以下表格（见表5-4）。

表5-4 证明责任实证案例中的裁判规则适用情况

单位：次

序号	单个规则	出现频次	最高审级	最后程序
1	“谁主张，谁举证”	369	最高法院	再审
2	规范说	195	最高法院	再审
3	证据持有责任人证明	124	最高法院	再审
4	不配合法庭调查	68	高级法院	再审
5	财产变动控制人证明	31	高级法院	再审
6	举证能力	29	最高法院	再审
7	证明难易	20	高级法院	再审
8	公平原则	18	中级法院	二审
9	对证据灭失有责任	11	最高法院	申诉
10	接近证据	8	最高法院	再审
11	保护受害人	8	中级法院	二审
12	诚实信用	8	高级法院	再审
13	风险防范	8	高级法院	再审
14	潜在危险性更高	7	基层法院	一审
15	主张积极事实的当事人承担证明责任	7	高级法院	再审
16	专业机构证明	6	中级法院	二审
17	证明责任缓和	5	中级法院	二审
18	违约方证明	3	中级法院	二审
19	诉讼经济	3	高级法院	二审
20	概然性	2	中级法院	二审
21	公共利益	2	基层法院	一审
22	雇主证明	2	中级法院	二审
23	主张事实违背常理者证明	1	高级法院	申诉
24	经营管理单位证明	1	中级法院	二审
25	格式合同提供方证明	1	中级法院	二审
26	主张事实与法律推定相反者证明	1	中级法院	二审
总计		938		

表5–4反映了单个证明责任裁判规则在重点样本中出现的频次，以及这些规则在各级法院中受到认可的情况。如表5–4所示，其中的裁判规则除潜在危险性更高一项外，其余裁判规则都得到过中级法院以上的认可。从出现频次来说，排在前10位（包括并列）的裁判规则，除公平原则外，都得到过高级法院和最高法院的认可。并且，除了潜在危险性更高一项外，其他裁判规则均经受过上诉审程序的考验，有的规则甚至经过了再审程序的确认。以上情况说明，表格中的裁判规则在我国的司法实践中均有一定的影响力，值得对此作更加深入的研究。

通过表5–4反映的情况来看，在我国司法实践中存在的证明责任裁判规则数量较多，且从单个规则所体现的裁判思路来说，有的规则十分近似，有的规则彼此间存在一定的冲突，故而显得有些杂乱无序。为便于研究，笔者将表5–4中的26个裁判规则所反映的证明责任分配原则和裁判思维，与自罗马法以来的证明责任学说和规则进行对照，按照26个裁判规则代表的学说，以及部分规则中所包含的相同的裁判思维，将26个裁判规则进一步分为七大类型：

第一类，依提出主张分配证明责任。依提出主张分配证明责任的情形包括“谁主张，谁举证”和规范说。由于“谁主张，谁举证”和规范说都是建立在主张者的证明义务基础上的证明责任分配规则，且二者在我国司法实践中有着密切的关系，可以将二者视为同类型的规则。同时，基于“谁主张，谁举证”和规范说的历史地位和在审判实务中的适用频率，亦可将二者视为我国证明责任裁判的基本类型。

第二类，依待证事实的性质分配证明责任。尽管历史上的待证事实分类说在现代司法中的影响力已经显著降低，但根据待证事实的性质和特征得出证明责任分配的方法也算得上是一种相对独立的证明责任分配方法。通过案例研究也能发现，历史上的消极事实说、外界事实说等理论在我国的司法实践中仍然有一定的影响力。

在重点样本中，除了部分法官依据消极事实理论判决主张积极事实的当事人承担证明责任外，有的法官根据当事人主张的事实是否违背常理来分配证明责任，有的法官判决主张事实与法律推定相反的当事人承担证明责任。这两种方法与消极事实理论一样，都是以待证事实的性质和特征作为证明责任分配依据的裁判方法。例如，在一起保险合同纠纷的申诉复查中，保险公司提供了一份鉴定意见，其中认为，以羊蹄为实验对象，在试验中羊蹄都不能被该案所涉电锯瞬间割断，人的手腕较羊蹄更粗，那么人的手腕更无法被电锯瞬间割断，并因此推论出于文某自述的左手离断过程不能形成其现有损伤。该鉴定意见无疑给案件事实真相笼上了一层迷雾，也给该案带来当事人是否企图通过自伤来索取保险赔偿的疑点。受理申诉的法院认为："通常一个人左手断离大多源于意外伤害，因为一个没有精神及心理疾病的正常人几乎不可能自行断掉自己的左手。如果平安人寿白山支公司主张于某龙左手断离是违背常理的不属于意外伤害确实应由主张一方即平安人寿白山支公司承担相应的证明责任。"〔1〕在该案中，面对争议事实的疑问，法院最后以保险公司主张的事实明显违背常理为由，将证明责任分配给了保险公司。

在另外一起案件中，原告以借贷纠纷为由起诉自己的儿子和儿媳妇，要求索回其在该对夫妻购房时支付的款项。法院引用了《最高人民法院关于适用婚姻法若干问题的解释（二）》第22条第2款"当事人结婚后，父母为双方购置房屋出资的，该出资应当认定为对夫妻双方的赠与，但父母明确表示赠与一方的除外"的规定认为，原告所主张的款项应认定为对夫妻双方的赠与，如果原告主张该款项系借款，应对款项交付时双方之间存在借贷合意进行举证。〔2〕值得注意的是，这个案件如果要从规范说的角度进

〔1〕 中国平安人寿保险股份有限公司白山中心支公司与于某龙保险合同纠纷再审审查案，吉林省高级人民法院民事判决书，(2017)吉民申1139号。

〔2〕 参见赵某花与陈某青、陈某雷民间借贷纠纷案，江苏省连云港市中级人民法院民事判决书，(2017)苏07民终1857号。

行分析也是可以的，只不过分析过程会比较复杂，必须分步进行：第一步，原告以借贷为由提起诉讼，那么借贷的合意和交付款项都属于权利发生规范，应由原告承担证明责任。第二步，被告如主张原告交付的款项为赠与，那么被告可以引用《最高人民法院关于适用〈中华人民共和国婚姻法〉若干问题的解释（二）》第22条第2款的规定作为权利排除规范对抗原告的主张。该权利排除规范中的要件事实则应由被告承担证明责任。由于司法解释针对此类推定赠与规定了特殊的要件事实，被告只要证明该案属于"当事人结婚后，父母为双方购置房屋出资的"情况，就完成了举证责任。第三步，如果原告提出足以否定赠与推定的反驳证据，或者使该推定陷入真伪不明的状态，那么被告的主张将被驳回。此时原告能否胜诉还要看原告关于借贷的举证能否达到高度盖然性的证明标准。第四步，虽然原告的举证否定了被告的答辩，但法院认为借贷的合意仍然真伪不明，法院仍然要驳回原告的诉讼请求。从该案的说理来看，法院并未采用如此复杂的分析方法，而是直接要求原告对法律推定事实以外的事实承担证明责任，这种做法实际上与待证事实分类说的思维方式更为接近。

第三类，依当事人在诉讼中的态度和表现分配证明责任。有的案件是由于当事人不配合调查导致法庭无法查明事实，对此，法官通常以该当事人不配合法庭调查为由，令其承担证明责任的不利后果。当事人不配合法庭调查的表现形式包括不配合司法鉴定、拒不提交持有的证据、不如实回答法庭的询问等。例如，在DAC公司与徐州市交通运输管理处保证合同纠纷案中，一审法院认为："本案中，徐州运管处主张DAC公司在受让涉案债权时，签订的《拍卖规则暨债权拍卖约定》中存在权利放弃声明，应承担举证证明责任。根据《涉案债权转让确认书》的记载，DAC公司实际签署了《拍卖规则暨债权拍卖约定》并承诺予以遵守，应认定涉案《拍卖规则暨债权拍卖约定》由DAC公司持有、控制。在法院多次要求DAC公司予以提交的情况下，DAC公司以未见到该书证为由拒不提交。可以认定DAC公司在受让本案债权时，签署并遵守的《拍卖规则暨债权拍卖约定》中亦存在对中国政府的权利放弃声明。”DAC公司以一审法院证明责任分配错误为由提起上诉，二审驳回上诉并认为，一审关于证明责任的分配并无不当。[1]

从维护法律权威的角度出发，法官适用不配合法庭调查规则分配证明责任有着不证自明的正当性。就常理而言，当事人为了向法庭证明自己主张，一般也会积极协助法庭调查取证。当事人不配合法庭调查的态度，本身就容易引起法官对其主张产生合理怀疑。虽然，在现实生活中，有的当事人可能出于保护个人隐私或商业秘密等现实问题的考虑，不愿配合法庭调查；但从法官的视角来看，很难去一一辨别当事人到底是出于何种动机对法庭调查采取消极和回避的态度，故只能通过让相关当事人承担证明责任的方式对其行为施以否定性的评价。

第四类，依当事人与证据的关系确定证明责任。当案件事实与特定证据存在密切关系的时候，有的法官会根据该特定证据与当事人之间的关系来确定证明责任的归属。此类证明责任分配规则包括证据持有责任人证明、财产变动控制人证明、证明难易、对证据灭失有责任、接近证据。该类规则实际上反映了法官对当事人是否有在自己的能力所及范围内妥善保管证据的评价。

以财产变动控制人证明为例，法院适用该规则的主要理由是导致财产变动的当事人更加接近证据，或者对保存相关证据具有更高的注意义务。例如，在一起不当得利案件中，法官认为，“王某莉、段某青主张的受损款项797,000元系其二人主动给付段某虎，王某莉、段某青是使财产发生损益变动的主体，证据距离更近，由其负担证明责任具有正当性”。[2]在另外一起不当得利案件中，法官说理认为，“本案系请求人之行为导致的不当得利之诉，即先有上诉人一方多次主动的给付行为，才有被上诉人账户上的

〔1〕 参见江苏省高级人民法院民事判决书，(2017)苏民终1869号。
〔2〕 河南省漯河市源汇区人民法院民事判决书，(2019)豫1102民初4741号。

入款记录。上诉人使自己财产频繁发生变动，必然基于某一法律关系，现其要求恢复利益变动前的状态，应承担该法律关系不存在或丧失等证明责任”。[1]在这个案件中，法官虽然没有明说上诉人距离证据更近，但通过裁判理由可以看出，法官认为上诉人作为转账人，理应持有能够证明转账事由的证据，因而才把证明责任分配给上诉人。

在实务中，该类规则亦得到最高人民法院的认可。例如，在一起再审案件中，最高人民法院分析认为，“关于土石方工程量问题。由于飞宇达公司在案涉工程中的工作面已遭破坏，信凯公司在飞宇达公司停工之后又进行了其他施工作业，案涉工程已经丧失了重新测量核实工程量的条件。同时，信凯公司提供的验收图并未经双方确认。因此，一、二审法院以飞宇达公司提供的施工过程中形成的八张月工程量测绘图作为认定土石方工程量的依据，并无不当”。[2]在该案中，信凯公司作为案涉工地的控制人，原本可以通过证据保全的方式对飞宇达公司停工时的施工状况进行举证，但由于信凯公司疏于保全证据，导致原有的证据在施工现场发生改变后灭失。在这种情况下，法院让对证据灭失有责任的信凯公司承担了不利的后果。

第五类，依当事人的身份、地位、能力、角色等因素确定证明责任。此类情形在证明责任裁判中亦属常见，在重点样本中出现过的具体规则包括举证能力、保护受害人、潜在危险性更高、专业机构证明、违约方证明、雇主证明、经营管理单位证明、格式合同提供方证明。该类规则体现了法院希望维护实质正义的理念。尤其是当双方当事人明显在经济实力、诉讼能力、专业能力等方面存在显著差距的时候，法院更有可能通过证明责任分配来实现上述目的。

例如，在一起因个人信息泄露产生的侵权纠纷中，法院说理认为，“本

---

〔1〕王某萍与苏某云其他不当得利纠纷案，浙江省温州市中级人民法院民事判决书，(2019)浙03民终1563号。

〔2〕孝义市信凯耐火材料有限公司与山西飞宇达机械工程有限公司合同纠纷申请再审案，最高人民法院民事判决书，(2015)民申字第743号。

案中，诈骗分子在较短的时间内就完成了对涉案个人信息的获取、编辑及非法利用的全过程。基于涉案个人信息被短时间泄露等时空背景条件，可以认定携程公司作为消费者所直接面对的第一手完整信息保管者存在泄露申某涉案个人信息的高度可能。在公司利用个人信息进行经营活动产生的纠纷中，个人相对于具有一定数据垄断地位的公司实体在证据搜集和举证能力上处于弱势地位。因此，应顾及双方当事人之间实质公平正义进行举证责任的分配。申某举证证明其将个人信息提供给携程公司后在较短时间内发生信息泄露，已完成相应合理的举证义务。携程公司应就其对申某的个人信息泄露无故意或过失之事实负举证责任”。[1]在该案中，由于双方当事人在收集信息、管理信息、使用信息过程中的地位和能力存在较大差别，如果按照一般的规则分配证明责任，作为个人肯定居于弱势地位。而且，这种举证能力悬殊的情况对于判决结果的实质公正性也会产生不利的影响。因此，受诉法院便通过适用特定的证明责任分配规则来平衡双方的利益，以维护实质的公平正义。

第六类，依抽象原则分配证明责任。由于证明责任的调整对象主要是民商事纠纷，民法典所确立的民法基本原则自然也就渗透到证明责任领域。在审判实务中，类似公平原则、诚实信用原则、公共利益保护原则等民法基本原则，在法官分配证明责任的过程中均有所体现。此外，一些社会公认的抽象原则，如风险防范原则、诉讼经济原则，有时也会出现在证明责任裁判中。

例如，在一起因爆破作业造成房屋损坏的侵权案件中，双方当事人对爆破与房屋受损之间的因果关系产生争议，法院分析认为，“从本案情况来看，施工方的爆破作业行为与房屋损害是否存在因果关系，需要进行专业鉴定，而鉴定所依赖的爆破施工技术资料全部由施工方掌握，受害人难以

[1] 申某与支付宝（中国）网络技术有限公司等侵权责任纠纷案，北京市朝阳区人民法院民事判决书，(2018)京0105民初36658号。

获得这些资料，即使申请人民法院调取，由于事关本身利益，也难以保证施工方不会隐匿关键资料，湖南海通司法鉴定中心因资料不全而无法鉴定本案因果关系的情况恰恰说明了这一点；再者，相对于受害人王某竹来说，这类鉴定所需费用甚巨，负担较大。鉴于法律及相关司法解释没有关于此类案件因果关系证明责任分配的具体规定，根据《最高人民法院关于民事诉讼证据的若干规定》第七条‘在法律没有具体规定，依本规定及其他司法解释无法确定举证责任承担时，人民法院可以根据公平原则和诚实信用原则，综合当事人举证能力等因素确定举证责任的承担’之规定，本案因果关系的证明责任应确定给施工方黄河工程公司承担，也即黄河工程公司应举证证明其施工爆破作业行为与受害人王某竹的房屋受损之间没有因果关系”。[1]

第七类，依其他已被淘汰学说分配证明责任。除上述分类外，样本中还出现过适用概然性规则和证明责任缓和规则的案例。这两个规则对应的概然性说和证明责任缓和理论都是历史上出现过的证明责任学说，在实务中还有一定的影响力亦属正常。

在上述分类的基础上，再结合表5-4的数据，可以统计出七大类型的证明责任裁判规则在重点样本中的适用数量、最高审级，以及该类规则是否曾被司法解释采纳的情况，具体可详见以下表格（见表5-5）。

表5-5 证明责任实证案例中的七类证明责任裁判规则适用统计

单位：件

序号	证明责任裁判的类型	适用数量	最高审级	法律、司法解释规定
1	依提出主张分配证明责任	564	最高法院	有
2	依待证事实的性质和特征分配证明责任	9	高级法院	有

〔1〕 王某竹与山东黄河工程集团有限公司财产损害赔偿纠纷案，湖南省张家界市中级人民法院民事判决书，(2017)湘08民终449号。

续表

序号	证明责任裁判的类型	适用数量	最高审级	法律、司法解释规定
3	依当事人在诉讼中的态度和表现分配证明责任	68	高级法院	有
4	依当事人与证据的关系确定证明责任	194	最高法院	有
5	依当事人的身份、地位、能力、角色等因素确定证明责任	57	最高法院	有
6	依抽象原则分配证明责任	39	高级法院	有
7	其他已被淘汰学说	7	中级法院	无
总计		938		

关于上述分类，还有几点需要说明。第一，关于依抽象原则分配证明责任是否有为司法解释所采纳的问题。根据《民事诉讼证据规定》第7条的规定，司法解释曾经一度明确认可，在符合条件的情况下，法官可以依据公平原则和诚实信用原则分配证明责任。尽管2015年《民诉法司法解释》和2019年《民事诉讼证据规定》均没有继续保留这个规定，但笔者还是将依抽象原则分配证明责任列入受到司法解释肯定的类型中。第二，从表5-5可以看出，相对于第一类至第六类规则，第七类依其他已被淘汰学说分配证明责任规则在重点样本中被提及的次数不多，法律和司法解释也从未将相关学说作为立法和司法解释的依据，且从重点样本的研究情况看，在实务中提及相关学说的最高审级法院也仅为中级法院。依照相关学说分配证明责任的情形，可以作为例外情况来对待。第三，依待证事实的性质和特征分配证明责任实际上包括三种情况：（1）根据消极事实理论分配证明责任；（2）根据当事人主张的事实是否违背常理分配证明责任；（3）主张事实与法律推定相反者证明。其中，对于消极事实理论，由于该学说已经被证明是行不通的，其影响力已日渐式微。之所以有的法官还会在判决中引用，除了该学说自身残余的影响力外，还有一种可能是，有的法官认为，按照一般规则来分配证明责任将导致裁判出现明显不公平的局

面，故而借用了历史上颇具影响力的消极事实理论来重新分配证明责任。在这种情况下，法官分配证明责任其实另有其他理由。

依待证事实的性质和特征分配证明责任的情形在审判实务中也属于少数个案。其中，根据当事人主张的事实是否违背常理来分配证明责任，本质上更加接近于证明标准的适用问题，并不一定要以证明责任裁判的方式来解决，根据该理由来分配证明责任的案件亦属凤毛麟角，不具有普遍的意义。而对于主张事实与法律推定相反的人证明的规则，可以通过规范说予以替代。因为，主张与法律推定相反事实的当事人，实际上是就该法律推定所对应的权利妨碍规范或权利排除规范提出主张，所以理论上无须针对该问题再另外设置一个特别的规则。基于上述分析，依待证事实的性质和特征分配证明责任这一类型的裁判规则在实务中的影响力和适用范围均十分有限，不具有专门研究的意义。

在忽略第二类和第七类研究价值较低的证明责任裁判规则后，剩下证明责任裁判类型包括：(1)依提出主张分配证明责任；(2)依当事人在诉讼中的态度和表现分配证明责任；(3)依当事人与证据的关系确定证明责任；(4)依当事人的身份、地位、能力、角色等因素确定证明责任；(5)依抽象原则分配证明责任。以上五种证明责任裁判类型所包含的裁判规则都曾得到过司法解释或高级法院、最高人民法院的认可，经过进一步的梳理后可以得出以下表格(见表5-6)。

表5-6　证明责任实证案例中具有研究价值的裁判类型

单位：次

序号	证明责任裁判的类型	适用次数	最高审级	法律、司法解释规定
1	依提出主张分配证明责任	564	最高法院	有
2	依当事人在诉讼中的态度和表现分配证明责任	68	高级法院	有
3	依当事人与证据的关系确定证明责任	194	最高法院	有

续表

序号	证明责任裁判的类型	适用次数	最高审级	法律、司法解释规定
4	依当事人的身份、地位、能力、角色等因素确定证明责任	57	最高法院	有
5	依抽象原则分配证明责任	39	高级法院	有
总计		922		

表5-6是笔者对我国证明责任裁判进行实证研究的总结。通过该表格的类型化归纳可以发现，实践中的证明责任问题要比人们通常想象得更为复杂。即便理论上可以用规范说取代已经过时的"谁主张，谁举证"，充其量也只能解决"依提出主张分配证明责任"这一类型的证明责任裁判问题，而这部分类型的裁判只占全部裁判的61.17%。在其他场景中，法官们出于各种原因以及将案件办好的本能，采取了有别于规范说的做法。

第一，法官通过依当事人在诉讼中的态度和表现分配证明责任的方式，解决当事人不积极履行举证责任的问题。从表5-6的统计数据来看，该类裁判的比例占到总体数据的7.38%。这一比例反映了在实际诉讼过程中，当事人并不是在所有情况下都愿意配合法庭的调查活动，这种情况给审判活动带来了较大的负面影响。承担具体审判工作的法官们无疑对此感触最深。法官们中和该种负面影响的方法之一，就是通过拟制特定规则，让不积极履行举证责任的当事人承担证明责任。

第二，依当事人与证据的关系确定证明责任反映了法官对造成事实真伪不明局面的责任分析和判断。在各种类型的事实真伪不明中，有相当一部分是因为当事人未尽妥善证据保持义务所致。尽管在有的案件中，法官无法对待证事实的真伪得出明确的结论，但法官经过审理和调查，仍然可以对当事人获得证据的可能性、举证的难易程度，以及当事人对证据灭失的责任问题得出自己的判断。虽然此类判断不属于法官对待证事实的心证，不能直接导向对案件事实的查明和认定，但却可以让法官形成“哪一方当事人对事实真伪不明的局面负有更大责任”的印象和判断。

第三，在依当事人的身份、地位、能力、角色等因素确定证明责任的情形中，法官为维护实质公平作出了努力。从诉讼证明的角度来说，在经济或法律关系地位上具有某种优势的当事人，未必就对事实真伪不明的局面负有更大的责任。例如，在员工意外猝死的案例中，雇主或用人单位并不比受害人更加容易证明猝死与工作之间的因果关系；在飞机坠海的突发事故中，所有证据很可能在第一时间灭失，无论作为机构的航空公司或受害人实际上都无法获得能够证明事故原因的证据；在借记卡被盗刷引发的合同纠纷中，作为违约方的金融机构也并未比持卡人掌握更多的证据。[1]在这些情况下，法官之所以让经济或法律关系地位上具有优势的一方当事人承担证明责任，主要还是为了保护弱势群体的利益。因为，一方面，作为个体的员工、乘客、储户及其家庭的风险承受能力明显要弱于雇主、机构等实体单位；另一方面，像航空公司、保险公司、金融机构等实体单位的所拥有的资源优势，也是建立在为众多个体提供服务的基础上，同时这些机构在获取公共资源的机会和渠道上往往也优于单个的个体。所以，在事实真伪不明缺乏可归责方的情况下，法院出于维护社会整体公平的角度，往往会倾向于让地位相对占优的一方承担更多的风险。

第四，在依抽象原则分配证明责任的情形中，法官通过证明责任裁判对社会关注的共同价值进行了回应。虽然，法官的主观能动性在价值观的取舍、判断过程中起了重要作用，故在依抽象原则分配证明责任的过程中，法官对证明责任的分配结果有较大的裁量权，但这种裁判方式实际占比仅有不到4.23%，属于绝对少数。这个数据说明，在证明责任裁判问题上，法

〔1〕 参见湖北省武汉市江汉区人民法院民事判决书，(2017)鄂0103民初4526号。

官总体上保持了司法谦抑。在裁判过程中，大多数法官会优先在法律的框架、理论、逻辑体系内寻找可用的裁判规则，只有当缺乏合适的规则时，法官才会根据抽象原则来分配证明责任。

法院在裁判中的这些倾向，正是实践部门针对现有证明责任理论的薄弱环节所产生的经验反映，也是进一步研究证明责任问题的出发点。法学作为一门实践性科学，也正是沿着不断从实践到理论，再从理论回到实践的路线得到发展。通过实证研究得到的数据和素材，将对进一步丰富和完善我国的证明责任理论提供有益的启示。基于上述对证明责任裁判方法所作类型化分析，下一步需要思考的问题是：笔者所归纳的各种证明责任裁判类型之间是否存在内在的联系或规律？是否能据此发展出一套学说理论从而有效解释、正当化并进一步优化司法实践中的证明责任裁判方法？笔者在第六章将继续讨论。

六、我国证明责任司法实践的启示

从"谁主张，谁举证"到规范说，是证明责任从简单的主张者证明责任向抽象的主张者证明责任发展的结果。这一发展过程顺应了社会生活日益复杂化、立法语言不断抽象化、法律职业逐渐专业化的发展趋势。但我国的司法实践表明，单靠"谁主张，谁举证"和规范说无法解决所有的证明责任问题。因此，实践中才会出现大量不按"谁主张，谁举证"或规范说分配证明责任的裁判案件。

本章的研究同时也说明，在证明责任问题上，各国的理论和实践呈现殊途同归之相。一方面，虽然大陆法系经过各种探索，最终是由规范说脱颖而出成为通说，但在实践中却又不得不容许各种修正学说的存在。另一方面，普通法系虽然授予法官在证明责任分配方面极大的权力，但普通法法官仍然把相当于"谁主张，谁举证"的"主张者必须证明"作为一般规则来看待。只有当法官认为适用该一般规则无法实现公平裁判的时候，才会采取各种利益衡量的方法来重新分配证明责任。我国在长期司法实践中兼采两大法系的做法，无论在一般规则还是在例外规则的适用上，均呈现更加多元的格局：在一般规则方面，我国法官把“谁主张，谁举证”和规范说进行整合，使二者共同发挥作用。在例外规则方面，我国一方面通过立法和司法解释不断对规范说的适用结果进行局部调整；另一方面，我国法官在审判过程中自行拟制各种特定规则的裁判方法又与普通法的思维方式极为接近。上述现象充分反映了我国司法实践不断汲取两大法系经验，并不断进行融合的特点。

但是，从司法传统到整个法律体系，我国无疑与大陆法系更为接近和类似。虽然在证明责任分配这一立法暂时难以完全覆盖的边缘地带，我国法官在某种程度上行使了类似普通法法官那样的“裁量权”和“造法权”，但这种现象更像是一种权宜之计，带有浓厚的应急色彩。无论在理论界还是在法院内部，这种做法都很难获得正式的支持或承认。即便有学者发现，现有的证明责任分配规则无法完全解决司法实践中的证明责任分配问题，其要么主张通过运用法律解释方法来填补法律空白，要么主张通过立法机关的补充立法或至少由最高人民法院制定司法解释的方式来对此作出统一的规定。在法制环境总体上偏向于把证明责任分配作为一项有待完善的立法问题的背景下，不难理解为何最高人民法院在制定2015年《民诉法司法解释》和2019年《民事诉讼证据规定》过程中，悄然隐去2001年《民事诉讼证据规定》第7条规定的原因。但是，从实践情况来看，在证明责任理论未能获得突破性进展的情况下，简单删除2001年《民事诉讼证据规定》第7条规定并不能解决司法实践中的证明责任分配问题。

由于仅依靠“谁主张，谁举证”和规范说这类一般规则无法完全解决证明责任裁判的问题，法官们不得不在一般规则之外创设了大量的例外规则用以弥补一般规则的不足。这些例外规则从不同侧面反映了人类固有的价值理念，甚至也都可以从各国的理论和实践中找到相应的依据。但是，不同的价值理念和法学理论之间原本就存在各种矛盾，假如不加引导和限制地允许法官将不同的价值理念和理论运用到具体案件的裁判中，就容易造成裁判标准的多样化和自相矛盾。这种情况也会对司法裁判的正当性和可接受性构成挑战。如果说，在普通法系的语境下，凭借普通法系特有的司法传统、诉讼模式和法律职业特点，上述问题可以得到社会的理解和认可，那么，同样的问题放在我国这样的成文法国家中，就比较容易受到诟病和质疑。而且，法官在审判过程中自发产生的经验也很难形成统一和严密的体系。要进一步完善我国的证明责任制度，仍需要通过系统的理论研究，将法官的实践经验上升为具有普遍适用性的理论和规则，并为以后的裁判提供可以遵循的规则和方法。

第六章　现代证明责任理论的漏洞与出路

在回顾了证明责任的发展历史，并对国内外的理论和实践状况进行分析后可以发现，在立法相对薄弱的证明责任领域，不同地域、制度、文化背景下的法官在裁判方法上具有很多共性。不过，仅依靠法官分散的实践活动难以系统性地解决证明责任的理论漏洞。对于以下问题，只能由理论研究人员来回答：一是作为法官，如何判断其正在审理的案件无法通过规范说来分配证明责任；二是在无法适用规范说的情况下，法官应如何选择裁判规则；三是假如存在多种证明责任分配规则，法官要如何在千差万别的司法案件中最大限度地兼顾裁判标准的统一性、裁判结果的可预见性和个案裁判的公正性，并降低法官行使司法裁量权的风险。在上述问题未能获得令人满意的答案之前，证明责任问题就将继续困扰整个法学界，证明责任的研究任务就不能说已经完成。

一、规范说的理论漏洞

规范说在"谁主张，谁举证"的基础上实现了理论的跨越，解决了抽象民法典时代的证明责任分配问题，是现代证明责任理论的中坚和核心。尽管其他学说也从不同角度对规范说质疑，但往往只能在局部范围对规范说进行修补。从笔者实证研究的数据来看，规范说在我国的适用比例仍然小于"谁主张，谁举证"，但不能否认，在现代民事诉讼中，规范说较之"谁主张，谁举证"有更好的适应性。尤其对于像我国这样以成文法为传统的国家来说，规范说在当事人的请求权基础和证明责任之间架设了桥梁，为证明责任裁判的正当性提供了理论支撑。但是，任何理论都有局限性。前文述及，在规范说成为大陆法系的通说后，大陆法系仍不断涌现对规范说进行修正甚至提出挑战的学说。来自我国司法实践的实证研究也表明，正是由于规范说本身存在一定的不足，理论和实践部门才会不断出现针对规范说的修正学说和挑战学说。

（一）规范说无法顾及事实真伪不明的原因

在规范说的理论设计中，从未将事实真伪不明的原因纳入其考虑范畴。以不当得利为例，无论立法者将“获得利益没有法律依据”这一要件事实归入权利主张规范还是权利排除规范，均无法有效应对“是谁的原因导致不当得利”的事实真伪不明的问题。在善意取得的问题上，立法者也会面对同样的困境。但是，事实真伪不明的原因在很大程度上又会对裁判结果的合理性产生影响，所以承办案件的法官又很难对此熟视无睹。因此，在实证案例中便不难看到，在不当得利案件中，法官在支持获益人的答辩主张时，往往会附加财产变动控制人证明的规则进行说理，在支持受损人主张的时候，通常会附加举证能力、证明难易的规则进行说理。对于这种情况，从表面上看似乎是不同法官在裁判说理中自相矛盾，但其背后往往与法官在不同案件中，对造成案件事实真伪不明的原因和责任的判断有关。

例如，在一些大额给付案件中，法官会倾向认为，作为付款方，没有保存任何关于大额付款用途的证据是违反常理的事情。在罗某与何某不当得利纠纷案二审民事判决书中，二审法院在判决中便分析认为：“根据人们的日常生活习惯，通常是给付利益的一方保留证据，以便日后请求得到利益方返还利益或者履行其他义务；而不是由得到利益的一方保留证据，以便防止日后给付利益方提出返还利益的请求或者其他请求。在本案中，罗某提供的证据仅能证明存在转款这一事实，并不能举证证明何某取得涉案546万元无法律依据的事实，依法应承担举证不能的法律后果。”[1]但是，在另外的案件中，如果法官发现，出现事实真伪不明的局面主要是由获益方的原因造成的，法官就会倾向把证明责任分配给获益方。如在深圳市协力兴企业管理顾问有限公司与广州才元腾贸易有限公司不当得利纠纷案二审民事判决书中，法官分析认为：“虽然广州才元腾贸易有限公司主张的付款错误可信度不高，但其二审中陈述系在公司内部查账时发现本案汇款，而经办人员已经离职，该陈述具有一定的可信度，至此，再要求广州才元腾贸易有限公司对取得款项没有合法依据进行举证已不现实。深圳市协力兴企业管理顾问有限公司作为款项的收取方，在双方无任何经济往来的情况下，亦负有对收取款项的理由作合理说明的义务及相应的举证责任，而且，相较于要求广州才元腾贸易有限公司证明收取款项没有合法根据，由深圳市协力兴企业管理顾问有限公司证明其收取款项的根据更加简便、合理。深圳市协力兴企业管理顾问有限公司一审拒绝对款项的性质作任何说明，二审中虽然称系合慧伟业商贸有限公司向其还款，但亦未提交任何证据证明其主张，故应由深圳市协力兴企业管理顾问有限公司承担不利的后果。”[2]

在上述两个案件的判决理由中，法官对造成案件事实真伪不明的原因都进行了分析。其中，第一个案件的法官认为，罗某汇款546万元给何某却没有保存任何关于付款原因的证据违背常理，故判决让罗某承担证明责任。在第二个案件中，深圳市协力兴企业管理顾问有限公司在一审时拒绝对其收到款项的性质作任何说明，二审法院对这一反常现象表示质疑，并根据其不配合法庭调查的态度判决其承担证明责任。乍一看，这两个案件适用的规则和裁判结果大相径庭，但倘若从造成事实真伪不明的责任角度出发，两个案件的裁判逻辑是一样的。这种现象说明，在民事诉讼中，造

[1] 广西壮族自治区玉林市中级人民法院民事判决书，(2015)玉中民一终字第496号。

[2] 广东省深圳市中级人民法院民事判决书，(2015)深中法民终字第709号。

成事实真伪不明的原因和责任本身是一个相对独立的问题。当案件事实出现真伪不明的时候，法官可以根据导致事实真伪不明的原因，判决由造成该局面的当事人来承担事实无法证明的不利后果。但是，如果仅依靠规范说的理论，显然是无法涵盖此种情况的。

（二）规范说难以解决不承担证明责任当事人的举证责任问题

证明责任是法学家创造的概念。据学者考证，在尤理乌斯·格拉查提出证明责任双重含义说之前，与中文语言环境最为接近的日本，举证责任与证明责任、立证责任三个用语是可以互换的。直到双重含义说出现后，为了避免产生混乱，才约定俗成地将出现事实真伪不明时规定由哪一方当事人承担其不利后果的负担称为证明责任，而向法院提出证据的行为责任则被称为举证责任。〔1〕罗森贝克亦认为，在格拉查之前，两大法系的诉讼法学家和研究者“在思想和语言上只徘徊于主观证明责任的想象里”。〔2〕在其看来，主观证明责任和客观证明责任，即举证责任和证明责任是两个不同的概念，为此，他说道：“客观证明责任不考虑当事人对系争事实加以确认的任何活动，它只关心何等事实一定能够实现所追求的诉讼目的，它规定某一事实情况的不确定所引起的后果，至于是这一方当事人还是那一方当事人，抑或是双方当事人，抑或是法院致力于这一事实情况的确认，均无关紧要。”〔3〕对于二者的关系，罗森贝克断言：“如果认为客观的证明责任是首要的，且它决定主观证明责任的范围，那么，两者的关系问题也就解决了……主观的证明责任，即当事人就属于其确认责任的事实承担的举证责任的范围，不可能大于客观的证明责任的范围；但是，也同样不可能小于客观的证明责任的范围。”〔4〕

---

〔1〕 参见张卫平：《民事诉讼：关键词展开》，中国人民大学出版社2005年版，第205页。

〔2〕 ［德］莱奥·罗森贝克：《证明责任论》（第5版），庄敬华译，中国法制出版社2018年版，第22页。

〔3〕 同上注，第29-30页。

〔4〕 同上注，第52页。

但倘若按照罗森贝克所说，证明责任只与事实真伪不明的结果有关，法官在决定证明责任如何分配时，无须对诉讼活动的过程作任何考虑，那么不承担证明责任的当事人如何完成举证责任的问题是否就无足轻重呢？事实上，没有人可以轻易作出这样的结论。基于客观现实，罗森贝克本人也不得不承认，“一般认为同样必须重视不负有证明责任的当事人的主张和他所提出的证据。为法官的自由心证提供证明材料，不再仅仅是承担证明责任的当事人的任务……”“如果审判长有义务使未对其主张的事实充分说明的予以补充说明，并表明证据的方法（《民事诉讼法》第139条）……如果一般性地要求当事人记明用以说明其申请所必须的事实主张并记明证据方法（《民事诉讼法》第130条第3项和第5项、第282条），那么，这些都表明对主观证明责任概念的承认。”〔1〕

虽然罗森贝克对主观证明责任/举证责任的必要性进行了补充说明，但在其理论框架内，很难对不负有证明责任的当事人要如何承担举证责任进行更有力的论述。在双重含义说和规范说的共同作用下，不负有证明责任的当事人的举证责任实际上被架空了。在这种情况下，对于不负有证明责任但又实际掌握关键证据的当事人来说，在承担举证责任方面几乎与投机行为无异。而这种局面对于法院查明事实显然是不利的。面对这个棘手的问题，学者们反复尝试用其他理论来进行修补，具体包括：1939 年德国学者冯·希佩尔（Hippel）提出的事案解明义务（Aufklärungspflicht），〔2〕同样出自德国的证明妨碍理论/证明妨害理论（Beweisvereitelung）〔3〕，当事人具体化义务（Substantiierungspflicht）〔4〕，以及我国学者常说的证据协力

〔1〕［德］莱奥·罗森贝克：《证明责任论》（第5版），庄敬华译，中国法制出版社2018年版，第25-26页。

〔2〕参见姜世明：《举证责任与真实义务》，台北，新学林出版股份有限公司2006年版，第110页；庞小菊、徐英倩：《不负证明责任当事人的事案解明义务》，载《国家检察官学院学报》2015年第3期。

〔3〕参见毕玉谦：《关于创设民事诉讼证明妨碍制度的基本视野》，载《证据科学》2010年第5期。

〔4〕参见胡亚球：《论民事诉讼当事人具体化义务的中国路径》，载《清华法学》2013年第4期。

义务[1]，等等。这些旨在修补规范说漏洞的理论的共同之处在于，为不承担证明责任的当事人施加一定的义务或责任，督促其积极配合法庭的调查活动。曾有学者对证明妨碍作出如下定义："不负证明责任的一方当事人基于故意或过失，以作为或不作为妨害负证明责任的当事人之证明使得其对要证事实之证明陷于不能，该妨害证明之人将被课以一定的不利益之法理。"[2]虽然这些修补理论对于督促不负有证明责任的当事人积极履行举证义务有一定的帮助，但仅通过局部的修补，并不能从根本上扭转规范说造成的举证责任失衡的局面。

第一，无论是事案解明义务、证据协力义务、具体化义务，还是证明妨碍设定的配合义务，都是以承认规范说的证明责任分配结果为前提的"附加义务"。虽然，根据上述理论的修补，不承担证明责任的一方如果不履行或违反上述"附加义务"也会面临一定的不利后果，但与证明责任所带来的诉讼风险相比，这种不利后果显然没有那么直接。而且，关于上述"附加义务"与证明责任的关系问题，在理论上也还存在争议。例如，对于事案解明义务，一方面，有学者基于发现真实和保障程序公正的需要，主张当事人负有一般性的事案解明义务；另一方面，也有学者反对将事案解明义务一般化，认为这样的事案解明义务将造成证明责任机制的侵蚀与破坏，使证明责任的意义减小。[3]由于各种修补理论均要不断协调自身的适用结果与按规范说分配证明责任之间的关系，使修补理论所创造出来的"附加义务"往往缺乏足够的说服力、约束力、执行力，在某种意义上更像是对不承担证明责任当事人的"善意规劝"，难以对不承担证明责任的当事人形成有效的制约。

---

〔1〕 参见占善刚：《证据协力义务之比较法分析》，载《法学研究》2008年第5期。

〔2〕 占善刚：《证明妨害论——以德国法为中心的考察》，载《中国法学》2010年第3期。

〔3〕 参见庞小菊、徐英倩：《不负证明责任当事人的事案解明义务》，载《国家检察官学院学报》2015年第3期。

第二，各种修补理论所设定的义务通常比较抽象，且大部分仍处于学术研究阶段，离实用阶段还有一段距离。例如，关于事案解明义务，理论界不仅对其性质存在争论，对履行此种义务的法理基础也还在持续进行理论探讨。〔1〕对于证明妨碍，有学者提出应适用协力义务说，并认为“对证明协力义务的违反，将导致某种法律效果的适用，而这种法律效果本身就具有相应的制裁和惩罚性质。在个案情形下，当有关法律未能就某种证明协力义务作出明确规定时，应视为立法者授权法院据情作出裁量，法院可根据司法原则和程序正义理念如诚信原则、武器平等原则等，并结合个案的有关情形，为有关当事人拟制相应的证明协力义务，这也是由于诉讼程序的公法性质所决定的”。对于具体化义务，该学者提出应将其视为一种公法意义上的诉讼义务，即“其对应的权利主体是法院，相对应的诉讼权利体现为法院的审判权能，即法院作为诉讼法律关系一方的主体，有权要求当事人履行具体化义务。一旦法院根据诉讼需求向当事人提出履行具体化义务的要求，即具有了外在的强制力约束，一方当事人不履行或者不能履行具体化的义务，则不会产生诉讼法上事实陈述的期待后果，继而影响其所主张权利的实现，这就是具体化义务违反后所产生的诉讼不利益后果”。〔2〕由此可见，各种修补理论自身还存在不少问题需要解决，特别是对相关的附加义务应当包括什么内容、如何履行、未能履行的后果等，大都也还处于探讨阶段。

第三，从已经制定的司法解释来看，立法和司法解释通常只能针对一小部分严重妨碍诉讼的行为作出具体规定，且实施效果相对有限。例如，2019年《民事诉讼证据规定》第95条规定：“一方当事人控制证据无正当理由拒不提交，对待证事实负有举证责任的当事人主张该证据的内容

---

〔1〕 参见陈贤贵、林志杰：《论不负举证责任一方当事人的事案解明义务》，载《河南财经政法大学学报》2015年第6期。程书锋：《当事人事案解明义务研究》，武汉大学2019年博士学位论文。

〔2〕 胡亚球：《论民事诉讼当事人具体化义务的中国路径》，载《清华法学》2013年第4期。

不利于控制人的，人民法院可以认定该主张成立。”该规定可以视为针对证明妨碍的具体规定。但是，在如何审查一方当事人实际控制证据的问题上，2019年《民事诉讼证据规定》只是在第45条原则性规定：“当事人根据《最高人民法院关于适用〈中华人民共和国民事诉讼法〉的解释》第一百一十二条的规定申请人民法院责令对方当事人提交书证的，申请书应当载明所申请提交的书证名称或者内容、需要以该书证证明的事实及事实的重要性、对方当事人控制该书证的根据以及应当提交该书证的理由。对方当事人否认控制书证的，人民法院应当根据法律规定、习惯等因素，结合案件的事实、证据，对于书证是否在对方当事人控制之下的事实作出综合判断。”在实际执行过程中，除非当事人隐瞒书证的情节或证据非常明显，否则该规定的操作性并不是很强。在一般情况下，只要不负担证明责任的当事人坚持认为自己并不持有相关书证，或者主张相关书证因为意外原因已经灭失，还是会给法院的裁判带来很大的干扰和困难。

因此，包括证明妨碍在内的各种修补型理论以及相关的司法解释，通常只能对规范说的理论漏洞起到“亡羊补牢”的作用，难以从根本上解决举证责任和证明责任分离后的举证责任失衡问题。

（三）规范说难以回应立法者对证明责任分配缺乏考虑的质疑

对于立法者在立法过程中很少考虑证明责任分配的问题，已经有学者提出过批评。但假如规范说只有这个漏洞的话，按照普维庭对规范说的修正理论大体上是可以解决的。因为，无论立法者在立法时有没有意识到证明责任问题，只要坚持规范说的有效性，让请求权人对权利形成要件承担证明责任，让相对人对权利妨碍规范、权利消灭规范、权利排除规范承担证明责任，还是能够实现分配证明责任目的的。但问题是，由于规范说完全没有考虑事实真伪不明的原因，也无法解决举证责任和证明责任分离后的举证责任失衡问题，当按规范说分配证明责任的裁判结果不具有足够说服力的时候，立法者在制定法律规范时没有考虑证明责任分配问题就容易成为压倒规范说的最后一根稻草。这或许也是《最高人民法院关于适用〈中华人民共和国民法典〉物权编的解释（一）》第14条在善意取得的证明责任问题上，作出与参照规范说制定的2015年《民诉法司法解释》适用效果相反规定的根本原因。

（四）规范说无法解决特殊情况下的公平裁判问题

规范说本质上与“谁主张，谁举证”一样，都是建立在主张者证明基础上的证明责任分配规则。但是，当造成事实真伪不明的原因属于非人为因素的真相灭失或事实还原成本过高的时候，让突发事故受害人或其亲属、现有科学技术无法确定损害原因的受害人、负担不起高额调查成本的当事人来承担事实无法查明的全部责任，司法裁判势必要面临各种社会压力，并承受极高的道德风险。所以，即便在德、日这样的大陆法系国家，法院也不得不经常突破规范说的限制，转而通过划分危险领域、利益衡量等方法重新分配证明责任。而这些突破规范说的裁判方法也成为挑战规范说的理论来源。

综上所述，由于规范说只能做到形式意义上的公平，无法针对造成事实真伪不明局面的责任进行有效回应，且难以从根本上解决不承担证明责任的当事人的举证责任如何落实的问题，使规范说在一部分案件中的合法性、有效性受到质疑。这不仅是有些法官在裁判过程中不得不脱离规范说，另行拟制证明责任分配规则的原因，也是司法解释不得不对部分案件的证明责任分配问题作出特别规定的原因。

从普通法系的经验来看，其在承认“谁主张，谁举证”为证明责任分配基本规则的同时，充分赋予法官对具体案件的证明责任进行政策性调整的司法权，并以此来解决证明责任分配的规则性和灵活性之间的矛盾。我国法院现阶段的实践情况实际上有些类似于普通法系的做法，但这种局面具有浓厚的“摸着石头过河”的色彩，而非立法者或者法院有意识地促成。从传统观念、制度条件来说，我国无疑更接近于大陆法系。完全照搬普通法系的证明责任制度，在我国缺乏相应的社会条件和制度基础。最高人民法院在2015年《民诉法司法解释》和2019年《民事证据规定》中，悄然收回了2001年《民事诉讼证据规定》第7条关于法院可以根据公平、诚信等原则分配举证证明责任的授权，或许也有类似的考虑。但是，这种简单收回裁量权的方式并不能从根本上解决我国证明责任裁判所面临的问题。在2015年《民诉法司法解释》实施后，审判实务中还是存在大量的法官根据自行拟定的特定规则分配证明责任的情况。然而，这种情况并非长久之计。由于理论研究迟迟未有突破，我国法官在面对证明责任问题时往往束手束脚，即便感觉到问题存在，但真正到了说理的时候却要么不知从何说起，要么难以真正放开手脚，导致说理不够透彻。这种情况如果长期存在，最终会削弱民事裁判的权威性和正当性。

由于规范说自创立以来已经有百余年的历史，其理论漏洞已经充分暴露，各种试图调和规范说和现实差距的立法、判例和学说也不断涌现，成为进一步探索证明责任理论的动力。但如果仅对规范说进行局部修补，而不从基础理论出发，去探索现代证明责任的普遍性和规律性问题，必然无法从根本上满足当代司法的需求。基于法学研究的使命，我们应尽可能地从我国实际情况出发，在规范法学的框架内寻找完善现有证明责任理论的路径和方法。

二、证明责任中的过错要素

如第一章所述，“谁主张，谁举证”与规范说的主要差异在于，把相互对立的“主张”区别开来的依据不同。从方法论的角度来说，这一标准也适用于待证事实分类说。如果再加上普通法系通常也把主张者必须证明视为证明责任分配的一般规则，[1]似乎可以总结出一个基本规律，即确定谁是“主张者”是一切证明责任问题的核心。但在实际诉讼中，某个主张是通过原告还是被告提出来，往往有很大的随机性。而且，由于诉讼本身就是不同立场的对决，在实际应用场景中，要判断某个主张应属于哪一方当事人的时候，往往容易掉入正负循环的逻辑陷阱。尤其是当原、被告的立场正好站在同一事实的正反两面的时候，这种情况就更容易出现。即便根据规范说把当事人的请求权基础分成相互对立和制约的规范类型，人们还是免不了时常陷入到底谁要对“知或不知”“善意或非善意”“有法律依据或无法律依据”的主张承担证明责任的窘境。由此可见，仅从当事人提出何种主张的角度来思考证明责任问题，未必完全抓住了证明责任的本质。为了摆脱这种困境，法官在证明责任裁判过程中不得不试图引入新的裁判方法和标准。

笔者通过实证研究发现，在第5章表5-6所归纳的具有研究价值的证明责任裁判类型中，除了依提出主张分配证明责任这一基本类型外，法官还经常用通过依当事人在诉讼中的态度和表现分配证明责任和依当事人与证据的关系确定证明责任的方法作出裁判。从这两个裁判类型在样本中的适用频率来看，二者的适用频次分别为68次和194次，各占全部样本适用次数的7.38%和21.04%，合计占比达到28.42%。在适用频次和占比方面，该两种裁判类型的数量和比例也仅次于依提出主张分配证明责任这一基本类型的564次和61.17%。这种现象值得引起重视。从依当事人在诉讼中的态度和表现分配证明责任和依当事人与证据的关系确定证明责任的适用条件及其中隐含的评价标准来看，该两类裁判都包含了法官对当事人无法协助法庭完成事实调查任务的负面评价。其中，依当事人在诉讼中的态度和表现分配证明责任反映了法官对当事人在诉讼过程中不配合法庭

---

〔1〕 Steve Uglow, *Evidence*: *Text & Materials* 2th, Sweet & Maxwell, 2006, p.94.

调查的行为所作的负面评价，而在依当事人与证据的关系确定证明责任的案例中，法官将当事人与证据的关系作为评价当事人是否应当承担证明责任的依据，并且还将这种评价的范围延伸至诉讼发生前的阶段。上述裁判方法是否具有正当性，需要从理论层面进行讨论。正如学者所言，“民事责任规范与义务概念有着密切的联系”，“一定义务的违反”是构成民事责任的必要条件，也是认定当事人行为违法性和主观过错性的重要依据，[1]决定法官的裁判是否具有正当性的前提应当是，当事人的行为是否违反了某种法定义务。

（一）证据义务的法理基础与证明过错

笔者的实证研究表明，我国法官在裁判过程中经常会以当事人在法庭调查过程中的态度和表现，以及当事人与证据的关系作为证明责任裁判的考量因素。前者包括当事人不配合司法鉴定、拒不提交持有的证据、不如实回答法庭的询问等行为；后者包括证据持有责任人证明、财产变动控制人证明、证明难易、对证据灭失有责任、接近证据等情形。这两种类型的裁判说明，有的法官在面对事实真伪不明的局面时，会从当事人是否配合法庭调查、收集证据，以及当事人在日常生活、交易过程中是否注意保存重要证据的角度出发，去思考如何分配证明责任的问题。无独有偶，外国学者也曾指出，法院“更加倾向于使得已经在诉讼中作为当事人或者将要成为当事人的各方负有保存证据的强制性义务”，甚至认为“只要存在发生诉讼事件的可能性就应当产生该种义务，而不论该诉讼事件的发生仍属遥远或仅仅属于推测”。[2]那么，中外司法实践中形成的这种认识是否具有法理依据？

沿着历史的长河追溯，在距今3800多年，现存最早、保存最为完整的

---

〔1〕 参见王卫国：《过错责任原则：第三次勃兴》，中国法制出版社2000年版，第153页。

〔2〕 毕玉谦：《民事诉讼证明妨碍研究》，北京大学出版社2010年版，第31-32页。

古代法典《汉穆拉比法典》中，可以发现除神明裁判外，该法典还有相当比例的关于当事人保存、提交证据义务的规定。前者如该法典第2条规定的，“倘自由民控自由民犯巫蛊之罪而不能证实，则被控犯巫蛊之罪者应行至于河而投入之。倘彼为河所占有，则控告者可以占领其房屋；倘河为之洗白而彼仍无恙，则控彼巫蛊者应处死；投河者取得控告者之房屋”。[1]相较于前者，后者的规定要具体得多。法典中相关条文包括：第1条“倘自由民宣誓揭发自由民之罪，控其杀人，而不能证实，揭人之罪者应处死”之规定；[2]第3条和第4条“自由民在诉讼案件中提供罪证，而所述无从证实，倘案关生命问题，则应处死”；“倘所提之证据属于谷或银的条件，则应处以本案应处罚之刑”之规定；[3]第9条至第11条“自由民遗失某物而发现其失物在另一自由民之手，倘占有此失物者云：‘此物由一卖者售与我，我在证人之前买得’，而失物之主亦云：‘我能提出知道此物为我物之证人’，则买者应领到出售此物之卖者及购买时为之见证之证人；而失物之主人亦应提出知此为其失物之证人。法官应审理他们的案件，而交付买价时为之见证之证人及知此失物之证人，皆须就其所知，声明于神之前。卖者为窃贼，应处死；失物之主应收回其失物，买者应从卖者之家收回其所付之银”“倘买者不能领到出售与彼之卖者及买时作证之证人，而仅失物之主提出知其失物之证人，则买者为窃贼，应处死；失物之主应收回其所失之物”“倘失物之主不能领到知其失物之证人，则彼为说谎者，犯诬告罪，应处死”之规定。[4]

从上述规定可以看出，在《汉穆拉比法典》中，除了个别神明裁判的条款外，法典用大量篇幅规定了向法庭提出主张的人所应承担的举证责

〔1〕《世界著名法典汉译丛书》编委会：《汉穆拉比法典》，法律出版社2000年版，第11页。

〔2〕同上注，第10页。

〔3〕同上注，第11-12页。

〔4〕同上注，第15-16页。

任。特别是该法典第9条至第11条围绕所有权的争议，对争讼双方的举证责任以及证明方法均作了详细的规定。如果仅从第9条至第11条的规定来看，争讼双方都有为各自主张提供证人的责任，这与后世的“谁主张，谁举证”并无实质区别。但值得注意的是，《汉穆拉比法典》第7条还特别规定：“自由民从自由民之子或自由民之奴隶买得或为之保管银或金，或奴隶，或女奴，或牛、或羊，或驴，或不论何物，而无证人及契约者，是为窃贼，应处死。”〔1〕把该条规定和该法典第9条至第11条规定联系起来会发现，《汉穆拉比法典》在对举证责任作出规定之前，首先强调买受人、保管人从事相关交易必须持有契约或保有证人，并将其作为一项重要的法律义务作了专门的规定。由此可见，在“谁主张，谁举证”成为一般证明规则之前，古代立法者已经为实行该规则设置了必要条件。不仅如此，在有限的篇幅中，《汉穆拉比法典》向人们展示了不俗的立法技巧。从体系上来说，该法典第7条关于买受人或保管人必须保有证人和契约的规定，实际上与该法典第9条至第11条所规定的主张物之权属者的证明责任正好形成了一个逻辑自洽的规范体系。

作为一部早期法典，《汉穆拉比法典》在数量有限的条款中，用了大量篇幅对当事人保存证据和向法庭提交证据的义务作了完备的规定。这一做法足以说明，此类义务对于当时的社会生活而言是不可或缺的。从理论上分析，国家建立以后，法庭主导的诉讼便成为解决各类民事纠纷的最后手段，而证据是法庭查明事实的主要方法。尽管《汉穆拉比法典》中也有神明裁判的规定，但这种方式带有很大的不确定性，注定只能适用于少数特殊案件。英国学者罗伯特·巴特莱特（Robert Bartlett）经过研究认为，神明裁判只是常规方式无法解决争议时候采用的方法，其通常被适用于诸如通奸或亲子关系争议等缺乏可见证据的性问题上，以及谋杀、夜盗等隐秘

---

〔1〕《世界著名法典汉译丛书》编委会：《汉穆拉比法典》，法律出版社2000年版，第13页。

犯罪和真相不可接近的异端案件中。因为，“在所有这些情形中，通过常规方式不可能达成争议的明确解决；这些案件皆具有一种普遍、持久的不透明性。然而，它们又是不得不解决的案件，因为判决不能悬而不决……这便是审判的职责，它是一种旨在处理不可能获取确定的知识、而又无法容忍不确定的情境之装置”。[1]除这些特殊类型的案件外，早期社会仍有大量的案件需要法庭对事实进行调查。因为，国家不能让诉讼沦为一种纯粹依靠运气的赌博，否则国家通过法庭实现定分止争的目的就不可能实现，社会亦将出现大量的不稳定因素。然而，诉讼本身需要国家投入大量公共资源。在信息和科学技术都不够发达的年代，法庭对事实的调查要比现在困难得多。倘若法律不对日常交易中留存证据和协助法庭调查设定基本义务，势必会造成在法庭上出现大量基本事实不清的案件，这无疑将导致大量公共资源被浪费，且不利于纠纷获得正确裁判。

《汉穆拉比法典》的规定对后世产生了重要影响。从要式法律行为中，仍然可以依稀看到《汉穆拉比法典》第7条的影子。迄今为止，普通法法院也一直认为，当事人或潜在当事人负有保存证据的义务，且该义务并不一定要从诉讼开始后才产生。按照美国法院的观点，基于个案情形（case-by-case），只要诉讼具有可预见性或能合理预期，就可以产生该种义务。[2]对于《汉穆拉比法典》和中外学说、实证案例中反映的与当事人保存、提交证据有关的义务，不妨将其统称为当事人的证据义务。在诉讼没有发生的时候，当事人的证据义务表现为当事人应当及时收集并妥善保存具有证明意义的证据；一旦诉讼发生，该义务转化为积极协助法庭调查和向法庭提供证据的举证责任。当事人的证据义务对现代社会具有如下作用和意义：

---

〔1〕［英］罗伯特·巴特莱特：《中世纪神判》，徐昕、喻中胜、徐昀译，浙江人民出版社2007年版，第48页。

〔2〕参见张友好：《论证明妨碍法律效果之择定——以文书提出妨碍为例》，载《法律科学（西北政法大学学报）》2010年第5期。

第一，当事人积极履行证据义务是民事诉权得以扩充和发展的重要条件。民事诉权的发展经历了私权公法化的过程。19世纪中叶，以萨维尼（Savigny）为首的德国学派曾经把诉权当作个人权利的组成部分，认为法院给予的司法救济是对个人实体法权利的保护，但在温德切特（Windscheid）之后，西方法学界开始接受和承认诉权是公法给予公民的个人权利，并强调诉讼当事人与司法机关之间的关系。[1]到了近代各国制定民法典的时候，民事诉讼法作为公法部门从民法中分离出来，诉权作为一项公法性权利得到了更多的保障和发展。在诉权不断扩张的情况下，唯有强化当事人的证据义务才能实现权利义务的平衡。正如学者所分析的，“民事诉讼的证据主要来源于当事人，当事人在诉讼前的民事交往中是否注意留下证据、保存证据，纠纷发生时或发生后是否细心收集证据，在诉讼中是否积极提供证据，自然会最终影响到事实的构建”。[2]在诉权扩张带来诉讼数量不断攀升的背景下，削弱或者否定证据义务，必将导致大量纠纷无法正常审理和裁判，赋予民事主体广泛的诉权也就失去了实际的意义。

第二，从成文法的发展规律出发，现代法律制度的运转更为依赖当事人积极履行证据义务。以《德国民法典》为标志，大陆法系民法典的立法体例全面转向抽象概括式和指令准则式的体例，这不仅意味着，单个具体行为可能同时触发多个抽象的法律规范，而且，由于法律竞合现象的存在，普通人要对其行为的法律后果进行预测也更加困难。在一行为可以同时触发多个法律规范的情况下，基于同一行为有可能同时引发包括合同之诉、不当得利之诉甚至侵权之诉等不同类型的诉讼。在此情况下，只有通过强化民事主体的证据意识，赋予其在妥善保存证据和积极配合法庭调查、收集证据方面更高的注意义务，才能适应现代法治社会的要求。

---

〔1〕 参见沈达明编著：《比较民事诉讼法初论》，中国法制出版社2002年版，第211页。

〔2〕 李浩：《民事诉讼当事人的自我责任》，载《法学研究》2010年第3期。

第三，从现实生活来看，现代社会对证据义务的认识也在不断加强和深化。与古代社会相比，现代社会的日常交易越发频繁和复杂，民事主体如果不能妥善地履行证据义务，必将导致大量的“水晶球谜案”[1]发生，影响自身的经营和发展。在现实生活中，许多需要面对频繁交易的商事主体已经着手采取更加积极的措施来履行自身在收集、固定、保存、提取证据方面的义务和责任。例如，许多经营珠宝首饰、奢侈品等贵重商品的商户，开始在制售的商品上加入特殊标记，避免出现类似“水晶球谜案”的争议；有的商业银行在自动取款机上增加记录纸币冠字号的功能，避免储户取出假钞后引发争议；网络电商也在不断完善交易程序，利用交易快照、聊天记录等方式来收集、固定证据，减少争议的发生。

第四，通过对诉讼中的事实真伪不明现象进行实证研究可以发现，虽然在法官明确得出事实真伪不明结论的样本中（见表4-1），客观原因占主导地位的类型和主观原因占主导地位的类型各占一半，但从绝对数量来说，证据丢失、隐瞒事实和消极证明这三种主观原因占主导地位的事实真伪不明案例占到样本总数的79.10%。而在上述三种主观原因占主导地位的事实真伪不明案例中，如果有关当事人能够在第一时间认真收集、固定、保存好关键证据，并积极协助法庭查明真相，是可以避免发生待证事实真伪不明的后果的。

此外，从事实真伪不明的形成过程来看，有的真伪不明在突发事件发生的瞬间便已形成；有的真伪不明则与“水晶球谜案”相似，是在法律关系的成立和发展过程中逐渐累积形成的。与难以预料的突发事件相比，“水晶球谜案”的形成实际上是一系列人为疏忽累积的结果。作为贵重工艺品的销售商，上海工艺美术商厦原本可以通过在自家销售的水晶球上添加特殊标记，或者通过其他特定化的方法确保自家销售的水晶球具有可辨识

---

〔1〕 参见本书前言。

性，也可以通过在销售过程中提醒顾客进行现场验货的方式避免日后发生争议。而作为购买者，如果真的担心买到假水晶球，可以要求销售人员共同对水晶球进行离柜前的验货，确定所交付商品的外观特征，或者在购买水晶球的同时要求证据保全或公证，以避免商户用“离柜概不负责”来推诿责任。从两种事实真伪不明的形成过程进行区分，可以把第一种情况的真伪不明称为“瞬态的真伪不明”，把第二种情况的真伪不明称为“渐进态的真伪不明”。从理论上分析，除了瞬态的真伪不明可以完全撇除人为因素外，大多数渐进态的真伪不明都存在不同程度的人为因素导致证据灭失的情况。

从表4-1的统计情况来看，几乎所有主观原因主导的真伪不明都可以归入渐进态的真伪不明，这部分案件的数量占到相关样本数量的79.10%。即便在另外20.90%客观原因主导的真伪不明案件中，也有很大一部分属于渐进态的真伪不明。对于这部分案件来说，只要当事人能够及时收集、保存必要证据，完全可以避免日后出现事实真伪不明的局面。例如，在涉及隐蔽类工程施工质量和数量纠纷、出口商品质量纠纷等容易出现事实还原成本过高、调查渠道受限问题的案件中，如果当事人能及时对隐蔽类工程进行阶段性验收，在商品出口前提前做好检验工作，并保存必要的证据，完全可以避免或减少此类事实真伪不明局面发生的可能性。基于上述分析，假如当事人认真履行证据义务，属于表4-1中真正无法预防和避免的事实真伪不明案件的理论值应当小于当前的20.90%（真相灭失4.48%+事实还原成本过高14.93%+调查渠道受限1.49%）。在大多数案件中，当事人疏于保存证据，甚至主动废弃证据的行为，才是导致事实无法查明的主要原因。而且，大多数人这么做的原因并非因为缺乏诉讼经验或无法意识到风险的存在，而是由于过于轻信对方、贪图一时的方便、漠视可能存在的诉讼风险等主观原因所致。

正如法国学者普兰尼奥尔（Planiol）所说，“过错是对事先存在义务的违反”,[1]当事人违反证据义务即构成法律上的过错。耶林认为:“过错标准在各种法律关系中的运用方式,是衡量法律文化阶段的最可靠的标准。”[2]在罗马法时代,过错(culpa)已经具有了完整的内涵和外延。在罗马法中,过错包括故意和过失,其不仅指非法行为本身,也是判定某人承担责任的主观标准;不仅包括作为过错(culpa in faciendo),也包括不作为过错(culpa in non faciendo)。尤其在过失的认定方面,罗马法达到了相当高的水平。罗马法中的过失包括抽象过失(culpa in abstrcto)和具体过失(culpa in abstracto),前者是用一种抽象的标准,如善良家父的勤谨注意,来判断某人是否具有过失;后者参照的是行为人自身的勤谨注意水平。[3]在罗马法之后,历代法学家对过错又进行了不懈的研究,使之愈发成熟和完善。如比利时学者德·帕热(De Page)曾说过:“过错乃是谨慎、明智之人所不会做的行为或行动,这种人随时会考虑到给他人带来不幸结果的危险。”[4]

按我国法律中的过错类型划分,当事人在日常生活、交易过程中未能妥善留存证据的过错更多属于过失的过错。按照现代的法律语言,这种过错的主要表现是:当事人违反了一个正常理性的人在日常生活、交易过程中的必要的注意义务。对此,有学者曾形象地说,“在人们的日常生活和经济往来当中,生活经验告诉人们要签订合同,记载交易行为,保存具有法律意义的资料和物品等,因为人们要么清楚地知道,或者要么只是感觉到,忽视交易安全将对他产生某种不利后果,将面临某种风险,尽管绝大多数人从来没有而且将来也很可能不会上法庭”。[5]与上述情况相对,当事人

---

〔1〕 王卫国:《过错责任原则:第三次勃兴》,中国法制出版社2000年版,第173页。

〔2〕 [德]鲁道夫·冯·耶林:《罗马司法中的过错要素》,柯伟才译,中国法制出版社2009年版,第15页。

〔3〕 黄风编著:《罗马法词典》,法律出版社2002年版,第77-78页。

〔4〕 王卫国:《过错责任原则:第三次勃兴》,中国法制出版社2000年版,第173页。

〔5〕 吴越:《从举证责任到客观证明责任的跨越》,载[德]普维庭:《现代证明责任问题》,吴越译,法律出版社2006年版,“译序”。

在诉讼过程中拒不提交持有的证据、不配合司法鉴定、不如实回答法庭询问等不配合法庭调查的行为，较为容易触犯法律或法庭为当事人所设定的具体义务，因而大都属于故意的过错。

在日常生活、交易和诉讼的过程中，当事人可能存在一个或多个违反证据义务的过错，但无论当事人出于故意还是过失，只要法庭经过调查和审理能够最终查明事实，法官甚少对此类过错进行责任追究。只有当诉讼中出现事实真伪不明的局面时，法官才会通过证明责任裁判来追究此类过错的责任。因此，可以把违反证据义务的过错统称为证明过错。通过表5-4中各种与证明过错有关的案件类型可以发现，在具体表现形式上，证明过错既可以表现为积极的作为，如当事人主动丢弃、销毁关键证据，也可以是消极的不作为，如拒不配合法庭调查。

综合以上分析，对于证明过错可以作如下表述：证明过错是当事人出于故意或过失，以作为或不作为的方式造成关键证据灭失，或不配合法庭调查，导致诉讼案件的主要事实无法查明或辨别真伪，应予归责的状态。证明过错的认定在很大程度上有赖于审判过程中的具体化评价。除了少量法律规范，如《民事诉讼法》第70条第1款〔1〕，有对协助法庭调查的义务作出原则性规范外，大量过失类型的证明过错需要法庭在审理过程中依据通常的法律评价标准来作出具体化的评价。这是一个涉及法学方法论的应用问题，对此，拉伦茨曾指出："要判断某行为有过失还是无过失，判断者必须先填补判断的标准，使其具体化到可以适用于一个案件，这个案件须在所有与判断有关的重要观点上均与已有个案相类似。在此情形，判断者不可避免地要预先考虑法律效果：判断行为是否有过失时，主要涉及按照法律的评价，该行为是否适合作为责任的根据。"〔2〕从笔者的实证研究成

---

〔1〕《民事诉讼法》第70条规定："人民法院有权向有关单位和个人调查取证，有关单位和个人不得拒绝。"

〔2〕[德]卡尔.拉伦茨：《法学方法论》，黄家镇译，商务印书馆2020年版，第366-367页。

果可以发现，法官们在证明责任裁判过程中，通过证据持有责任人证明、财产变动控制人证明、证明难易、对证据灭失有责任、接近证据等不同的角度，对证明过错的标准进行了不同程度的具体化。这些在司法实践中产生的案例为发现证明过错作出了贡献，也为证明过错描绘出大体的轮廓。在后续的司法实践中，随着证明过错被越来越广泛地适用于证明责任的裁判，新的案例会逐步填充证明过错在当前阶段尚属模糊的地带，并最终形成较为稳固的边界。

（二）证明过错对规范说的矫正和互补

证明过错在证明责任裁判中的重要意义，被以法律规范分类理论为重心的规范说大大低估了。在《汉穆拉比法典》中可以看到，如当事人未能妥善履行证据义务，导致其无法在法庭上完成举证责任，法庭会让其承担包括败诉后果在内的严厉的处罚。在这个逻辑链条中，如果不将证明过错的因素考虑在内，而仅从“谁主张，谁举证”或法律规范类型的角度去考虑证明责任问题，势必难以解释其立法本意。这就像耶林所说的，普通人在看到燃烧的火把时，首先感受到的是光和热，而非燃烧的化学反应公式。[1]虽然到了罗马法时代，《汉穆拉比法典》对败诉一方设定的严苛惩罚被罚金所取代，[2]但在罗马法的诉讼制度中，从证据义务到诉讼中的举证责任，再到证明过错和证明责任，形成了融贯一致的链条，其逻辑关系可以通过图6-1来表示。

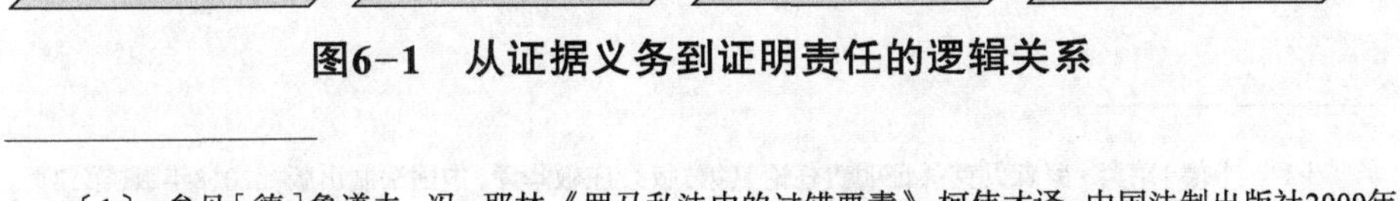

图6-1　从证据义务到证明责任的逻辑关系

---

〔1〕 参见［德］鲁道夫·冯·耶林：《罗马私法中的过错要素》，柯伟才译，中国法制出版社2009年版，第76页。

〔2〕 参见［意］彼德罗·彭梵得：《罗马法教科书》，黄风译，中国政法大学出版社2018年版，第78-79页。

但是，在规范说提出之后，上述逻辑关系就被“扭曲”了。规范说从法律规范分类理论入手，把原、被告双方的主张所依据的法律规范分成彼此相互对立和制约的不同种类规范，然后再依据法律规范不适用理论，让当事人对本方主张所依据的法律规范中的要件事实承担证明责任。但是，根据规范说的理论，不同法律规范之间的制约关系只有当实际诉讼发生后才能确定。据此，双方当事人的证明责任只能从原告明确其请求权基础后才开始确定。而且，罗森贝克还进一步认为，相对于举证责任，证明责任才是主要的，后者的范围决定了前者的范围。[1]据此，规范说的逻辑可以通过图6-2来表示。

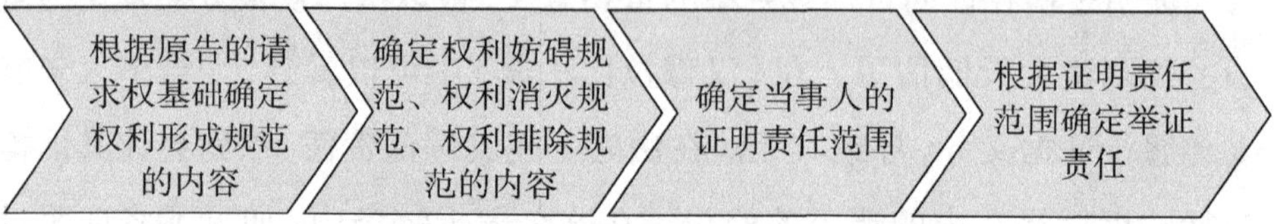

图6-2 规范说中的证明责任分配逻辑

正如有学者评价的，“规范说是基于法条的规范结构和法条之间的相互关系，对证明责任分配问题采取了形式化的标准”。[2]在规范说的语境中，无论证据义务，还是举证责任等原先作为证明责任前提的实质性要素都被有意或无意地忽视了。这就使不负担证明责任的当事人的举证责任和证据义务有被悬空的危险。由于规范说对证明责任的分配采用了形式化的标准，罗森贝克声称，证明是当事人的义务还是责任，仅对举证责任具有意义。[3]在其看来，在证明责任的语境下去讨论当事人的证明活动究竟是一项义务、一项权利，或者仅是一个实际需要、是一个责任，是没有必

〔1〕［德］莱奥·罗森贝克:《证明责任论》(第5版)，庄敬华译，中国法制出版社2018年版，第52页。

〔2〕胡东海:《民事证明责任分配的实质性原则》，载《中国法学》2016年第4期。

〔3〕参见［德］莱奥·罗森贝克:《证明责任论》(第5版)，庄敬华译，中国法制出版社2018年版，第24页。

要的。[1]在这种背景下，我国理论界对证明责任的性质产生了激烈的争论，主要有权利说、义务说、权利义务说、责任说、需要说、效果说、必要说和负担说等。[2]

对于上述争论，不妨换个角度思考：在没有发生诉讼的时候，当事人是否需要承担及时收集和妥善保存证据的义务，以及如果违反该义务应当承担何种法律后果？那种认为只有在诉讼发生后才有必要着手考虑证明责任问题的想法，至少是与生活经验不符的。可以用一个例子来说明证据义务和证明过错在现代生活中的重要性：在一起小轿车和电动车发生碰撞的交通事故中，虽然小轿车的车主认为事故是电动车违章造成的，但他并不想为此与对方发生诉讼。双方经过现场协商，达成口头协议并即时清结调解款项，随即撤离了现场。但是，该起事故造成的交通堵塞使一辆载满旅行团成员的大客车无法及时到达机场，并因延误航班造成重大经济损失。由于电动车驾驶员的身份和去向均不明，旅行社因此对小轿车的车主提起诉讼，要求其承担延误航班的赔偿责任。鉴于该起事故没有留下任何能够反映双方责任的证据，法院对该次碰撞事故的原因和责任无法作出认定。在这种情况下，法院能否以旅行社无法证明小轿车车主在与电动车碰撞的交通事故中具有过错为由，判决驳回旅行社的诉讼请求？或者，小轿车的车主能否以自己从未想过会因为该事故卷入一场诉讼，故而没有保存证据来摆脱自己的证明责任吗？从一般人的直觉来看，这种裁判结果很难说是公平的。这个例子说明，仅从诉讼的角度出发考虑证明责任分配问题并不能让法治社会维持良好的运转。规范说把证明责任的起始点设置在诉讼已然发生和请求权基础确定之后，是存在一定缺陷的。

由于规范说在某种程度上悬空了不承担证明责任当事人的举证责任，

---

〔1〕 参见[德]莱奥·罗森贝克：《证明责任论》(第5版)，庄敬华译，中国法制出版社2018年版，第67页。

〔2〕 张卫平：《民事诉讼：关键词展开》，中国人民大学出版社2005年版，第209页。

使不承担证明责任当事人的证明过错难以在诉讼中得到有效评价，这成为现代证明责任理论所必须解决的问题。对于规范说的这一缺陷和漏洞，可以通过证明过错予以矫正。证明过错对于填补规范说的漏洞具有以下的作用：

首先，证明过错确认了证明责任裁判与事实真伪不明原因之间的逻辑关系，弥补了规范说在促进实质正义方面的不足，能够更加客观地反映当事人对事实真伪不明状态应负的法律责任。大量的实证案例表明，有相当比例的事实真伪不明案件与人为的证明过错有关。从法的公平性和预防功能出发，对人为因素促成的事实真伪不明应当有与之匹配的后果和责任。正如学者所称，“对人来说，法律不应当是他外在的、异化的对立物，法律应当表达人的一般信念和要求，法律的控制信息应当同人的价值情感、价值观念发生某种内在感应，从而产生鼓励性的、抑制性的或者其他性质的心理效应”。〔1〕如果人们认识到，诉讼中的证明责任不仅具有形式正义的外观，也与违反法定义务紧密相关，对于维护证明责任裁判的正当性和权威性，减少诉讼中的真伪不明，促进交易安全，降低司法成本都是有益的。就如拉伦茨所说的，“承担责任是人类生存中的一种基本现象。无论人们对这种现象作出什么样形而上学的解释，它作为一种可经历的意识事实是无可置疑的。如果一个人知道他应对自己的行为及其后果负责，那么他就会将这种责任归结于自身；他不能将责任作为某种与自己无关的东西推诿掉”。〔2〕

其次，证明过错对法律的统一适用具有重要的理论和实践意义。“过错”是高度成熟的法律概念。虽然基于历史、文化、制度的差异，不同国家的法律制度在过错范围、评价方法等方面存在些许差异，但对于同种性质行为所作的过错评价不至于存在较大的偏差。法官基于证明过错所作的裁判与法官对侵权过错、合同过错的认定同样属于法律适用理论的一部

〔1〕 王卫国：《过错责任原则：第三次勃兴》，中国法制出版社2000年版，第143页。

〔2〕 〔德〕卡尔·拉伦茨：《德国民法通论》（上），王晓晔等译，法律出版社2003年版，第50页。

分，要经受理论和实务的双重检验，不会出现有些学者担心的法官滥用裁量权的问题。

最后，相对于个别立法、各种修正学说、名目繁多的修补型理论所创设的规则，以及法官在裁判过程中拟制的特定规则，证明过错更有利于统一各种立场，形成易于执行和可供日后检视的具体化标准。正如波斯纳所言，复杂的规则体系并不比那些能抓住普通人直觉并因此而很容易了解的、有关正当行为的标准（如过失责任标准），产生更大程度的法律确定性。[1]以“水晶球谜案”为例，倘若双方当事人和法院围绕证据持有责任人证明、财产变动控制人证明、证明难易、对证据灭失有责任、接近证据等规则各说各话，就很容易出现谁都有一定的道理，但谁也说服不了谁的局面。然而，司法判决最重要的就是判决理由。法谚云：“含糊的和不确定的理由不是令人信服的理由。”故有学者指出，“法律方法的意义就在于提供判断的明确而充分的理由，并使结论具有可检验性”。[2]在“水晶球谜案”中，法官如基于证明过错的审查需要，可以要求卖家说明其在作出“假一赔百”的承诺前，是否采取了必要措施来确保产品质量可追溯，如是否有保存进货、加工等渠道的证据，以及在销售过程中有没有要求顾某进行现场验货，并提示货物离柜后的风险。同时，法官也可以要求顾某说明，其在购买水晶球的过程中如何验货，以及是否有向售货员索取必要凭证，等等。假如类似案件被不同法院受理，每个受过专业训练的法官都在证明过错的指引下，从过错的基本原理和立场出发，组织双方当事人围绕诉讼是否可预见，以及双方是否尽到合理注意义务和证据义务等问题进行举证和答辩，就可以更加容易获得有说服力的裁判结论。

以上分析说明，证明过错对于证明责任问题有重要的意义。但不可否认的是，相对于证明过错，规范说在诉讼中也有其独特的优势。一方面，

〔1〕 参见［美］波斯纳：《法理学问题》，苏力译，中国政法大学出版社2002年版，第61页。

〔2〕 孙笑侠：《法律人思维的二元论兼与苏力商榷》，载《中外法学》2013年第6期。

由于向法庭积极提出主张的人通常对主张的时机、内容等具有较大的主动权，规范说将证明责任分配给主张对自己有利的法律规范的当事人，有利于平衡诉讼双方的利益和风险；另一方面，规范说将证明责任分配给主张对自己有利的法律规范的当事人，可以给其一个自我评估风险的机会，减少不必要的讼累。如果没有规范说的过滤，势必导致许多无谓的诉讼进入法院，给法院和当事人造成不必要的负担。但是，从证明过错的角度来看，规范说将证明责任分配给主张对自己有利的法律规范的当事人，应属于一种法律推定，即推定主张对自己有利的法律规范的当事人，对该法律规范的要件事实无法证明具有过错。从民事诉讼的实际情况出发，承认规范说的这一推定具有一般规则的效力，有利于节省当事人和司法机关的资源耗费。但从维护实体公正的角度出发，只要有充分的证据否定或推翻前述推定，法院就应当根据证明过错对实际的责任作出判断。

（三）证明过错与证明妨碍的竞合

对于证明过错，还需要将其与证明妨碍区分开来。毕玉谦教授对证明妨碍所下的定义是："一方当事人在诉讼前或者诉讼过程中通过其特定行为故意或过失地使得另一方当事人不能公平地利用证据而导致对该另一方当事人产生不利的裁判后果。因此，在法理上，证明妨碍既是一种特定的行为，又是一种因该行为所产生的法律后果。"〔1〕根据学者归纳，适用证明妨碍的法律效果有以下几种：一是对证明妨碍行为直接进行公法上的制裁；二是转换举证责任或证明责任；三是通过拟制或推定，从事实认定角度作出对妨碍人不利的认定；四是降低证明标准；五是不经正式庭审直接作出妨碍人一方败诉的判决；六是排除妨碍人提出的证据；七是承担独立的民事责任。〔2〕目前，证明妨碍已经成为被理论界普遍接受和经常讨论的

---

〔1〕 毕玉谦：《民事诉讼证明妨碍研究》，北京大学出版社2010年版，第1页。

〔2〕 毕玉谦：《民事诉讼证明妨碍研究》，北京大学出版社2010年版，第450-452页。

学说之一，但理论界对证明妨碍的内涵外延，以及在诉讼中如何适用等问题仍处于探讨阶段。

证明妨碍与证明过错存在竞合关系。例如，在当事人拒不配合法庭调查的场合，该当事人有可能因为违反了证据义务并造成事实真伪不明，从而导致法庭认定其构成证明过错。同时，该当事人不配合法庭调查的行为也有可能被视为证明妨碍。证明妨碍理论是学者为解决规范说的漏洞而创设的理论，在对妨碍行为的评价和认定方面也与证明过错的评价方法相似，由此可以印证，笔者对规范说理论漏洞和证明过错的分析并非源自空想。但是，经过学者们的不断研究，证明妨碍已经从妨碍行为衍生和发展出一整套以妨碍后果为核心的理论。因此，理论上就有必要对证明过错与证明妨碍进行比较，以明确二者的适用范围。

首先，证明过错与规范说的适用条件、法律后果是不同的。证明过错与规范说等其他证明责任理论的适用前提都是待证事实真伪不明，而证明妨碍只需要有妨碍行为即可构成。从法律效果来说，证明过错的法律后果就是当事人要为此承担证明责任。而根据学者的观点，证明妨碍行为不仅会影响证明责任的分配结果，还可以导致公法制裁、独立的民事责任、法律事实的拟制或推定等效果。

其次，证明过错属于证明责任分配理论的组成部分，而对证明妨碍与证明责任的关系，理论界的定位是模糊的。例如，有部分学者认为，证明妨碍的法律效果之一就是实现证明责任转换或证明责任倒置。〔1〕但是，现在的证明妨碍理论已经不再把相关主体是否承担证明责任作为适用证明妨碍的前提，〔2〕因而就很难再把证明责任转换作为证明妨碍的法律效果之一。而且，从实际运用的角度出发，把证明责任转换作为证明妨碍的法律效果还存在以下问题：第一是，如果特定案件的证明责任分配问题本身就

〔1〕 参见于鹏：《民事诉讼证明妨碍救济与制裁比较研究》，载《法律适用》2013年第12期。

〔2〕 参见毕玉谦：《民事诉讼证明妨碍研究》，北京大学出版社2010年版，第227页。

存在较大争议，所谓的证明责任转换也就无从说起。第二是，将证明责任转换作为证明妨碍的法律效果，其前提必然也是案件事实真伪不明。因为，倘若妨碍行为没有影响法官对事实的审理，那么所谓的证明责任转换就毫无意义可言。而如果证明妨碍的行为已经导致案件出现事实真伪不明，此时依据证明妨碍理论转换证明责任与直接根据证明过错分配证明责任的效果并不存在本质区别，反而因为在其中增加了证明责任转换环节，人为地提高了理论的烦琐程度。

最后，证明过错属于裁判过程中的司法裁量问题，也可以将其视为一种裁判方法，故而对于立法的依赖程度较低，而证明妨碍的法律后果则有赖于立法的明确承认。虽然理论界曾对证明妨碍寄予厚望，希望能借助证明妨碍制度实现多重法律效果，但必须指出的是，目前关于证明妨碍的法律效果大多仍停留在理论层面。无论对妨碍人实施公法制裁，还是判决妨碍人承担独立的民事责任，甚至对妨碍人实行类似于证明责任倒置效果的法律推定或法律拟制，都需要有明确的立法。在法律没有相应规定的情况下，法官不可能直接依据理论研究的观点作出前述类型的判决。相比之下，法官基于证明过错分配证明责任就没有这么严格的限制条件。因为，司法解释已经对法官在事实真伪不明的情况下根据证明责任归属作出判决进行了概括性的授权。2015年《民诉法司法解释》第108条明确规定："对一方当事人为反驳负有举证证明责任的当事人所主张事实而提供的证据，人民法院经审查并结合相关事实，认为待证事实真伪不明的，应当认定该事实不存在。"虽然2015年《民诉法司法解释》也借鉴了规范说的理论，对证明责任的分配方法作了原则性规定，但正如实证研究所反映的情况，基于证明责任问题的复杂性以及证明责任理论的多元性，法官仍可借助不同的说理方法对证明责任分配行使一定的裁量权。在这种情况下，通过证明过错分配证明责任显然要比仅停留在纸面上的证明妨碍理论更容易实施。

这里特别需要注意的是，证明妨碍所触发的法律拟制或法律推定与证明责任裁判有着本质区别。按照梅因（Main）的考证，“拟制”在古罗马法中是一个专门的术语，其用以表示不允许被告反驳的原告方虚假陈述。这种拟制的目的通常是赋予审判权，如原告声称自己是一个罗马人但其实他是一个外国人。[1]所以，法律拟制可以用于指代法律把原本不存在事实假定为存在的事实。比较常见法律拟制有大家较为熟悉的共同危险行为。在共同危险行为中，哪怕只有一个侵权人的行为给受害人带来损害，法律也把所有实施共同危险行为的人都拟制为侵权人。例如，《民法典》第1170条规定：“二人以上实施危及他人人身、财产安全的行为，其中一人或者数人的行为造成他人损害，能够确定具体侵权人的，由侵权人承担责任；不能确定具体侵权人的，行为人承担连带责任。”此时，尽管立法者也知道，只有部分行为人实施的行为给受害人造成了损害，但为了惩罚此类行为，法律把所有后果不明的行为统统作为侵权行为看待。从证明责任分配的角度来看，法律拟制可以起到创设、改变法律要件事实的效果。有了法律拟制的前提，作为共同危险行为的被害人，只要能够证明有二人以上对其实施了侵权行为并造成损害后果，便可获得对所有行为人的胜诉判决。与之相对，关于被害人的损害后果是由部分行为人造成的证明责任，则属于权利阻碍事实，应当由行为人承担。法律推定在证明责任分配方面的效果其实与法律拟制大同小异，但无论是法律拟制还是法律推定，都需要有立法的明确规定才可实施。从这一点来说，证明妨碍行为引发的法律拟制或法律推定的效果与证明责任貌似相同，实则大相径庭。

综上所述，证明妨碍与证明过错在适用条件、法律后果、理论渊源等方面存在较大的差别。证明过错是证明责任分配理论的组成部分，而证明妨碍更加接近于事案解明义务、证据协力义务、具体化义务等修补型理

[1] 参见[英]亨利·萨姆奈·梅因：《古代法》（一），高敏、瞿慧虹译，九州出版社2007年版，第35页。

论。[1]通过证明妨碍可以印证证明过错的理论前提是客观存在的。但是，证明妨碍理论试图在不触动以规范说为基础的证明责任分配理论的前提下，从外部引入新的机制来填补规范说所造成的不承担证明责任当事人的举证责任被悬空的问题，只能获得有限的效果。证明妨碍理论设想的诸多法律效果，必须借助于立法才能实现。相比之下，将证明过错的评价机制和评价方法导入证明责任裁判，不仅可以进一步完善现有的证明责任理论，也更容易获得实际的效果。

三、证明责任中的价值评价

证明过错和规范说都是民事主体对自身行为担责的理论。只不过，前者的责任是建立在行为人违反特定义务的基础上，后者的责任依据是行为人向法庭提出了某项基于法律规范的“主张”。从更广泛的意义上说，二者都是建立在当事人自身行为基础上的证明责任，也可以说是建立在当事人自我责任基础上的证明责任理论。[2]虽然，民事主体承担自我责任是法治社会的基本要求，但是，自我责任也不是在任何时候都可以无条件适用。一方面，在诸如因意外事故造成真相灭失，因受限现有技术导致事实还原成本过高，或者非因当事人原因发生的调查渠道受限等情况下，双方当事人对事实真伪不明的后果均没有过错。此时，无论依据证明过错还是规范说，都很难作出合理的判决。另一方面，虽然民事主体承担自我责任是法治社会的基本准则，但与此同时，社会的存续和发展也需要维护诚实信用、弱者保护、公共利益优先等公共价值观。在司法过程中，如果仅依靠民事主体的自我责任不足以维护公共价值观，甚至会导致二者出现冲突，司法机关就只能寻求其他的替代方式作出裁判。在古代或中世纪，这种替代方

〔1〕 毕玉谦:《民事诉讼证明妨碍研究》，北京大学出版社2010年版，第31-38页。
〔2〕 参见李浩:《民事诉讼当事人的自我责任》，载《法学研究》2010年第3期。

式可能是神判法或者决斗，但在现代社会，维护公共价值观的责任只能由司法机关来承担。因此，不仅普通法系的法官经常根据利益衡量的方法突破“谁主张，谁举证”的原则分配证明责任，大陆法系也先后出现了危险领域说、利益衡量说、损害归属说等不依赖当事人自我责任的证明责任分配学说。结合我国的司法实践来看，上述各种学说和方法均可归结为裁判过程中的价值评价。

从研究数据来看，法官在裁判过程中完全依据价值评价分配证明责任并非常态，但也是必不可少的裁判方法。而且，法官在裁判过程中所进行的价值评价并非完全不受束缚的自由裁量。现代立法者已经意识到，无论法律规范怎么增加条款也可能存在漏洞。为了避免成文法在面对复杂多变的现实生活时出现空白的情况，无论民事实体法还是民事程序法，都设定了若干基本原则作为基础性规范。这些基本原则本身就是立法者价值观的体现，在必要的时候，也可以作为法官裁判的依据。虽然，在论及价值评价的时候，无法避免作为个体的法官会受其个人经历、性格、喜好等的影响，但正如笔者的实证研究数据所反映的那样，直接采用价值评价法进行判决的案件，在裁判中的比例是相对较小的。因此，总体来说，证明责任裁判中的价值评价是有迹可循的，风险也是可控的。

同时必须指出的是，基于价值评价的证明责任与基于证明过错的证明责任存在本质的区别。虽然后者也包含了某种程度的价值评价，就好像法官在判定某人需对酒后驾车承担责任时，也会带有一定程度的价值评价，但此时法官的价值评价是严格围绕肇事者是否符合过错的构成要件，以及构成多大程度的过错而进行的。这种价值评价既不可能脱离评价的目的和对象，也不直接作用于最后的裁判结果——因为最后的裁判结果必须要根据过错的大小来作出。而在笔者所说的两种基于价值评价分配证明责任的情形中，法官是从更为抽象的社会价值、伦理道德等角度去分配证明责任，故而与前者存在本质的区别。例如，如果法官是在通过比较双方当事人的证明难易程度后得出某方当事人在获得、保存证据方面具有更为便利的条件，从而认定其应当承担证明责任，那么法官实际上就是对双方当事人在关键证据灭失问题上的过错程度进行了判断。倘若法官赋予某个当事人承担证明责任的理由不是因为其在获得、保存证据方面具有更为便利的条件，而仅是因该当事人具有更强的经济能力、更高的文化水平、负担得起更为昂贵的调查取证成本，从而认定其具有更强的举证能力，那么这种证明责任分配法就是一种完全基于抽象的价值评价的裁判，其根源来自人类社会中固有的保护弱者的价值观念。

基于价值评价的证明责任基本上不涉及对当事人是否妥善履行证据义务或是否具有证明过错的分析和评价，因而其确实可以说是与“证明”或“责任”无关的裁判。基于价值评价的证明责任主要适用于双方当事人对待证事实真伪不明均没有明显过错，以及案件的裁判结果关系到社会基本价值和公共利益的场合。不可否认，在一部分判决中，法官的价值评价给人的感觉就如波斯纳所说的，“就为法律判断提出理由而言，如果我们不为自己的行为提出某种理由（某些理由，也许并不怎样自洽），我们也许会为自己所做的伤害了他人的事感到不安”，[1]但总体来说，裁判中的价值评价是一个复杂的过程，是对法官集体的智慧良知、司法能力、价值取向的拷问，也是同一时代司法政策的体现。

四、证明责任裁判的方法

笔者的研究表明，虽然在我国司法实践中仍然大量存在根据“谁主张，谁举证”分配证明责任的情况，但规范说作为抽象法典时代的证明责任分配理论，与现代民法典有很好的契合度，终将取代早期的“谁主张，谁

---

〔1〕 参见［美］波斯纳：《法理学问题》，苏力译，中国政法大学出版社2002年版，第252页。

举证”。在依当事人在诉讼中的态度和表现分配证明责任和依当事人与证据的关系确定证明责任的情形下，法院为了让案件获得更为全面公正的审理，从不同角度对当事人未能妥善履行证据义务和举证责任的情节、程度进行评价，故该两类案件所采用的裁判规则和裁判方法可以统合为基于证明过错的证明责任。在依当事人的身份、地位、能力、角色等因素确定证明责任和依抽象原则分配证明责任的情形中，价值评价在裁判中发挥了主要作用，故该两类裁判规则可以统称为基于价值评价的证明责任，适用于当事人对事实真伪不明均无过错的案件，以及少量的关系到社会基本价值观和公共利益的特殊案件。

在前述分析的基础上，可以进一步把证明责任归结为以下三种类型：基于规范说的证明责任、基于证明过错的证明责任和基于价值评价的证明责任。假设根据理论研究的结果，把表5-6中的数据作为这三种证明责任类型在审判实务中的可能的适用范围，可以得出，基于规范说的证明责任/基于证明过错的证明责任/基于价值评价的证明责任的比例大约是6.56：3.16：1。如果把基于规范说的证明责任视为一套固有的规则，把基于证明过错的证明责任视为直接从法理引申出的证明责任裁判规则，把基于价值评价的证明责任视为法官所要维护的价值观，上述比值可以反映出在当前的证明责任裁判中，规则、法理和价值评价所占的权重。同时，这个比值也生动说明了，司法裁判是一个复杂的过程：法官总体上依赖固有规则，但在规则不足以满足裁判需求的时候，法官也会依次用法理和价值评价来填补规则空缺。

在规则、法理和价值评价的共同驱动下，法官们在司法过程中的作用，远远超出了一般意义上的“法律工匠”，而是部分参与了法律原则的制定，甚至成为社会价值观的践行者和塑造者。但是，如果具体到特定案件的裁判过程中，法官应当依照何种方法来分配证明责任才能更好地履行其职责呢？

首先，作为以成文法为基础的国家，用规范说来代替相对过时的“谁主张，谁举证”是更好的选择。规范说与民法典的结合，可以为大部分案件的证明责任分配提供基本的规则。尽管普通人未必了解规范说的复杂逻辑和理论，但作为法治社会的成员应当认识到，向司法机关提出诉讼请求必须有相应的证据作为依据。例如，要主张合同权利必须证明合同订立和履行的相关事实；要主张损害赔偿必须证明侵权事实和损害的后果等。因此，如果当事人未能就其诉讼请求所依据的事实提供足够的证明，法官就可以推定其并未妥善履行证据义务。此时，无论根据规范说还是证明过错，该当事人都应承担证明责任。

其次，从证明过错的角度出发，当事人未能妥善履行证据义务是其承担举证责任乃至证明责任的根本依据。规范说产生的仅是责任推定的效果。如果有充分证据表明，一方当事人明显违反了证据义务，并造成事实真伪不明的局面，那么基于规范说的证明责任推定就可以被推翻。此时，法官可以根据证明过错来重新分配证明责任。

最后，如果经过调查发现，当事人对于事实真伪不明的结果均不存在过错，或者基于案件的特殊情况，根据前述方法分配证明责任明显不符合社会公共价值观或公共利益，那么法院应当优先适用被正式法律渊源所承认的民法基本原则分配证明责任，或者根据案件特殊的情况，公平、合理地分配证明责任，但必须在裁判中具体说明裁判的原因或理由。

或许有人会说，法官根据证明过错分配证明责任也难免会受法官个体价值观的影响，而基于价值评价分配证明责任是更为接近社会整体价值观的价值评价，那么能否干脆像普通法系那样，授权法官在无法适用规范说的情况下，直接根据政策、公平、证据保持或证据距离、方便、概然性、经验规则等利益衡量的参考要素来分配证明责任呢？对此，吴经熊先生在《司法过程中的科学方法》一文中引述耶林的一段话足以回答这个问题：“可能有人会问：既然公正感是我们的最终指导，为什么不省却所有的理论呢？为什么我们必须试图把情感的律令翻译成知性的语言？它的答案在于以下事实：普通法官在现成的概念和标准下对事实进行分类，要比直觉地执行公正更容易一些。比如，以下两个问题的回答，前者就比后者更容易：鉴于特定案件中的特定环境，处于被告地位的一个普通人是否能够对他的行为预见一个特定的结果；依据这个环境，被告对正被讨论的结果负有责任是否正当或公平。只有那些像霍姆斯和卡多佐一样具有宽阔视野和敏锐洞察力的法官，才会本能地偶然发现一个正确的结果，很难期望每个法官都像霍姆斯和卡多佐一样。因此，对于普通的法官和长远的司法过程，法律理论能像智力的杠杆一样运行，在这些理论的帮助下，具有普通智商的法官都能够作出令人满意的判决，它在其他方面会反映出法律的天赋。"〔1〕这段话深刻阐释了理论研究之于司法实践的意义。尤其在传统上倾向于法教义学的成文法国家中，由经过千百年淬炼的法律概念来统一现实生活中千差万别案件的裁判尺度，让受过系统法学教育的法官可以较为容易地驾驭案件的审判工作，使其能够在统一的话语体系中作出专业的判断，并接受上级法院和同行的监督和批评，是实现司法公正最为现实的路径。尽管也应该为法官保留一定的裁量空间，但在法学理论的指引下，大部分的司法裁量是受到规则和专业概念限制的，纯粹的价值评价始终是现有规则和理论失灵情况下的最后补救方法。

最后应当强调的是，证明责任理论不是查明事实的手段。正如普维庭所说，证明责任的作用永远不可能帮助法官对尚未形成心证的具体事实形成心证，在判决时，法官不能据以该被认定成立的事实出发。所以证明责任判决始终是最后的救济。〔2〕对于法官来说，证明责任裁判并不是要对客观事实进行猜测和评判，而是在一种限制性条件下，法律的公平正义要

---

〔1〕 吴经熊：《司法过程中的科学方法》，载《吴经熊法学文选》，中国政法大学出版社2012年版，第55页。

〔2〕 参见［德］普维庭：《现代证明责任问题》，吴越译，法律出版社2006年版，第27页。

如何实现的问题。尽管如此，证明责任却是整个民事法律制度能够独立运转的最终保障。证明责任理论所要挑战的是民事裁判的极限领域，也是关乎整个民事法律制度能否实现逻辑自洽的终极性问题。证明责任问题的复杂性决定了其解决方案很难局限于一个单独的法律概念、一个固定的规则，或者一种僵化的裁判方法，但也不能是无拘无束的自由裁量，而只能是规则、法理、价值观和方法论的集合。就本书所讨论的范围而言，如果要为证明责任制定一条法律规范，其应当是包含规范说、过错责任和价值评价的复合型规范，包含如下内容：

1. 当事人向法院提出请求保护权利的主张，应对其请求权基础所依据的要件事实承担证明责任。对方当事人主张前述请求权不存在或者请求权的效力受到限制的，应就妨碍、排除、消灭该请求权所依据的法律规范的要件事实承担证明责任。

2. 如果经过法庭调查，上述法律规范的要件事实真伪不明，而一方当事人能够证明其他当事人对该法律规范要件事实真伪不明的后果具有过错的，应由对造成该后果具有过错的当事人承担相应的证明责任。

3. 如果各方当事人对法律规范的事实真伪不明均无过错，或者过错程度相当，法院可以根据民法的基本原则和当时的司法政策，公平、合理地确定证明责任的负担。

4. 上述条款中，第1项中的证明责任属于推定责任，如果当事人想要避免适用第一项规定的后果，应当证明案件存在第2项、第3项的情形。

5. 人民法院在认定法律规范要件事实真伪不明的情况下，可以组织当事人对事实真伪不明的原因和责任进行调查和辩论，以便分清责任，作出正确的判决。

参考文献

中文著作

1.毕玉谦:《民事证明责任研究》,法律出版社2007年版。

2.毕玉谦:《民事诉讼证明妨碍研究》,北京大学出版社2010年版。

3.陈刚:《证明责任法研究》,中国人民大学出版社2000年版。

4.黄风编著:《罗马法词典》,法律出版社2002年版。

5.何勤华:《西方法学史》,中国政法大学出版社1996年版。

6.何家弘:《司法证明方法与推定规则》,法律出版社2018年版。

7.霍海红:《证明责任的法理与技术》,北京大学出版社2018年版。

8.姜世明:《民事诉讼法基础论》,台北,元照出版有限公司2018年版。

9.姜世明:《举证责任与真实义务》,台北,新学林出版股份有限公司2006年版。

10.姜世明:《举证责任与证明度》,台北,新学林出版股份有限公司2008年版。

11.孔祥俊:《司法理念与裁判方法》,法律出版社2005年版。

12.刘德权主编:《最高人民法院司法观点集成》(第2版),人民法院出版社2014年版。

13.李浩:《民事证明责任研究》,法律出版社2003年版。

14.李浩:《民事证据立法前沿问题研究》,法律出版社2007年版。

15.李玉华等:《诉讼证明标准研究》,中国政法大学出版社2010年版。

16.罗玉珍、高委主编:《民事证明制度与理论》,法律出版社2003年版。

17. 骆永家:《民事举证责任论》,台北,商务印书馆2009年版。

18. 沈达明编著:《比较民事诉讼法初论》,中国法制出版社2002年版。

19. 沈宗灵:《比较法研究》,北京大学出版社1998年版。

20. 沈冠伶:《民事证据法与武器平等原则》,台北,元照出版有限公司2007年版。

21. 王卫国:《过错责任原则:第三次勃兴》,中国法制出版社2000年版。

22. 吴经熊:《吴经熊法学文选》,中国政法大学出版社2012年版。

23. 吴宏耀、魏晓娜:《诉讼证明原理》,法律出版社出版2002年版。

24. 王泽鉴:《债法原理》(第2册·不当得利),中国政法大学出版社2002年版。

25. 周枏:《罗马法原论》(下册),商务印书馆1994年版。

26. 最高人民法院民事审判第一庭:《民事诉讼证据司法解释的理解与适用》,中国法制出版社2002年版。

27. 张卫平、陈刚编著:《法国民事诉讼法导论》,中国政法大学出版社1997年版。

28. 张卫平:《民事诉讼:关键词展开》,中国人民大学出版社2005年版。

中文论文

1. 毕玉谦:《“一强多元”模式下的证明责任学说——以克服“规范说”局限性为重心》,载《政法论坛》2011年第2期。

2. 毕玉谦:《举证责任分配体系之构建》,载《法学研究》1999年第2期。

3. 毕玉谦:《试论表见证明的基本属性与应用功能之界定》,载《证据科学》2007年第1期。

4.毕玉谦:《关于创设民事诉讼证明妨碍制度的基本视野》,载《证据科学》2010年第5期。

5.陈刚:《抗辩与否认在证明责任法学领域中的意义》,载《政法论坛》2001年第3期。

6.陈刚:《证明责任理论中若干误区之反思》,载《中央政法管理干部学院学报》2000年第2期。

7.曹志勋:《"真伪不明"在我国民事证明制度中确实存在么?》,载《法学家》2013年第2期。

8.胡学军:《法官分配证明责任:一个法学迷思概念的分析》,载《清华法学》2010年第4期。

9.胡学军:《证明责任倒置理论批判》,载《法制与社会发展》2013年第1期。

10.胡学军:《表见证明理论批判》,载《法律科学(西北政法大学学报)》2014年第4期。

11.胡学军:《证明责任"规范说"理论重述》,载《法学家》2017年第1期。

12.胡学军:《为"事实真伪不明"命题辩护》,载《法商研究》2018年第2期。

13.胡东海:《"谁主张谁举证"规则的历史变迁与现代运用》,载《法学研究》2017年第3期。

14.胡东海:《民事证明责任分配的实质性原则》,载《中国法学》2016年第4期。

15.胡亚球:《论民事诉讼当事人具体化义务的中国路径》,载《清华法学》2013年第4期。

16.霍海红:《证明责任配置裁量权之反思》,载《法学研究》2010年第1期。

17. 李浩:《民事行为能力的证明责任 对一个法律漏洞的分析》,载《中外法学》2008年第4期。

18. 李浩:《举证责任倒置:学理分析与问题研究》,载《法商研究》2003年第4期。

19. 李浩:《民事判决中的举证责任分配——以〈公报〉案例为样本的分析》,载《清华法学》2008年第6期。

20. 李浩:《民事诉讼当事人的自我责任》,载《法学研究》2010年第3期。

21. 李浩:《〈民事诉讼法〉修订中的举证责任问题》,载《清华法学》2011年第3期。

22. 李浩:《不当得利与民间借贷的交集——诉讼实务中一个值得关注的问题》,载《清华法学》2015年第1期。

23. 李浩:《证明责任的概念——实务与理论的背离》,载《当代法学》2017年第5期。

24. 李浩:《规范说视野下法律要件分类研究》,载《法律适用》2017年第15期。

25. 李红海:《英国陪审制转型的历史考察》,载《法学评论》2015年第4期。

26. 刘哲玮:《论美国法上的证明责任——以诉讼程序为视角》,载《当代法学》2010年第3期。

27. 吴越:《从举证责任到客观证明责任的跨越》,载[德]普维庭:《现代证明责任问题》,吴越译,法律出版社2006年版,"译序"。

28. 吴泽勇:《论善意取得制度中善意要件的证明》,载《中国法学》2012年第4期。

29. 吴泽勇:《规范说与侵权责任法第79条的适用——与袁中华博士商榷》,载《法学研究》2016年第5期。

30. 吴兆祥:《诊疗损害责任纠纷举证证明责任研究——对〈最高人民法院关于审理医疗损害责任纠纷案件适用法律若干问题的解释〉第4条的解读》,载《法律适用》2018年第3期。

31. 吴杰:《德国的证明责任的减轻理论之研究——以表见证明为中心》,载田平安主编:《比较民事诉讼论丛》,法律出版社2005 年版。

32. 王涛:《陪审制兴衰考》,载《中国刑事法杂志》2016 年第1 期。

33. 王剑一:《德国法律评注的历史演变与现实功能》,载《中国应用法学》2017年第1期。

34. 徐涤宇、胡东海:《证明责任视野下善意取得之善意要件的制度设计——〈物权法〉第106条之批评》,载《比较法研究》2009年第4期。

35. 徐涤宇:《民事证明责任分配之解释基准——以物权法第106条为分析文本》,载《法学研究》2016年第2期。

36. 徐铁英:《论罗马法中的一般欺诈抗辩》,载陈小君主编:《私法研究》第19卷,法律出版社2016年第2期。

37. 袁中华:《规范说之本质缺陷及其克服——以侵权责任法第79条为线索》,载《法学研究》2014年第6期。

38. 于鹏:《民事诉讼证明妨碍救济与制裁比较研究》,载《法律适用》2013年第12期。

39. 张卫平:《证明责任倒置辨析》,载《人民司法》2001年第8期。

40. 张卫平:《证明责任的概念》,载王利明、江伟等主编:《中国民事证据的立法研究与应用》,人民法院出版社2000年版。

41. 张卫平:《证明责任概念解析》,载《郑州大学学报(社会科学版)》2000年第6期。

42. 张卫平:《证明标准建构的乌托邦》,载中国法制出版社编:《证据法论文选萃》,中国法制出版社2005年版。

43. 张心恬、王文军、陈蔚如:《不当得利"没有合法根据"要件的证明责任分配》，载《政治与法律》2011年第6期。

44. 周翠：《〈侵权责任法〉体系下的证明责任倒置与减轻规范与德国法的比较》，载《中外法学》2010年第5期。

译著

1. [德]K.茨威格特、H.克茨：《比较法总论》，潘汉典等译，贵州人民出版社1992年版。

2. [德]莱奥·罗森贝克：《证明责任论——以德国民法典和民事诉讼法典为基础撰写》，庄敬华译，中国法制出版社2002年版。

3. [德]罗森贝克、施瓦布、戈特瓦尔德：《德国民事诉讼法》(下)，李大雪译，中国法制出版社2007年版。

4. [德]普维庭：《现代证明责任问题》，吴越译，法律出版社2006年版。

5. [德]卡尔.拉伦茨：《德国民法通论》(上册)，王晓晔等译，法律出版社2003年版。

6. [德]卡尔. 拉伦茨：《法学方法论》，陈爱娥译，商务印书馆2003年版。

7. [德]鲁道夫·冯·耶林：《罗马私法中的过错要素》，柯伟才译，中国法制出版社2009年版。

8.《德国民法典》(第4版)，陈卫佐译注，法律出版社2015年版。

9. [德]米夏埃尔·施蒂尔纳编：《德国民事诉讼法学文萃》，赵秀举译，中国政法大学出版社2005年版。

10. [日]高桥宏志：《民事诉讼法制度与理论的深层分析》，林剑锋译，法律出版社2003年版。

11. [日]兼子一、竹下守夫：《民事诉讼法》，白绿铉译，法律出版社1995年版。

12.［日］中村宗雄、中村英朗:《诉讼法学方法论——中村民事诉讼理论精要》,陈刚、段文波译,中国法制出版社2009年版。

13.［美］迈克尔·H.格莱姆:《联邦证据法》,法律出版社1999年版。

14.［美］E.博登海默:《法理学——法律哲学与法律方法》,邓正来译,中国政法大学出版社1999年版。

15.［美］约翰·安·赞恩:《法律的故事》,刘昕、胡凝译,台北,商业周刊出版股份有限公司1999年版。

16.［美］罗斯科·庞德:《普通法的精神》,唐前宏、廖湘文、高雪原译,法律出版社2001年版。

17.［美］理查德·A.波斯纳:《法理学问题》,苏力译,中国政法大学出版社2002年版。

18.［美］本杰明·卡多佐:《司法过程的性质》,苏力译,商务印书馆1998年版。

19.［美］孟罗·斯密:《欧陆法律发达史》,姚梅镇译,中国政法大学出版社1999年版。

20.［美］约翰·亨利·梅利曼:《大陆法系》(第2版),顾培东、禄正平译,法律出版社2004年版。

21.［美］米尔建·R.达马斯卡:《漂移的证据法》,李学军等译,中国政法大学出版社2003年版。

22.［美］霍姆斯:《法学论文集》,姚远译,商务印书馆2020年版。

23.［英］罗伯特·巴特莱特:《中世纪神判》,徐昕、喻中胜、徐昀译,浙江人民出版社2007年版。

24.《世界著名法典汉译丛书》编委会:《汉穆拉比法典》,法律出版社2000年版。

25.［意］彼德罗·彭梵得:《罗马法教科书》,黄风译,中国政法大学出版社2005年版。

26.［罗马］查士丁尼:《法学总论——法学阶梯》,张企泰译,商务印书馆1989年版。

外文著作和论文

1. Adrian Keane, James Griffiths, Paul Mckeown, *The Modern Law of Evidence* 8th, Oxford UniversityPress, 2010.

2. Adrian Keane, Paul Mckeown, *The Modern Law of Evidence,* Oxford University Press, 2014.

3. Dennis, *The Law of Evidence* 6th, Sweet & Maxwell, 2015.

4. David Johnston, *Roman Low In Context*, Cambridge University Press, 1999.

5. Gregory Durston, *Evidence Text & Materials*, Oxford University Press, 2008.

6. Kiralfy, *The Burden of Proof*, Professional Books, 1987.

7. Richard Glover, *Murphy On Evidence*14th, Oxford University Press, 2015.

8. The common law library, *Charlesworth&Percy on Negligence*11th, Sweet & Maxwell, 2006.

9. Steve Uglow, *Evidence: Text & Materials*2th, Sweet & Maxwell, 2006.

10. James B. Thayer, *The Burden of Proof*, Harvard Law Review, Ⅳ, No.2, 1980, p.45-70.

案例索引

中国案例

1. 钟某洪与佛山康达空调设备有限公司专利申请权纠纷案，广东省高级人民法院民事判决书，(2004)粤高法民三终字第101号。

2. 韩某某与俞某某返还原物纠纷案，上海市卢湾区人民法院民事判决书，(2007)卢民二(商)初字第863号。

3. 上海三枪实业有限公司与上海百钧玮贸易有限公司买卖合同纠纷案，上海市第一中级人民法院民事判决书，(2008)沪一中民四(商)终字第1726号。

4. 张某某与吴某继承权确认纠纷再审案，浙江省高级人民法院民事判决书，(2009)浙民再字第13号。

5. 原告××诉被告××不当得利纠纷案，上海市奉贤区人民法院民事判决书，(2010)奉民二(商)初字第1581号。

6. 廖某某与姚某某不当得利纠纷案，浙江省衢州市中级人民法院民事判决书，(2012)浙衢民终字第150号。

7. 乐某敏、乐某娣等与天安财产保险股份有限公司温岭支公司、谢某夫机动车交通事故责任纠纷案，上海市虹口区人民法院民事判决书，(2012)虹民四(民)初字第292号。

8. 沈××与冯×机动车交通事故责任纠纷案，上海市虹口区人民法院民事判决书，(2012)虹民一(民)初字第1550号。

9. 郑某华与叶某兰提供劳务者受害责任纠纷案，浙江省衢州市柯城区人民法院民事判决书，(2012)衢柯民初字第463号。

10. 金某富、吴某斌与赵某云合同纠纷案，浙江省杭州市西湖区人民法院民事判决书，(2012)杭西商初字第1624号。

11. 刘某伟与尚某成建设工程施工合同纠纷案，河南省郑州市中原区人民法院民事判决书，(2012)中民二初字第105号。

12. 王某州与丰县宏鑫运输有限公司、中国太平洋财产保险股份有限公司徐州中心支公司等机动车交通事故责任纠纷案，浙江省嘉兴市中级人民法院民事判决书，(2013)浙嘉民终字第613号。

13. 高某与朱某某民间借贷纠纷案，上海市嘉定区人民法院民事判决书，(2013)嘉民一(民)初字第5010号。

14. 马某与朱某南、周某民间借贷纠纷案，上海市嘉定区人民法院民事判决书，(2013)嘉民一(民)初字第5001号。

15. 林某德与林某不当得利纠纷申请再审案，最高人民法院民事判决书，(2013)民申字第2332号。

16. 何某上诉北京市热力集团有限责任公司等恢复原状纠纷案，北京市第一中级人民法院民事判决书，(2014)一中民终字第00288号。

17. 原告浙江玉环农村合作银行与被告台州贝迪霖仪表科技有限公司、陈某等金融借款合同纠纷案，浙江省台州市玉环县人民法院民事判决书，(2014)台玉港商初字118号。

18. 陶某锋与张某斌等民间借贷纠纷案，上海市嘉定区人民法院民事判决书，(2014)嘉民一(民)初字第1340号。

19. 中国铁建港航局集团有限公司与广东省航运规划设计院有限公司不当得利纠纷案，广东省广州市中级人民法院民事判决书，(2014)穗中法民一终字第6535号。

20. 林某静与李某均不当得利纠纷案，浙江省丽水市中级人民法院民事判决书，(2014)浙丽民终字第311号。

21.贺某与雷某不当得利纠纷案，湖南省岳阳市中级人民法院民事判决书，(2014)岳中民一终字第452号。

22.叶某与周某明民间借贷纠纷二审案，江苏省苏州市中级人民法院民事判决书，(2015)苏中民终字第02379号。

23.何某利与浙江省中医院医疗损害责任纠纷再审复查与审判监督案，浙江省高级人民法院民事判决书，(2015)浙民申字第2330号。

24.黄某胜与王某运不当得利纠纷案，湖北省武汉市江岸区人民法院民事判决书，(2015)鄂江岸民初字第00426号。

25.杨某高与董某伟、徐某光、孙某采、中国人民财产保险股份有限公司成都市分公司机动车交通事故责任纠纷案，四川省成都市金堂县人民法院民事判决书，(2015)金堂民初字第3176号。

26.徐某光与董某伟、杨某高、中国人民财产保险股份有限公司成都市分公司机动车交通事故责任纠纷案，四川省成都市金堂县人民法院民事判决书，(2015)金堂民初字第3436号。

27.林某强与洪某买卖合同纠纷二审案，广东省潮州市中级人民法院民事判决书，(2015)潮中法民二终字第26号。

28.厦门精卫模具有限公司与福建七建集团有限公司建设工程施工合同纠纷申请再审案，最高人民法院民事判决书，(2015)民申字第2082号。

29.裘某仙与章某华民间借贷纠纷案，浙江省高级人民法院民事判决书，(2015)浙民再字第42号。

30.孝义市信凯耐火材料有限公司、山西飞宇达机械工程有限公司合同纠纷申请再审案，最高人民法院民事判决书，(2015)民申字第743号。

31.罗某与何某不当得利纠纷二审案，广西壮族自治区玉林市中级人民法院民事判决书，(2015)玉中民一终字第496号。

32.深圳市协力兴企业管理顾问有限公司与广州才元腾贸易有限公司不当得利纠纷二审案，广东省深圳市中级人民法院(2015)深中法民终字第709号。

33.潘某兰与绥宁县中医医院医疗损害责任纠纷案，湖南省邵阳市绥宁县人民法院民事判决书，(2016)湘0527民初792号。

34.卢某、四川大学华西第二医院医疗损害责任纠纷二审案，四川省成都市中级人民法院民事判决书，(2016)川01民终10765号。

35.蔡某卿与宁波龙康智能仪表有限公司、北京市热力集团有限责任公司财产损害赔偿纠纷案，北京市第一中级人民法院民事判决书，(2016)京0102民初5074号。

36.北京润德源商贸有限公司与北京首钢机电有限公司等定作合同纠纷二审案，北京市第一中级人民法院民事判决书，(2016)京01民终3549号。

37.朱某家、李某虹与黄某菊不当得利纠纷二审案，辽宁省抚顺市中级人民法院民事判决书，(2016)辽04民终1693号。

38.李某与谢某蕾民间借贷纠纷案，重庆市云阳县人民法院民事判决书，(2016)渝0235民初5862号。

39.林某与杨某杰、王某英民间借贷纠纷案，上海市奉贤区人民法院民事判决书，(2016)沪0120民初7000号。

40.麻某礼与杨某杰、王某英民间借贷纠纷案，上海市奉贤区人民法院民事判决书，(2016)沪0120民初4675号。

41.安徽瑞讯交通开发有限公司与中铁二十二局集团第四工程有限公司建设工程施工合同纠纷案，安徽省高级人民法院民事判决书，(2016)皖民终276号。

42.黄某东与庄某军、张某文房屋买卖合同纠纷再审案，浙江省高级人民法院民事判决书，(2016)浙民再183号。

43.梁某堂与钟某欢不当得利纠纷二审案，广东省广州市中级人民法院民事判决书，(2016)粤01民终7187号。

44. 陈某霞与曾某端、何某生不当得利纠纷案，广东省肇庆市中级人民法院民事判决书，(2016)粤12民终1061号。

45. 北京鸿浩天元新技术开发有限公司、青岛鲁建冷暖设备工程有限公司不当得利纠纷再审案，最高人民法院民事判决书，(2017)最高法民再42号。

46. 中国太平洋财产保险股份有限公司东莞分公司、东莞市邦泽电子有限公司保险人代位求偿权纠纷二审案，广东省东莞市中级人民法院民事判决书，(2017)粤19民终1838号。

47. 王某竹、山东黄河工程集团有限公司财产损害赔偿纠纷二审案，湖南省张家界市中级人民法院民事判决书，(2017)湘08民终449号。

48. 阜宁县利民禾谷合作社与吴某民间借贷纠纷二审案，江苏省盐城市中级人民法院民事判决书，(2017)苏09民终1972号。

49. 石某与阙某和、张某凡不当得利纠纷案，福建省龙岩市中级人民法院民事判决书，(2017)闽08民初92号。

50. 青岛新天物业发展有限责任公司、环宇(青岛)发展有限公司物业服务合同纠纷再审审查与审判监督案，最高人民法院民事判决书，(2017)最高法民申2518号。

51. 张某梅、成都市中西医结合医院医疗损害责任纠纷二审案，四川省成都市中级人民法院民事判决书，(2017)川01民终11578号。

52. 莫某平与高某川不当得利纠纷案，四川省攀枝花市东区人民法院民事判决书，(2017)川0402民初226号。

53. 中国工商银行股份有限公司奉新支行、中铁现代物流科技股份有限公司鹰潭分公司合同纠纷再审审查与审判监督案，最高人民法院民事判决书，(2017)最高法民申1224号。

54. 杨某春、于某海买卖合同纠纷二审案，山东省威海市中级人民法院民事判决书，(2017)鲁10民终1967号。

55. 白某龙与新疆天北能源有限责任公司供用热力合同纠纷案，新疆维吾尔自治区克拉玛依市独山子区人民法院民事判决书，(2017)新0202民初181号。

56. 林某与梁某清、翟某霖不当得利纠纷案，广东省肇庆市端州区人民法院民事判决书，(2017)粤1202民初3428号。

57. 中国平安人寿保险股份有限公司白山中心支公司与于某龙保险合同纠纷再审审查案，吉林省高级人民法院民事判决书，(2017)吉民申1139号。

58. 赵某花与陈某青、陈某雷民间借贷纠纷二审案，江苏省连云港市中级人民法院民事判决书，(2017)苏07民终1857号。

59. 中国特别机遇(巴巴多斯)有限公司与徐州市交通运输管理处保证合同纠纷案，江苏省高级人民法院民事判决书，(2017)苏民终1869号。

60. 王某竹、山东黄河工程集团有限公司财产损害赔偿纠纷案，湖南省张家界市中级人民法院民事判决书，(2017)湘08民终449号。

61. 姚某与中国民生银行股份有限公司武汉新华支行借记卡纠纷、金融借款合同纠纷案，湖北省武汉市江汉区人民法院民事判决书，(2017)鄂0103民初4526号。

62. 汕头市澄海区人民医院、邓某康医疗损害责任纠纷再审审查与审判监督案，广东省高级人民法院民事判决书，(2018)粤民申727号。

63. 肖某珠、肖某川承揽合同纠纷二审案，江西省吉安市中级人民法院民事判决书，(2018)赣08民终795号。

64. 中国工商银行股份有限公司呼和浩特明珠支行与王某信用卡纠纷二审案，内蒙古自治区呼和浩特市中级人民法院民事判决书，(2018)内01民终37号。

65. 中国工商银行股份有限公司呼和浩特锡林路南口支行与朱某利信用卡纠纷二审案，内蒙古自治区呼和浩特市中级人民法院民事判决书，

(2018)内01民终1219号。

66.朱某伟与青岛汇海大宗商品现货交易市场有限公司等期货交易纠纷二审案，北京市高级人民法院民事判决书，(2018)京民终192号。

67.王某华、浙商财产保险股份有限公司丽水中心支公司保险人代位求偿权纠纷二审案，浙江省丽水市中级人民法院民事判决书，(2018)浙11民终1244号。

68.四川华喆建设工程有限公司、胡某生合伙协议纠纷二审案，四川省成都市中级人民法院民事判决书，(2018)川01民终2793号。

69.龚某慧与王某珠不当得利纠纷案，湖南省花垣县人民法院民事判决书，(2018)湘3124民初631号。

70.黎某楷与郑某英机动车交通事故责任纠纷案，江苏省常州市中级人民法院民事判决书，(2018)苏04民终551号。

71.曹世宝、张敏房屋买卖合同纠纷案，云南省普洱市中级人民法院民事判决书，(2018)云08民终425号。

72.济南市历下区燕山工业小区开发建设总公司、山东万城佳业房地产开发有限公司建设用地使用权转让合同纠纷再审审查与审判监督案，最高人民法院民事判决书，(2018)最高法民申125号。

73.刘某红、珠海市平沙医院医疗损害责任纠纷案，广东省珠海市中级人民法院民事判决书，(2018)粤04民终3256号。

74.程某孝、程某玉医疗损害责任纠纷案，四川省成都市中级人民法院民事判决书，(2018)川01民终1290号。

75.申某与支付宝(中国)网络技术有限公司等侵权责任纠纷案，北京市朝阳区人民法院民事判决书，(2018)京0105民初36658号。

76.北京市海淀医院与中国人民解放军空军航空医学研究所附属医院等医疗损害责任纠纷二审案，北京市第一中级人民法院民事判决书，(2019)京01民终4254号。

77. 梁某华、欧某英买卖合同纠纷二审案，广东省高级人民法院民事判决书，(2019)粤53民终676号。

78. 邱某明与重庆德佳林汽车有限公司产品销售者责任纠纷二审案，重庆市第一中级人民法院民事判决书，(2019)渝01民终5172号。

79. 刘某军与成都红墙理想酒店管理有限公司违反安全保障义务责任纠纷再审案，四川省高级人民法院民事判决书，(2019)川民申5075号。

80. 王某鸥、天津一汽丰田汽车有限公司产品责任纠纷再审审查与审判监督案，天津市高级人民法院民事判决书，(2019)津民申1016号。

81. 杨某斌与徐某房屋租赁合同纠纷案，新疆维吾尔自治区乌鲁木齐市新市区人民法院民事判决书，(2019)新0104民初7750号。

82. 上海杰酷网络科技有限公司与百度时代网络技术(北京)有限公司二审案，北京知识产权法院民事判决书，(2019)京73民终1011号。

83. 江西萍钢实业股份有限公司与合肥东方节能科技股份有限公司、江西联博物资有限公司案外人执行异议之诉案，江西省南昌市中级人民法院民事判决书，(2019)赣01民初15号。

84. 李某、李某霞承揽合同纠纷二审案，江西省南昌市中级人民法院民事判决书，(2019)冀06民终6216号。

85. 黄某宝、莫某力民间借贷纠纷二审案，广西壮族自治区百色市中级人民法院民事判决书，(2019)桂10民终2299号。

86. 朱某与滕州市中心人民医院医疗损害责任纠纷案，山东省枣庄市滕州市人民法院民事判决书，(2019)鲁0481民初3827号。

87. 中十冶集团有限公司、中天建设集团有限公司大连分公司不当得利纠纷二审案，辽宁省大连市中级人民法院民事判决书，(2019)辽02民终9194号。

88. 李某军、方某华民间借贷纠纷二审案，云南省丽江市中级人民法院民事判决书，(2019)云07民终489号。

89. 陈某鑫、聂某庆不当得利纠纷二审案，湖南省长沙市中级人民法院民事判决书，(2019)湘01民终1368号。

90. 刘某民与中国医学科学院肿瘤医院医疗损害责任纠纷案，北京市第三中级人民法院民事判决书，(2019)京03民终13198号。

91. 王某莉、段某青等与段某虎不当得利纠纷案，河南省漯河市源汇区人民法院民事判决书，(2019)豫1102民初4741号。

92. 王某萍与苏某云其他不当得利纠纷案，浙江省温州市中级人民法院民事判决书，(2019)浙03民终1563号。

外国案例

普通法案例

1. Abrath v. North Eastern Railway Co (1883)11 Q.B.D. 440.

2. JosephConstantine Steamship Line v. Imperial Smelting Corporation [1942]A.C. 154.

3. Barkway v. South Wales Transport Co Ltd [1950] 1 All E.R. 392.

4. Bolton v. Stone [1951] A.C. 850.

5. Bullard v. R[1957]AC 635, PC.

6. Armory v. Delamirie.

7. Levison v. Patent Steam Carpet Cleaning Co [1978]Q.B.69, CA.

8. Selvanayagam v. University of the West Indies [1983] 1 W.L.R. 585.

9. Rhesa Shipping Co. S.A. v. Edmunds [1985] 1 W.L.R. 948.

10. Ratcliffe v. Plymouth &Torbay Health Authority [1998] P.I.Q.R. P171.

11. Geest plc v. Lansiquot [2002] 1 W.L.R. 3111.

12. Geest plc v. Lansiquot [2002] UKPC 48.

13. per Pill L. J. in L. v. DPP [2003] QB 137, DC.

14. BHP Billiton Petroleum Ltd. v. DalmineSpA [2003] EWCA Civ 170.

15. Stephens v. Cannon [2005] EWCA Civ 222.

16. In re B. (Children) (Care Proceedings: Standard of Proof) CAFCASS intervening [2009] 1 A.C. 11.

17. Soward v. Leggatt, Esq. Assizes 173 E.R. 269.

大陆法案例

1. [德]醉酒者车祸案。

2. [德]整形外科案。

3. [德]骨盆骨折案。

4. [德]波浪(Wasserwellenfall)案。

5. [德]载重汽车案。

6. [德]铜管案。

7. [德]拖船案。

8. [德]鸡瘟疫案。

后　记

在华政攻读诉讼法硕士学位期间，我第一次拜读罗森贝克的《证明责任论》，便留下难忘的印象。一方面，基于本专业的敏感性，对作为“民事诉讼脊梁”的证明责任理论有着天然的兴趣；另一方面，罗森贝克严谨的学术态度和充满理论自信的文风亦令人叹服。规范说的精妙逻辑，极大深化了我对传统的“谁主张，谁举证”的理解和认识，并因此有感而发地在临毕业前写下自己第一篇关于证明责任的论文。但是，随着毕业季的到来，我离开了象牙塔，走进人民法院，开始自己的法律职业生涯。在扑面而来的卷宗和工作面前，曾经追求的理论法学似乎离自己渐行渐远，就连写好的论文初稿也早已不知所踪。

时光荏苒，在成为一名民事法官后，一晃又过去十多年。在每日的案牍劳形中，自己也不免时常为事实问题所困。在此期间，我又反复研读过几次罗森贝克的《证明责任论》，不久后又恰逢普维庭的《现代证明责任问题》在国内翻译出版，加上国内对证明责任的研究成果日渐增厚，确实给我从事审判工作带来很大的启发和帮助，与此同时，也积累了不少新的疑问。借着此次攻读博士学位的机会，我终于有时间短暂告别一沓沓的卷宗，停下匆忙的结案脚步，再一次重温理论研究的乐趣。这一次，我毫不犹豫地选择了证明责任作为博士学位论文的研究方向，不仅是为了接续之前中断的研究，更是因为多年的实务经历和累积的疑问在胸中盘根错节，已经到了难以容忍的地步。本书的完结，不仅是弥补当年中断学业的遗憾，也是自己十余年来作为民事法官的经验总结。经过四年多的学习和研究，在诸多法学前辈和同事们对证明责任问题进行了长期探索和实践的基础上，本书朝着以下方面进行了努力：

第一，本书对证明责任及相关理论进行了一次彻底的梳理。特别是针对一些常见术语、学说的来源、相互关系、理论价值和实践效果进行了说明和分析，澄清和纠正了一些常见的误解，并对围绕证明责任问题的各种学术争论和批评进行了评述。

第二，本书通过实证案例，对审判实践中的事实真伪不明现象进行了系统的研究。对不同类型事实真伪不明的形成原因、发生概率，以及法官在审判实践中的应对方法进行了分析，为科学设置证明责任分配规则，预防和减少事实真伪不明现象提供了客观数据和研究素材。

第三，本书结合事实真伪不明现象的研究成果，从规范说的理论渊源、内在逻辑、法理依据等多个角度，对规范说的优点和历史局限性进行了深入剖析，阐述了规范说的主要漏洞。同时，本书也对当前各种试图取代或填补规范说漏洞的学说进行了论述，指出这些理论存在的不足。

第四，本书通过比较研究的方法，对两大法系和我国的证明责任理论和实践进行深入阐释，探寻证明责任制度的本质及内在规律。同时，通过比较不同国家立法制度、诉讼程序、司法传统等外部环境的差异，对证明责任制度在不同法律体系中的实现路径、发展方向进行了分析和论证。

第五，本书从基础理论出发，对证据义务、主张者的证明义务、证明责任、证明过错、裁判中的价值评价等基本概念和理论问题，以及其相互关系进行了思考和探索。对证明过错和价值评价在证明责任裁判中的作用进行了理论分析，并对如何填补规范说漏洞，以及进一步完善我国的证明责任制度提出自己的建议。

尽管花费了大量的努力，但本书的不足和局限还是明显的。在法律、司法解释、案例的援引方面，本书使用了大量《民法典》颁布实施之前的资料，虽然就本文的研究主旨和对象而言，这些资料的使用并无大碍，但也是一种缺憾。在学术文献的收集、整理上，文中虽然参考了不少国内外的研究成果，但对大陆法系证明责任制度的研究主要依赖外国译著或其他学者的研究成果，在一手资料的收集、研究方面存在不足。在研究普通法系证明责任的过程中，虽然查阅了部分英文著作和案例，但受制于语言能力，所收集的资料范围较为有限。在实证研究方面，本书虽然尽可能地收集了我国相关领域的案例，并进行了系统的研究，但依据当前的案例检索方法肯定无法穷尽所有的案例。在对案例进行解读和分析的过程中，也不免受到个人学识和认识程度的限制，可能存在以偏概全甚至误读的情况。为了弥补以上不足，本书综合运用文献研究、实证研究和比较研究的方法，反复将国内外的学说、文献和实证案例进行认真比对，希望能通过多层次、多角度的研究缩小误差。对于其他缺陷和遗憾，只能在后续的研究中进行弥补。

本书是我在攻读国家法官学院与香港城市大学合作的“中国高级法官博士班”期间的研究成果。在此要感谢厦门中院及上级法院、国家法官学院、香港城市大学，尤其是当年主持面试的林峰老师、关文伟老师、陈磊老师，他们共同给了我一个完成未竟研究的机会。特别要感谢我的导师丁春艳老师。在四年的学习和研究过程中，丁老师既是严格的导师，也是志同道合的研究伙伴，不断给予鼓励、帮助和启发。本书能够完成，除了本人的研究之外，同样凝聚了丁老师的心血和智慧。

虽然付出了诸多努力，但囿于各方面的限制，这本小书肯定也存在不少瑕疵甚至错误，但只要它能为辛苦奋战在审判一线的同事们开启一扇思维之窗，提供一些可资参考的经验，笔者便无可憾。同时，笔者也真诚欢迎和期待来自诸位同事和法学专家们的强烈批评。对于一本略显枯燥的学术著作来说，来自同人们的批评乃至批判将是其所能获得的最具价值的回报。